KB019091

다석일지 多夕日誌

제3권

다석일지 多夕日誌 제3권

1990년 3월 13일 초판 1쇄 펴냄
2024년 8월 20일 개정판 1쇄 펴냄

지은이 | 류영모
엮은이 | 다석학회
펴낸이 | 김영호
펴낸곳 | 도서출판 동연
등 록 | 제1-1383호(1992년 6월 12일)
주 소 | 서울시 마포구 월드컵로 163-3, 2층
전 화 | (02) 335-2630
팩 스 | (02) 335-2640
이메일 | yh4321@gmail.com
인스타그램 | instagram.com/dongyeon_press

ISBN 978-89-6447-780-9 94150
ISBN 978-89-6447-777-9 94150(다석일지 전집)

多夕日誌

多夕柳永模日誌

第 三 卷

류영모 씀 | 다석학회 엮음

동연

다석일지多夕日誌를 출간하며

류영모柳永模 님은 사상思想에 동서양東西洋이 있을 수 없다고 하였다.

류영모 님은 YMCA 금요강좌에서 성경聖經, 불경佛經을 말하는가 하면 노장老莊, 공맹孔孟을 말하고 성리학性理學, 스토아 사상을 들려주는가 하면 에크하르트, 톨스토이를 들려주었다. 세계世界의 제 사상諸思想은 우리에게 물려준 유산인데 다 써야 한다고 하였다.

1960년 명문대학 법학도法學徒이던 주규식周揆植 님이 구도求道의 길로 나아가고자 법관法官의 길을 버리고 류영모 님의 말씀을 들었다. 한 해 동안 들었어도 류영모 님의 신앙의 정체正體를 알 수 없었다.

류영모 님께 주규식 님이 물었다.

"선생님께서는 모든 종교의 진리를 말씀하시는데 그 차이를 알고 싶습니다. 선생님께서는 어느 종교를 신앙하십니까?"

류영모 님이 대답하기를,

"나는 신앙이 아니라면 아니지요. 말을 하자면 비교종교를 하지요. 나는 여러 종교 간에 다른 점은 찾아낼 겨를이 없어요. 여러 종교 간에는 반드시 공통되는 점이 있어요. 그 공통성을 찾아내어 인식하고 생활화하는 게 나의 인생철학이지요. '어느 종교가 제일 좋은가'라고 누가 묻기에 '종교는 누구나 자기가 믿는 종교가 제일이지요'라고 대답해 주었어요."

이 말로도 다석사상多夕思想의 요체要締를 헤아릴 수 있다. 우리 앞에 벌려진 물심物心의 세계는 정반正反의 음양陰陽이 변증법적으로 움직여 나아가는 듯한데 이와는 달리 일이관지一以貫之하는 영원한 진리의 생명이 있다. 하나로 꿰뚫린 구멍 자리가 바로 류영모 님이 말한 모든 종교의 공통점이다. 멸망할 몸의 나에서 영원한 생명인 공통의 나로 솟나(부활復活)야 한다는 것이다. 류영모 님이 말한 공통의 나를 예수님은 얼의 나, 석가님은 법法의 나, 노자님은 도道의 나, 유교는 성性의 나, 범교梵敎는 아트만의 나라 하였다. 진리의 나, 절대의 나, 영생의 나일 때 공통의 나가 될 수 있다.

생로병사生老病死의 개인個人을 넘어섰기에 죽음이 없다.

개인의 몸생명에 붙잡힌 사람들은 몸 나가 죽을 병에 걸렸다면 낙심통곡落心痛哭을 한다. 평생 모은 소유所有를 병원에 다 갖다주어도 죽을병을 고쳐낼 리 없다. 그런데도 몸 나가 참나(진아眞我)가 아니고 상대적 존재로는 나지도 않고 죽지도 않는 영원한 생명인 얼의 나가 참 나인 것을 깨닫지 못한다. 몸나가 죽는 것을 슬퍼하는 것은 남의 아버지 주검을 보고 내 아버지 죽었다고 우는 것보다 더 어리석은 일이다. 몸나의 죽음은 개구리에 올챙이 꼬리가 떨어져 나가는 것일 뿐이다.

우리는 다석일지多夕日誌를 통하여 몸 나에 끌려다니는 완고頑固를 떠나 얼의 나를 받드는 정고貞固의 삶을 본다. 얼 나로 살면 한알나라 아닌 곳은 없다. 땅의 나라도 그대로 한알나라다.

류영모 님의 말과 글은 처음 보면 어려운 것이 사실이다. 그러나 다석사상多夕思想의 핵심을 알면 생각한 만큼 어려운 것이 아니다.

류영모 님은 이렇게 말하였다.

"내 글과 말이 어렵다고들 하는데 알고 보면 간단해요."

다석일지多夕日誌가 그대로 영생永生의 '만나'라고는 하지 않겠다. 그러나 얼의 나를 깨닫는 졸탁지기啐啄之機를 얻을 것이다.

다석생신多夕生辰 일백주년一百周年이 되는
1990년 3월 13일
박영호朴永浩

多夕日誌

다석일지多夕日誌 재간에 즈음하여

"사람은 생각하는 갈대이다"는 파스칼의 말이다. 명상록(팡세)을 지은 파스칼이나 할 수 있는 말일 뿐이다. 이 사람에게 '사람이 무엇인가?'라고 묻는다면 솔직하게 대답하겠다. '싸우기를 좋아하고 식색(食色)을 밝히는 짐승입니다'라고 말하겠다. 레프 톨스토이는 50살이 되어서 이 사실을 깨닫고 짐승 노릇을 끊게 되었다. 비로소 사람 노릇을 하게 된 것이다. 톨스토이는 짐승 노릇한 것을 뉘우친 것을 「참회록」에 밝히는데 그 가운데 이러한 말이 있다. "사람의 삶이란 무의미한 죄악의 연속이다. 이것은 의심할 여지가 없는 엄연한 사실이다."

인류가 예수 석가를 성자(聖者)라 받들지만, 사실은 짐승 노릇을 그만두고 사람 노릇을 한 사람들이다. 그들을 받든다고 내가 짐승에서 사람이 되는 것이 아니다. 자신은 짐승 노릇 하면서 예수 석가를 받드는 것은 아무런 의미가 없다. 다석 류영모는 예수 석가를 스승으로 받들면서 스스로 짐승 노릇을 깨끗이 버리고 사람 노릇을 한 사람이다. 류영모는 이렇게 말하였다.

"사람의 몸나는 죄악된 수성(獸性: 貪·瞋·痴)을 지녔으나 한얼님이 주시는 성령인 얼나(Dharma, Soul)를 머리 위에 이고 얼나의 뜻을 좇음으로 거룩함을 입을 수 있다. 죄악된 수성을 자꾸 눌러 지워버리고 지극히 깨끗하게 되어 보겠다는 것이다. 거룩이 무엇인지 몰라도 우리가 머리를 하늘로 두고 얼나의 뜻을 좇으려고 지성을 다 하는 것은 거룩을 가까이하려는 것이다. 얼나를 머리 위에 이어야 할 것을 삼독의 수성을 등에 업으면 더러운 놈이 되어 짐승으로 떨어지고 만다"(YMCA 연경반강의).

류영모의 『다석일지』는 류영모가 1955년부터 1974년까지 약 20년 동안의 일기이다. 그 속에는 스스로 수성(獸性)과 싸우며 영성(靈性)을 기른 내용을 기록한 것이다. 한시 1300수, 우리말 시조 1700수, 도합 3000수의 시가 담겨 있다. 이미 제자 김흥호가 풀이

한 것이 있고, 시조는 이 사람이 낱말풀이를 또 하고 있다. 건강만 유지되면 금년 안으로 끝마칠 수 있을 것 같다.

장자(莊子)가 말하기를 "사람에 이른 이는 나라는 것(제나: 自我)이 없고 얼나를 깨친 이는 제 자랑이 없고 거룩한 이는 이름이 없다고 하였다(至人無己 神人無功 聖人無名). 그래서 류영모는 91살을 살아서도 세상에 이름이 알려지지 않았다. 그래서 제자 함석헌의 스승이라고만 알려졌다. 그래서 세상을 떠나서도 서울에 여러 신문사가 있지만 부음을 알리는 신문사가 없었다. 이 사실을 뒤늦게 알게 된 언론인 이규행 님(당시 문화일보사 회장)이 다석 류영모의 사상을 320회에 걸쳐 문화일보에 연재한 바 있으며 그때 2월 3일 기일에는 문화일보 주최로 문화일보사 강당에서 추모모임을 거행한 바 있다. 그때 성천문화재단 류달영 이사장께서 너무나 고맙다면서 이규행 회장님을 재단 사무실로 초빙하여 회식을 함께 한 일이 있다. 올해(2021. 2. 3.)에는 더욱 놀라운 일이 있었다. 아주경제신문(곽영길 회장)에서 다석의 40주년 추모일에 40년 늦은 부음기사를 크게 보도하였다. 이런 일은 세계적이요 역사적인 일이라 믿어진다. 다석은 "사람이 죽으면 그 얼이 한얼님께로 돌아가는데 그것은 축하할 일이지 어찌하여 슬퍼한단 말인가"라는 말을 자주 하여 스승이 돌아가도 눈물 한 방울 흘리지 아니하였다. 그런데 40년 지각 부음기사를 읽고는 기쁨의 눈물을 흘렸다는 사실을 밝히고 싶다. 다석 스승은 힘주어 말하였다. 사람들이 믿지는 일은 싫어하면서 어찌하여 일생의 삶은 믿지는 어리석은 일을 하는지 모르겠다고 말하였다. 몸나로는 멸망의 삶이요, 얼나로 솟나면 영원한 생명인데, 어찌하여 귀한 얼나를 모르고 멸망의 몸나에만 붙잡혀 죽어가는지 모르겠다고 하였다. 이 가르침이야말로 예수 석가가 깨우쳐 준 말씀으로 복음 가운데 복음이요, 정음(正音) 가운데 정음임을 밝히면서 이 글을 마치고자 한다.

다석일지(多夕日誌) 출간을 맡아준 동연출판사에 고개 숙여 감사드리는 바이다.

2021년 2월 12일
박영호

多夕日誌

多夕日誌 |제3권|
차 례

길잡이 말(일러두기)

※ 다석일지多夕日誌 제1권~제3권까지는 1955년부터 1974년까지 20년 동안의 류영모 님의 사색일기思索日記다. 일기에서 연월일 다음에 쓴 일만 단위單位의 수는 류영모 님의 산 날 수이고, 백만 단위의 수는 약 6,700년 동안의 총 일수日數를 합산한 유리안데이(Julian day) 의 날수다. 그 밖의 수는 사망가정일死亡假定日 같이 어느 날을 기점으로 세어 줄여가거나 세어 더해간 날수이다.

※ 日誌에 실린 시문詩文은 모두 약約 3,000수나 되는데 우리말 시詩가 실린 1,700여 수, 한시 가 1,300여 수가 된다.

※ 제4권은 부록편附錄篇으로 류영모 님에 관한 여러 자료를 모은 것이다. 그 내용을 간추리 면,

 (1) 1955년 그전에 류영모 님이 수첩에 기록한 비망록.

 (2) 광복전 육당六堂 최남선崔南善 님이 낸 잡지 「청춘靑春」과 김교신金敎臣 님이 낸 잡지 「성 서조선聖書朝鮮」에 류영모 님이 기고한 글.

 (3) 광복후 잡지 「새벽」, 「다이제스트」, 「코리아라이프」에 실렸던 류영모 님의 기고문과 회 견기.

 (4) 중앙 YMCA 강좌때 칠판에 게시하였던 류영모 님의 친필 강의안 일부.

 (5) 류영모 님이 제자弟子 박영호에게 보낸 편지 17통(류영모 님의 편지를 가지고 계시면 출판사로 연 락주시기 바랍니다).

 (6) 류영모 님 사후死後 신문–잡지에 실렸던 스크랩.

 (7) 류영모 편저, 『메트로』(1928년) 전문 전제.

 (8) 1977년 3월 13일에 쓰신 류영모 님 친필親筆이며 절필絶筆 한시漢詩 한 수.

 (9) 류영모 님이 노자 도덕경을 우리말로 옮긴 「늙은이」(노자老子). 우리말 글씨는 류영모 님의 친필親筆.

 (10) 함석헌, 김흥호, 서영훈, 인진구 님의 류영모 님에 대한 추모문.

※ 日誌의 제자題字는 서예가書藝家 유형재兪衡在 님의 글씨임.

1971
1 1 金 29514   3491 2440353   2770 29514   487 1140

ㅣ ⌐↑⌐ ㅣ

글시

ㄹ

익고 귀 멀디 몸속 소리 ,

먼첨 튼 소리: 익이닐 브른 소리 !

우리 글 브른 소리서 잇시 업시 씨울시

1971

1　2 土 29515　2440954　2769　486
29515　1341

養全性命　　自然气渟滓

精力精進气　　正气浩然風
良知良能經　　浮鵬圖南濱

3 日 29516　3489　2768　485
2440955　29516　1142

金鳳國 華溪寺入口 三層洋屋 輔 이식종 住定第三層 話 93-1150
빠스 中央廳앞 8号 牛耳洞行

4 月 29517　3488　2767　484
29517　2440956　29517　1143

覺 그제 저녁 왔드 이우침도로 읍 누모이어

5 火 29518　3487　2766　483
2440957　29518　1144

維命　純顯

出發庶人. 到達天子. 壹是皆以修心成言. 至誠感天.
天道人子. 進德修業. 考終. 終天昇遐.

6 水 29519　3486　2765　482
2440958　29519　1145

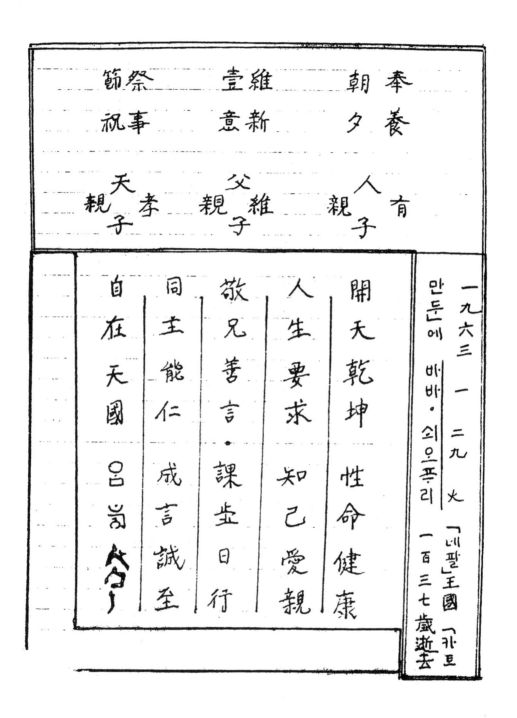

奉養　　　維新　　　朝夕　　　奉養
節祭　　　壹意　　　　　　　　祝事

育
人子　親
父子　維　親子
天子　孝　親

開天乾坤　性命健康
人生要求　知己愛親
敬兄善言·課业日行
同主能仁　成言誠至
自在天國　呂尚

1 水木 29520　3485 2440959　2764 29520　481 114.6

時

1961 11 21 火曜 26186日 [2437625通日] 午后에 落傷入院하다.	
12 15 金曜 26210日 [2437649通日] 午后에야 自身 在病院中 임을 알엇다.	
19 火曜 26214日 [2437653通日] 夕頃 退院還家하다.	
1962 3 2 金曜 26287日 [2437726通日] 百日만에 YMCA 나아갓두움.	
13 火曜 26298日 [2437737通日] 이틈두히 최뭇눈.	

運

今昔之命感

回・至惜夕

計

그
흐레울
두구 오.니
ㅇ
三千三百三 十日前에두
두루두루 뙤루루고음
기리기리 으리으리
기리 으리
움

8金 29521　　　2440960 3484　　　29521 2763　　　1147무 148

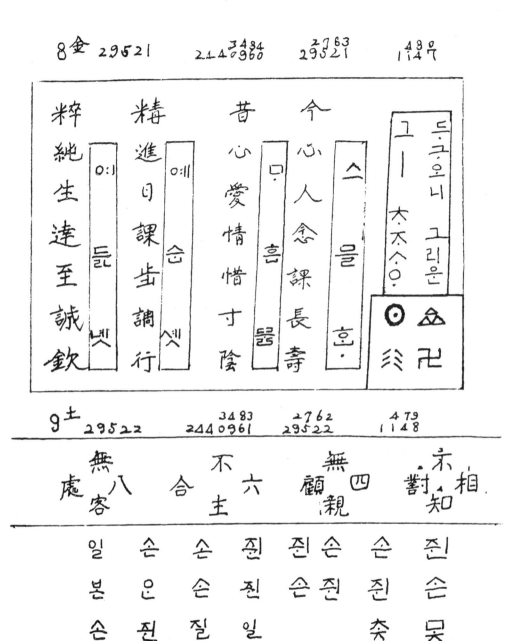

粹　精　昔　今　　　드·구·오·니 그·리·은
純　進　心　心　스　　ㄱㅣ
生　日　愛　人　을　太·太·ㅅ·ㅇ·
達　課　情　念　흥·
至　步　惜　課　　　　⊙　血卍
誠　調　寸　長　口·　　　　巛
欽　行　陰　壽　흥·
　　　　　　　옯
0:1　예
듵　合
몏　셈

9土 29522　　　2440961 3483　　　29522 2762　　　1148 479

無　　不　　無　　未·相
處　八　合　六　顧　四　對　知
　客　　　土　親　　知

일　손　손　쥔　쥔　손　손　쥔
본　은　손　쥔　손　쥔　쥔　손
손　쥔　질　일　　　　춧　뭇

		3483	2762	479
1 9 土	29522	2440961	29522	1148
	29918			

아우 드니어 곰

		3482	2761	478
10 日	29523	2440962	29523	1749

모름답

오름답 은게, 온답 딜가? ── 모를 일이─아니고!?

이쁜길 이쁜답: 춤어내! 멋이 얎? 누가 딘요?

 돌려오! 겄·딧 두둘로 모름답: 디, 모름둡。

		3491	2760	477
11 月	29524	2440963	29524	1150

 갈 디 읜!   골 덴: 데게디。

우리는 우이 위 옹옿히 위후로 올로 올흠。

우리 이제 느진나 니 우리옿에 넘 니옵,

게 게신 ㄱ게게로 이제ㄹ 밝히 고이고 고임은,

우리슗 ᄎᄌᄉ르와 춤최임 ᄆ침늬 뵈리、

 ᄋ에 예는 너나고 우리 ᄋᄇ모심 그림뿐。

흘짓 업시:둘 틸 뜯!

김 브린:보릂:보롬, 봐ㅅ다릿가? 보룸:ㄸ로 업.

김이 ㅇ시온대 김조차 ㅆ기고 둘틸 뜯소?

이 ㄸㅏ위 티ㄹ뜯다 지친 우리흘일 무어리.

데 더ㄹ로로 끼끝치 —딜 업지 않고—

ㄸ위 ㄴㅗ와 수리:먹·좀:떠먹 ㄸ디좀. ㄸㄸ 숨읏!

이제 예 예어 숨. 나ㅣ먹좀! ㄸㅏㅂ;근거ㄴ무!

근것질 집어 치워요 데 더ㄹ로로 끼끝치!

성김 물슴 믈어여

성길이는 성흔 김 치요; 히브릐기 히못듯!

김:울레 브롬이거니안 브른 김:성길손가?

ㅇㅂ지 성길 ㅇ들로 성김 물슴 못 어여!

---

12 火29525   3480
             2440964   2759
                        29525   476
                                 1151

1971

몯 칩 보름   卒業證書

성김. 성흔김. 긔록: 성흔 김. 一ㅇ브ㅇ들·성김-

김 브름 보름 보름. 오늘 시둘:그믐도니: 큼!

히들ㄴ 봄늦이 업시 둘둘둘ㄹ 보이링!

보름

朔望潮汐海率原
望望朕始悔無我
朔先晦后唯一合
維新親故絕對可

晦朔望始悔明
朕
望

晦物膄르梅:둘ㄹ梅지
로지
그:둘르:뉘웃지

日己:每이志
ㅁㄷ:每ㅁㄷ
:둘도:

每느月ㄷ·憶됨
ㅁㅇ

김ㅂㄷ: 성콤성콤! 피돌ㅇ: 성성 힝ㅎ니!! 힝!

성성히 셌ㄷㄱ、힝ㅎ니: 드딀 걸어 ㅄ기웁!!!

ㅇ은ㅇ 흔을땅ㅅ이 씨울씨둠 기리리!

·몸 디로 됨

우리 몸 그저:온일 줄믄: 되어 넘으로 슬럼。

우리옴 움직:줄믄 쓰며:온일 봄으로 슬림。

옴성히 몸부루 꼭끝 되고 되어 두됫둠。

開天建國 이란오!?

수름 스이스이 서로 기워 시슨림 슢시여!

몸뒤ㅅ집: 우리: 이슭ㅎ히: 근 되미: 스는: 우리집!

世上에? 人間이룬요? 開天建國이룬오?
_____

| 13 水
진눈 29526 | 3479
2440965 | 2758
29526 | 475
1152 |

되지 제울되 즙기

몸으로 되즌콘: 된몬·된일도 브로 됏든: 웃!

즌몬·온일이 흔듶으로 누외·민 꼭되기 딤!

수름은 되질로ㅁ음 ㄸ위 스린 되질틈!
_____

뇌 성김이리ㅅ가?

ㅇ침 東山뜨던 히: 西山을 먼저 낮ㄴ이더니。

진녁 西山지런 히: 東山의 빛골 둘릴 듯ㅌ。

듯 믜ㅅ골 흘옹ㅅ리로 히게 힛긱 지읏ㄱ?
_____

| 14 木 29527 | 3478
2440966 | 2757
29527 | 474
1153 |

ㄸ시 둘딜 츷 ㅇ ◆웅로 숯 눌: 으히리: 울로 백질 나! ◆

1971

시이좋다! 참 좋다! 인젠 좋다! 난 좋다! 한
닐름 게셔 목숨 이신 빛월 이신 ㅇㅂ시어.
　　이틈 실 드르 올를 목 웆늘 읻닌 누구은?

15金 29528	3477 2440967	2756 29528	473 1154

| 두ㄱ두 무픔 | 두 셤 이여실 | 두드ㄹ 하나 | 두픔 스물 네멱 | 三万四로 밧이ㅅ두 |

| 16土 29529 | 3476 2440968 | 2755。 29529 | 472 1155 |

庠序　　長生達道至誠說　　—老學究—識酣致不能受也—

歙食克育欽息養　　　長訓幼學本順序
聞見輔敎存心習　　[理致敎道]　熟知生覺講義洽

| 17日 29530 | 3475 2440969 | 2754 29530 | 471 1156 |

八十有二而志在學
自稱 老學究
第二九五三。夕

說理敎道訓長在
知覺生靈顧成集

事道物理人間世
精理神道天中文

事情物態—生煩惱
精散神疲—命危跲

體操情操—眞善美
攝時憩時—信望愛

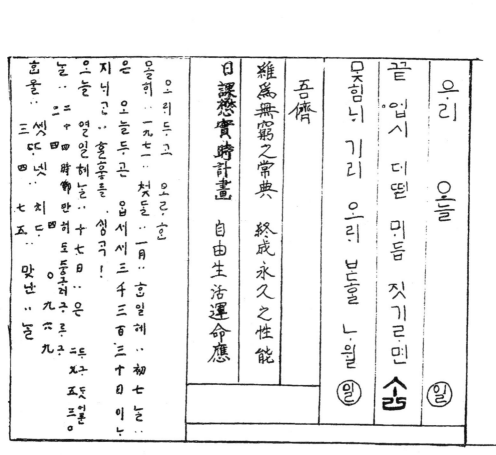

愛之重之轉落止. 　中以正以啓升存。

能見：面前一樣長時無間者、日日好好日 而己。

1971
1

<table>
<tr><td>몰·슴</td><td>ᄉ·랑</td><td>① 일</td></tr>
<tr><td>늘르</td><td>ㅎ
ㄴ</td><td>ㅂ
ㄴ</td></tr>
<tr><td>ㄹ
ㅣ
ㄴ
ㅅ
ㄴ</td><td>ㄹ
ㅣ
ㄴ
ㅅ
ㄴ</td><td>ㄹ
ㅣ
ㄴ
ㅅ
ㄴ</td></tr>
<tr><td>는
수
는
업고.</td><td>는 수 는
업고!</td><td>는 수 는
업고.</td></tr>
<tr><td>ㄹ
ㅣ
는
누·구·ᄉ·ㄹ
ㄱ.
?</td><td>는 수 는
ㅎ흥겠ᄉ
ㄴ
누·구·ᄉ·ㄹ
ㄱ.
?</td><td>수 는
ㅎ흥겠ᄉ
ㄴ
누·구·ᄉ·ㄹ
ㄱ.
?</td></tr>
</table>

20 水 공비29533   3472
244092   2751
29533   468
1159

시 히로도 오늘 스물 닐 뒤 올릿가?
ㅇ빈 ㅇ시고 성김 ㅇ시고 ㅇ돌 ㅇ시리두!
그런줄 누가 올가요? 데더 ㅁ독 올게되임!
ㅇ부디 ㅇ롱글 업승? 엉ㅁ효테 모름직
           ——무름직들——
흐긴 모르게 흐이ㅇ셔: 올리ㅇ신 ㅇ부 ㅇ부디

누위로 붙들힘 －能力－

슬 씨 : 누위 누위 로 되고 됨 이여 ―더흘 누위―

몸 돼 : 되고 된 뒤로 더흘 누위 업시 됏스믄……

　슬 몸 씨 ＿ 얼몸 돼 본이 ＿ 슨쓚 올라

　되고 되오릴

이승 이몸 씨우시듯 다른승 딴몸 쓴데도、

나뉘노릇 뒤로뒤로 대대로로 되고 되리。

　홀낳홀 ㅎ이ㅇ ㅎ이 ㅎ이 금을 ㄷㄷ두。

21木 29534　　　2440973　　　29534　　　1160
　　　　　　　　3471　　　　　　2750　　　　487

　옳리

대、데 : 대되로。 여、예 : ㅣ 되로。 그리웅머 성곡！

성곡 씨 굴。 그림 걸여 거림。 붉흘 붉들 만믄！

　드어라 녀 대되로여 ㅇ부ㅇ둘 ―우리는―

　틀기디 모디임 －機會－

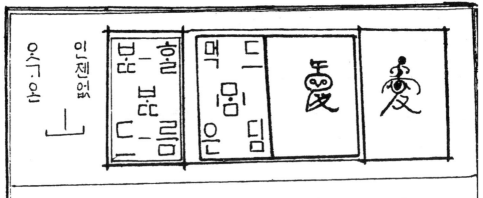

느의로분들힘　　　　　能　　力

슬 씨: 누위 누위로 되고됨이어 ― 더흘 누위 ―

몸 돼: 되고 된 뒤로 더흘 누위 업시 됐스은

　　　슬 몸 씨　일몸 돼 본이 슬읺을가?

틀거디 모디임　　　　機　　會

덧 업다! 질 묽고、더 떠떠시들! 더 떠떠 시들!

때 투서 투는이겐: 떠가 넉넉! 뜻윗 뛴 넉넉!

、미리 밀 미듬 믿힐데ㄹ 더더 떤떤 두들음!

| 22 金 29535 | 3470 / 2440974 | 2749 / 29535 | 466 / 1161 |

일은ㅣ히 호뮯 스믈둔데:두구두셋드.

셋넷처 둥글리믄 스믈넷 네네네네네。로 그믐.

이치네웁。민저 도라그웁신 어머니 만큼드。

네 닉닉 ᄒᆞ니 ᄒᆞᄂᆞ ᄒᆞᄂᆞ 에시 ᄒᆞᄂᆞ:로세으。

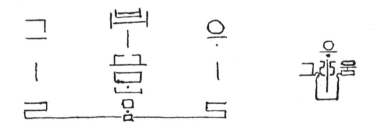

！世間 不 宇宙 空！ 　ㅣ ㅣㅁ ㅁ
！诛 月 日 交 地 中　 萬古無代替！
！生 夜 晝 別 人 而　 天超日月界！
！谷 陽 陰 困 塵 己！

一千四百四十分
八万六千四百秒

1971

1 23 土 29536　　24409̄7̄5̄³⁴⁵⁹　　29536 ²⁷⁴⁸　　1162 ⁴⁶⁵

낮뒤 하늘 묽게 날듦.

24 日 29537　　2440976 ³⁴⁶⁸　　29537 ²⁷⁴⁷　　1163 ⁴⁶⁴

전넉에　　朴聖淑[講師] 初面

25 月 29538 그믐 논종더　　2440977 ³⁴⁶⁷　　29538 ²⁷⁴⁶　　1164 ⁴⁶³

26 大 29539　　2440978 ³⁴⁶⁶　　29539 ²⁷⁴⁵　　1165 ⁴⁶²

庚戌 臘月 三十日 辛亥

辛亥 正月 初一日 壬子

27 水 29540　　2440979 ³⁴⁶⁵　　29540 ²⁷⁴⁴　　1166 ⁴⁶¹

묵은 시: 시시히 하야, 거듭거듭: 시롭시 라!

1 9 3
흔 읗 조는 셈이웋! 오홉기도 세번 거프!
三九二十七 스므일혜 읗셔 시히: 시웃: 못!
몹 네가 시록시 론손 묵힐 누원?

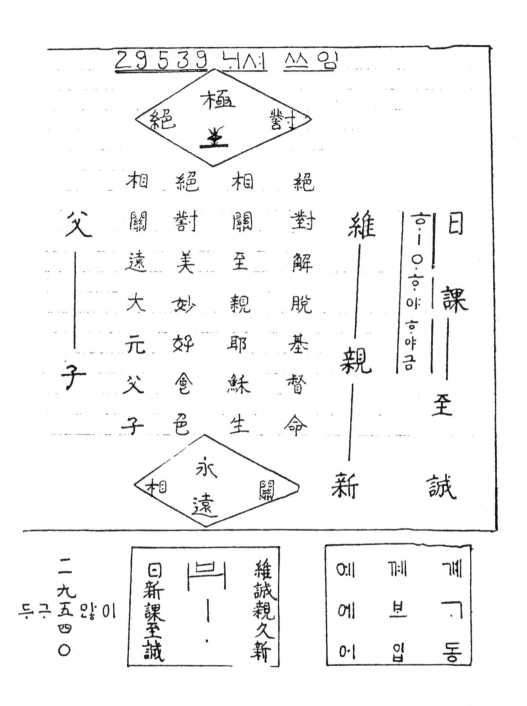

1971

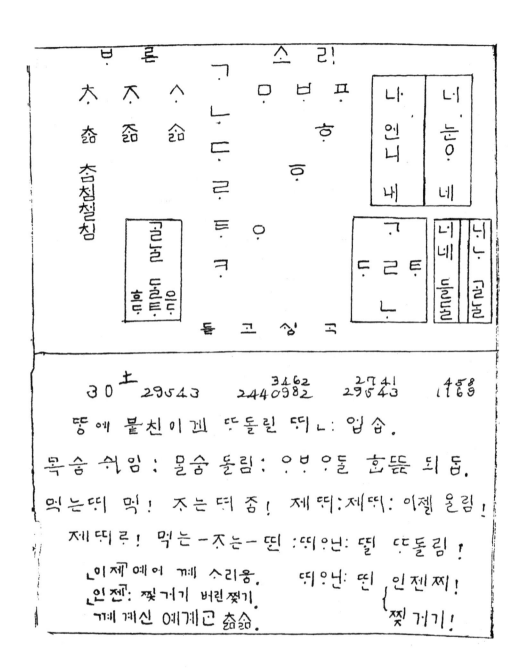

1971

1 31 日 29544   2440983   29544   1770

||ㅊㅊ||ㄴ ||ㅊ ㄴ||ㄴ ||ㅊ||ㅡㄴ

입부드에서 옴니ㄴ 끗지 얼므ㄴ 돼?

뒷문 ─ 꼭문 : 입부니 웃낮조츠 입브듭니드。

꽃 피ㄴ봄 브름 늬쉬 : 뷜 느비 꿀 따려고!

ㅂ려져 옴늬 늬릴쩍 삽도조틋 느르늄。

전역뒤에 각상오다,

2   1 月 29545   2440984   29545   1777

			3459	2738	455
2	火	29546	2440985	29546	1172

(1966 10 14 天下之言性也 잇음.)

			3458	2737	454
3	水	29547	2440986	29547	1173

孟子曰: 天下之言性也 則故而已矣 故者以利
爲本。所惡於智者爲其鑿也 如智者若禹之行水
也則無惡於智矣 禹之行水也 行其所無事也
如智者亦行其所無事則智亦大矣
天之高也 星辰之遠也 苟求其故 千歲之日至可坐而
致也

地之低也 塵埃之運也 苟求其故 萬事之時止可得而
體也

8시 覺 相 出發向南

			3457	2736	453
4	木	29548	2440987	29548	1174
5	金	29549	2440988	29549	1175

딴짐 놓고, 그만 그 예게 끼게.

별밝둥 땅밝둥 흔밝둥 본디 스스로 닷듦!

므리뭉 흔늘믕 흔셩궁 듦뒤 데딜로 늗디!

드어로 이제것 듣듣 딴딴 딴믐 딴짐 놓ㅎ!

1971

긋 늬 씀

호늘 몸숨 이시어 브를에 이르· 거·리는 바들을 길 이르· 길 늬어

긋은 치히이시 케시기허·

길 은 츠공도 뜯딜못호거시니 뜰기시면 길이라고 ·니힛스리라·

이러므로 긔는 그 브디 몯호는 브·에 삼가 깨며 그 듣디 몯호는

브·에 저허호느니라· 숨은처럼 브임은 업고 쪼근 처럼 니틈

은 업스며 긔는 더 호르르 숨가느니라·

좋고 싫고 쉽고 즐겁이 피디 ·닌적을 긔이르· 닣·고 피여서

다마디·에 아딤을 괴론이라 니르느

긋은 뉘읗에 호밑이으 괴론은 뉘읗에 되딤 뵈이느라·

긔과 괴론을 일우면 호늘 땅 뎌즈리에 쫄은 길리웅·

빌ᄇᄅ민   修辭立其誠

ᄉᄀ쭉와 ᄋᄇ게게 ᄀ듸 ᄒ넬ᄂ아ᄋᆷ。

ᄒ이ᄋ웨、ᄋ야ᄒ웨、우리 올위 글월 빛월ᄋᆷ。

ᄆᄉᆷ속 올기미 풀ㅣ 빌 ᄇᄅ 믿 。

둘줄 ᄋ홉다ᄃ ᄒ옴 —— 이니 이디。

스믈닐ᄯㅐ:
ᄉᄀ ᄉᄋᆷ 여든 목혜
ᄃ시 열 혈ᄀ

二百四十四万ᄂ이ᄅ!
ᄯᄯ ᄋ홉온 ᄋ홉 열 ᄒ…

1971
2 8^月 29552   2440993³⁴⁵³   29552²⁷³²   1178⁴⁴⁸

   9^火 29553   2440992³⁴⁵²   29553²⁷³¹   1179⁴⁴⁸

71 두근두근 새: 스물넷때뭄ㅣ 오늘 오늘두 ㅇㄹ.
1971 2 9 9때 씀.

25536   25837   25226   30426   들겨졌네 두드흠 ㅇ흠

10^水 29554   2440993³⁴⁵¹   29554²⁷³⁰   1180⁴⁴⁷

6시 4분

아폴로   14

南太平洋 에

우리ㄴ 우히리 ○

따르 따르 둥둥 따르 따르 따징 둥둥 둥칭!
흐늘 흐을 흐블우리 으ㅣ위로 올올올ㅎ티!
둘 따르: 굿드운드지! 나ㄴ 멀 츳츳: 슬리오!
?

11 木 29555　　　3450　　2729　　446
　　　　　　　244 0 994　　29555　　1181

東己啓明西北生魄仲夕終 그럼 그는수업섯다

12 金 29556　　　3449　　2728　　445
　　　　　　　2440 995　　29556　　1182

우리는 우히 오 오르흐리

늘늘: 오늘, 올 올; 올 히, 이데: 에어, 누 ㅣ: 힛슴,

힛먹 힛입, 싱극 싯듶, 올리우럼　치켜 솟님.

시벅일　밀 부름 미듬 극랍가위 ㅈ르우.

13 土 29557　　　3448　　2727　　444
　　　　　　　2440 996　　29557　　1183

14 日 29558　　　3447　　2726　　1184
　　　　　　　2440 997　　29558

이 동은

물 놀고 숨쉬는 동은 ㅅ즌 ㅅ룸 ㅅ틍 익히ㅁ.

잇! 얼러, 에: 잇! 엄서 엄술! 믄·일·윗이랴? 그믄.

엇붂위 므름 물림이 와드 옳드　볼드디 !!

15 月 29559　　　3446　　2725　　442
　　　　　　　2440 998　　29559　　1185

2 16火 29060 2440999 3445 29560 2724 1186 441

如廁　뒤간 곳 ㄷ

履玉用便人操心	日夜交贖當世間
納物出己身營養	內外別合萬古諒

흰돌을 딛고 시원홈을
불럼 ─ 몸에서 닌뜻 ─
문을 좁ㅇ 먹고 지닌전
바림이 ── 치기리오
　　　　기름위

붐품늦 엇급홈 도
놋ㅇ실에 ─ ㅇ시
실ㅇ:ㅅ름 ──?

ㅇ복을 둠ㄷ:골린대
── ㅎ느끝딤도 느낌!

17水 29561 2441000 3444 29561 2722 1187 440

又增壹千通日到

18木 28562 2441001 3443 29562 2722 1188 433

兒長五歲作畫意　熙純 ｜ 늘

貳百壹拾萬
二千四百六十一日
參千八百卅

一九六七二一八土曜
丁未一一〇癸丑
一四三九五四〇生
二四四一〇〇一今

흐네세ㄱ
ㅁ·ㅅ·ㅂ
당금

19 金 29563　　　3442 2441002　　2721 29563　　438 1189

20 土 29564　　　3441 2441003　　2720 29564　　437 1190

金在仁　七五　四一三番

柳 永 烈 (57) 氏 初對面　21 日 29565　　3440 2441004　　2719 29565　　436 1191

22 月 29566　　　3439 2441005　　2718 29566　　435 1192

23 火 29567　　　3438 2441006　　2717 29567　　434 1193

어리 둘 느냐? 드디 얼 니냐?
둘드드드얼 둘, 훔드 어시 일으즈 ― ○ ○ ―
으리 : 뭐? 데. 물맴ㅣ브 ○ 예ㅣ데 힘씀 이른요?
히히 흐야금 믄도 어럼프시 느르ㄹ음.

---

24 水 29568　　　3437 2441007　　2716 29568　　433 1194

25 木 29569　　　3436 2441008　　2715 29569　　432 1195

530-22
全北 南原郡 수지면 호곡리 외호곡 六四五
金 永 修

26 金 29570　　　3435 2441009　　2714 29570　　431 1196

1971

時調　　　　　　　　떼고로 솜

日課立誠修辭生　　　至今素昔卽時卿
누날어 꼭 시써 첨음굴르 수리 슘　　이젯껏 녯맸을 수는데 틀고 인 이돼

忠思信見進德裁　　卿觀察鄉治國泰
충충 눌리 밀때 본을 ᄯᅳᆨ 을　　인넘 봐 슬필 시곬 이면 누구 두인 봄에!
싱 곡 에 뜰렌모임을 누 윗 셀!

2 27 土 29571　　244 ³⁴³⁴⁄₁₀₁₀　　²⁷¹³⁄₂₉₅₇₁　　⁴³⁰⁄₁₁₉₇

城北區下月谷洞八八의一三五番三統五班至　金榮浩
翠鬢三洞一三六의五番　　　　　　　柳運相

28 日 29572　　244 ³⁴³³⁄₁₀₁₁　　²⁷¹²⁄₂₉₅₇₂　　⁴²⁹⁄₁₁₉₈

申張鄭三朋臨　吟味裔一能仁

3 1 月 초림 29573.　244 ³⁴³²⁄₁₀₁₂　　²⁷¹¹⁄₂₉₅₇₃　　⁴²⁸⁄₁₁₉₉

蒼山遠　　　[1 5 1] 一 [圖圖] 서울 영등포區 로류동山 5
　　　　　　　　　申翔喆

雪嶽巖白如舊基　　天地京鄉彼此同
山容後青似天色　　彼如來似也主客

2 火 아 29574　244 ³⁴³¹⁄₁₀₁₃　　²⁷¹⁰⁄₂₉₅₇₄　　⁴²⁷⁄₁₂₀₀

空心絜得：日課至誠感天達道人子性命？
　　　　以天子 으느비 열에서 ᄯᅳ에 대러저 붐어도 그대로 여 에도 그대로 슭임

蒼天雲黑如隨巷　　自然人情風俗同
谷水潦亂似戰爭　　空心絜矩至誠精

正音 說敎

日課至誠達天道 / 言正理順 心靈覺

含一聲明正音言 / 意識史紀 永福音

加減 乘除法 四則

加減 進退 勝乘積　　　持標 漫遊 足臥行

活殺 漁塩 离除殘　　　無錢 處世 憂飢寒

┌─────────────────────────┬──────────────────────┐

| ᄉ롬 命 어인일 !? | 물론: 물슴·묵슴 !? |

목슴·물슴·호께 틔노: 고루 쉰숨, 붉 호몯.

쉰숨: 김몱, 죨듬: 피묽, 싱굿 붉ᄋ, 글도 츰을.

이쯤호 ᄉ롬이르도 물옥숨이 어인일?

1971
3 7^日 29579   2441018 ³⁴²⁶   29579 ²⁷⁰⁵   1205 ⁴²²

   8^月 29580   2441019 ³⁴²⁵   29580 ²⁷⁰⁴   1206 ⁴²¹

左傳「宴安酖毒. 不可懷也.」徐鉉「酖酖然
安閑樂也.」

   9^火 29581   2441020 ³⁴²⁴   29581 ²⁷⁰³   1207 ⁴²⁰

10 ^水 29582   2441021 ³⁴²³   29582 ²⁷⁰²   1208 ⁴¹⁹

11 ^木 29583   2441022 ³⁴²²   29583 ²⁷⁰¹   1209 ⁴¹⁸

12 ^金 29584   2441023 ³⁴²¹   29584 ²⁷⁰⁰   1210 ⁴¹⁷

13 ^土 29585   2441024 ³⁴²⁰   29585 ²⁶⁹⁹   1211 ⁴¹⁶

ㄷㅣ ㄷㅣㅁ ㄷㅡ ㄷㅔ				
흐 ㅇ	들	ㅇ흠	ㄷ.	
에 ㄹㅣ	듬	업ㄷ.	ㄷ.	
엘 들	ㄹ	그믄	ㄷ.	
엘 로	에	옘믄	ㄷ.	
엘 에	들	업ㄷ.	ㄷ.	

14日 29586   244 3419/1025   ^698 29586   1412

蓮洞敎會 建築費捐補.二千萬원 모드이돔.

徐完根 마ㅈ:咸禹用 내기든다.

15月 29587   244 3418/1026   2697 29587   1413

위!

호울이 노느신 숨문 픔기나 、 니숨울:푸픔울.

!

춤::울:푸픔니::숨울핀 몸 노픔 김에 숨도몰도.

!

돌리머 우숨울니어 들월 골う 멎월::위!!

위!위!!돌리ㅈ을!!!

기리 우리 우이 우리!!!

듬

天命之棄 之 在我 性 본흥

眞理解之 發吾心 曰 气 김

天命稟之明德大性.
眞理解之發心吾氣.
邪利曲之起情物故.

속키을빼들을
몸피니김의꼬
듯길복은의

17 水 29589	3416 2441028	2695 29533	412 12·18
18 木 29590	3415 2441028	2694 29590	411 1216
19 金 29591	3414 2441030	2693 29591	410 1217
20 土 29592	3413 2441031	2692 29592	409 1218

민 꼭 문 이 로   민 꼭 되 기 ㄹ

기

우리 머리 우로 머리

ㄱ중 높히 울려 모실

ㅣ땅의 님금 드근ㅣ.

더 땐땐 우리 우히 울로

그리워 그리기울 우리

흐웅님.

이ㅣ예 두크

어듸 곤냐?

옐 에이 숫ㄴ 골

ㅣ ㅂ로 으들 이

기

깨게 계실 넘. 업시 계선 님.

온몬 줄길 흐이신 님

흐이고 흐이신 ㅇㅁ 님.

모든거 모든일 흐이ㅇ. 흐야

흐야금 이ㅣ ㅇ들

ㅣㅣㅔ예ㅣ 잇섯

ㅣ데 예ㅣ 숨

기 니

티림이 비시이지

치키티피히

싱싱힝

1971
　3 21 日 29593　　　　2441ㅇ9ㅓ32　　　2691　　1219
　　22 月 29594　　　　2441ㅇ33　　　　2690　　1407
　　　　　　　　　　　　3411 3ㅓ1ㅣ

물은 以 辭	음직! 以 動 尚 辭 읕 부르어서 달려 되도록	떠 버짓! 以 制 尚 象 분을	꼭잡! 以 卜 尚 占 그리	

　　23 火 29595　　　　2441ㅇ34　　　2689　　1221
　　　　　　　　　　　　3410

기인 人權 부러　구진 民主 오리　도여드림;

수룸무기 둘림 분듯 ㅇ조긴 눌 보고 십흠.

씨올 스스로죈 저울도 구진 참이 걸구뇨?

ㅇ브ㅎ 모실 누신 l　숭ㄴ 숭ㄴ 숭게야

　　　쓰우는 뉘구뇨

　　24 水 29596　　　　2441ㅇ35　　　2688　　1222
　　　　　　　　　　　　24ㅇ8　　　　　　　405

　　나 니 맞 ㄴ

눗ㄷ: 나! 「뉘 죽도록 주는 주리」는 물숨 이오!!
니 눌어 늘게 눌릴 주린 문은데: 못ㄴ 아죠!!
뉘 그 나 뉘고 닝 못ㅁ 흘넬뉘야 ㅇ흠 앤!

尤

以治行異
寧避訴
衡成源
兩行屆一年
有終

三月讀爲一時
兩申英一行
兩行屆一年

一昔一夜

十年一昔水

		3408	2686	404
25 木	29597	2441036	29597	1223

		3407	2686	403
26 金	29598	2441037	29598	1224
	29591			

기울된 빌앞 삼가진역 소리

르믄 따믄 터믄

○ㅁㅎ ㅁㅅ의
믈믜 ○○○

셩인 치임.

		3406	2685	402
27 土	29599	2441038	29599	1225

믈믜○ㅁ 몸이 ○□.

몸이 되인뒤 믈이 업게 됏□?

우리 ○ㅂ 보시리 : 닐르시리.

민칭 민끝 봄게 : 될몸과 일를 모쓸디 업.

꼭히 끝 업슨 띋띋 불모 진 띄믄

못임 일위 기리 오리 본호 나위

維爲無窮之常典　終成永久之性能

明月隨人共一天　一心定而萬物服
兩人步月同兆民　三千眠衆惟一心

一生不犯度人間　東山豈番善惡種
一元何大始迷宮　括橐无咎愼不窮

卒業　序校　志學　冊體　○員空吆
員生　身出　義精　廻
所　當　知　光能仁
見　知　見　人
子　人　子

1180

1971 2 11 李世鍾님 맏님 도르기심.
물슴 들는 데: 기둥 기둥 몸이도 기둥 느시어서
도라가시엇고느! 느끼지다.

完州 吳님 께서 健康感恩生活을 보이신둠.
물슴 도 들 즘게 되오니 디욱히 힘닮을 늑기욤.

30火 29602   3403 2441041   2682 29682   399 1228

| 天啓明示眼視察 | 共同所有天地物 |
| 人定擧手合掌供 | 乘勝興趣生命公 |

問 禮 儀	下手長擧推天也	平時下推土	揖
題 商 議	之上丨之手丨	推丨之手丨	
	也擧　也小	手　也小	

| 揖讓進退生靈道 | 歐美握手約去來 |
| 握手接吻物情行 | 佛基合掌束信仰 |

| 形 有喜蛇頭 有陷井口 | 用 握手而足 接吻已過 | 圓想 以言凶占想決 | 一世忍 三年爭 三月愛 三週稱 | 婚 | 圓夢 以言凶占決夢 |

31水 29603   L2441042 3402   2681 29603   398 1229

△ ＼ ｜ 데

卍古△＼윤｜데　　以齊自己不得已
萬古合及時伊際　　度彼岸相此岸曛

모든 기｜ 도르고
「전브틸 누그네엽」되드.보니: 손칠 진도 엽!
진 전일에 손님이 손전! 손본전께 진윤손!
둥글게 도르ㄱ온은　물미음? 되돤둡,

景

景　　一員　員銀
外內　二員　貨
郡官　　　　　屍
入物
頭個
數

올　원　◎

1971

4 1 木 29604　　　2441043^{3401}　　　29604^{2680}　　　1230^{397}

人 事 至 誠 感 天 生 命

遠觀明視人　‖　志學處世立
中心正音士　‖　知覺至誠事

기

♀름 보두 모름 키 높흘듯 = 너 김이 = ♀름듭!

몸으로 드려命 : 좁고좁♀오! 몸으로 될믄?

몸 덜어 넓히는분 돼 몸어이믄 뵈ㄹ긴가

"天安市 城隍洞 乙의 13番地 [城隍]

文 正 吉 拜上.

1971年 4月1日 後5時,,

2 金 29605　　　2441044^{3400}　　　29605^{2679}　　　1231^{396}

3 土 29606　　　2441045^{3399}　　　29606^{2678}　　　1232^{395}

尹致根 1940 庚辰 8 15 14 ⌐ 2429888 | 11157
　　　　　　　　　　　　　　　　　＋ 1
　　　　　　　　　　　　　　　　　 11158

4 日 29607　　　2441046^{3398}　　　29607^{2677}　　　1233^{394}

호읗님 게 계셔 늘 늬셧스니 늬 늘 그저 게 붚드
러 셩김 십흐므로 이데 늬 속올과 슬몸목숨
과 늬 느위힘 과 를 게 붚드러 드려

늬 붉ㅇ 궬음、늬 뭄 뒤 궬음、늬 궬 셩언
크 고뭅、늬 눈 게 좀 봐 늬 귀 게 울을 듣
고、늬 혀 게 거룩을 기리우고、늬 소리 게
우름드을 노리、늬 손 흐늘 일에 쓰며 늬 불 흐
늘 길을 그면 흐오니、늬 뭄의 셩곡 과 늬 입
에 물 과 늬뭄의 짓과 늬 뭇느는 어려움과
늬 붙게 되는 업시임과 辱봄과 늬 사는 둥은
: 히 돌 늘 딤 : 남 죽 닉쟝 고뭄을 깨게

ᄀ 의릭

울월 울니 ᄆ로

끝로 소리워

로 븓드러 드려 — 일지기는 흙브롱 낯 에서
춪던 것을 — 온통 게 츰빛 께 도ᄅ ᄀ기로 꼭
브룸 이웁지! ᄆ슨 게 ᄀ시 얼두우릭ᄅ 추지릿 ᄀ?
흔읗님 듣 못ᄀ 흔읗님 목숨 쉬어 나와 모든 스룸
속을 ᄂ외임에 디욱 되기ᄆ을 ᄀ죵 비ᄂ이드 。
흔읗님 으리 이 조임 슬의 조임이 크ᄀ 、 몬진
ᄆ질이 묵어워 드린두 몯되오ᄂ:
게 불숭힐 브ᄅ머、 게 셩김을 ᄀ디어、

　　　　비 오 니

ᄂ 드 리　　　　　ㅣ　　　　　데게 든.
　　　　　　　ᅌ
　　　　　　　ㅣ

1971
4 5月 29608　　3397 2441047　　2876 29608　　393 1234

可能心性气力
理 誠
全
命
間墨識職場共同興趣旨
司
壽
產
消化
安息
哉

附遠親疎發顧繼

昏因晨省回顧斷

從容納得靈肉議
眞理克

對面交際存七・間

眞理克

아을썀
아믿됨
아믿됨

진실로
真誠之
아옳썀

6火 29609　　3396 2441048　　2675 29609　　39? 1238

7 水 29610	3395 2441049	2674 29610	391 1236
8 木 29611	3394 2441050	2673 29611	390 1237
9 金 29612	3393 2441051	2672 29612	389 1238
10 土 29613	3392 2441052	2671 29613	388 1239
11 日 29614	3391 2441053	2670 29614	387 1240
12 月 29615	3390 2441054	2669 29615	386 1241
13 火 29616	3389 2441055	2668 29616	385 1242

無極而太極「無中生有」「無形者物之大祖也」

춤 물 의 심

민꼭문이 에두 민꼭뒤기은 지녁 저물고,
민꼭문이로 게게게 민꼭뒤기은 서벽 실벽.
에게 뭼 언니시들도 춤 물 의 심 빛월속.

14時 舊基洞道路工事起工ᄒᆞ다.

14 水 29617	3388 2441056	2667 29617	384 1243

1971

4 14

도르음
·
인덴 두느 늘금 주금 니 뉘 주고 : 도르올일
딜 뭐릴고? 딈으신 1. 늘금 기 늚. 두줘 주금 !
이 르듦 느놈 니넘 네 ㅇㅂㅇ돌 도르음 !

舊 基 洞 壑 通 大 道
三 甬 山 容 添 紫 霞

4 15 木 29618   2441057 ³³⁸⁷   ²⁶⁶⁶ 29618   ³⁸³ 1244

八 十 二 年 五 十 日
正 是 巡 禮 三 萬 天

一年十八日前起

◉ Seattle. Wash. 98105 큰엄이 물쩜엄에게 무친 글로
「잔지내는 맠슴 듣고 힘읽 깊히 느낌.」

16 金 29619   2441058 ³³⁸⁶   ²⁶⁶⁵ 29619   ³⁸² 1245

17 土 29620   2441059 ³³⁸⁵   ²⁶⁶⁴ 29620   ³⁸¹ 1246

온히 그림 조: 參萬六千五百 스므 넷·22 늘

스므 히 ⋯ ⋯　　　　七千參百　넷　·84 늘　　　(一

이든히 ⋯ ⋯　貳萬九千貳百壹拾九·37 늘

드 히 ⋯ ⋯　　　　七百 시른 ·48 늘　　　(十

여든히 ⋯ ⋯　貳萬九千九百四拾九·85 늘

壹千〇壹拾六 들: 貳九·五三〇五八八: 參萬 늘

(1) ∧ 둘
(2) 흐 이 히 보 두 → ─ 른 ?
(5) 떠 / 긴 ?
(3) 이 분 ㄹ ㄸ 둘 ←
(4) ㄸ ㅂ 지 ㄹ !

日
18　29621　　　2441060　³³⁸⁴　　　29621　²⁶⁶³　　　1247　³⁸⁰

1964　1　14　＊26970

드시 떠드러 봄.

드러 굴으로 대계 골

흐늘 쩌 오른 나…우에로 흐늘 엻고 세이온、

우리 나르흔 올히온·올 윰게 오르는 나르、

땅드틴 두볼거위 촐   둥글ㅣ·땐∴ㅁ리 ·

무대 ⊕ ㉧ 윰 홈

어리 일을 본홀∴ㄱ디 곧 앗·

얼 잇 ─둥굴음ㅣ·이데·예·잇거니∴─ 냐숙∴ㄱ스과─

우리 게신∴둥굴음! 흐늘·숨∴라 잇서신 ㅇ·ㅁ·ㅣ

우이오 우리 무리 봄。 ㅇ·리 돌봐! 본땅∴딘。

舉民孝弟力田者　力勝其任即舉者不重能勝世子多多不難

力　任　不重。能事不難

19 月 29622	2447 3383 067	2662 29622	379 1248
20 火 ㅁ 29623	2441 3382 062	2661 29623	378 1249

ㅎ 이 은 ?

흰 히 힘 입어 솔ㅅ대 솔음 ㅎ이은 옷도 좋잔?

흙땅 파 먹기 : 덜업기 : 몬지 목기 : 른 돌업겔!?

ㅎ이은 드디어 솟ㄴ 묽힌 속을 씨ㄹ때야 !

21 水 29624	2441 3381 063	2660 29624	377 1250

길고 픈 목숨　長壽命

메브터 일러뇌린 물숨뒤로 길고길 목숨!

홀ㅇ브지 일르고 일러 슬릴뒤로 슬리시ㅅ

춤길쉼 도르가신데? 우리조차 솟놀데!

22 木 ㅁ 29625	2441 3380 064	2659 29625	376 1251
23 金 29626	2441 3379 065	2658 29626	375 1252
24 土 29627	2441 3378 066	2657 29627	374 1253

自主獨立生命

絶對獨生至誠子　世間安室自手婦

惟皇上帝　降衷父　孝弟力　田給足夫

4 25日 29628	3377 2441067	2656 29628	373 1254

由己自主道義開

知止志步自決定　　進士及第碩博位

好學文覽生員正　　率性復命意見誠

月一 26 29629 28468	3376 2441068	2655 29629	372 1255

夏曆四月初二日長心 七十九歲늘

27火 29630	3375 2441069	2654 29630	371 1256

大統領譽늘　늘ᄍ

28水 29631	3374 2441070	2653 29631	370 1257

李忠武公誕日　　　　　　（壬辰倭난 言느 니義州）

1545　4　28日　　　1598. 11

乙巳　3　8日　　　　　　義堯舜禹臣

부른소리로 ㄱ두ㅊ킬 내가

正 音 說 敎

力任不重健識男　至誠感天福音樂

能事不難聖靈子　知止不殆性命合

第七代 ── 1975　4　27 ── 大統領。

29 木 29632　　　3373 2441071　　　2652 29632　　　369 1258

둘ㄷ로ㅎㄷ　　　둘ㄷㅇㅎㄴ로

30 金 29633　　　3372 2441072　　　2651 29633　　　368 1259

위암임 6시에 떼ㄴ 大美 ㄷ네에오렴이ㄷ。

5　1 土 29634　　　3371 2441073　　　2650 29634　　　367 1260

日 2　29635　　　3370 2441074　　　2649 29635　　　366 1261
ㄲㅂ쑧ㄹㄱㅇㅅ묭

아 빛월 : 깨깟 ! 으라로 그속 에서 : 아에암 뱀은 ?

오늘의 아 榮光 그대들의 깃, 아르삼ㅅㄱ ?

1971

예숫씨 우리 엠 예믄 이데 이데 돌림 복

빛월 속 돌림 고

이 빛월 께께깃! 우리로 그 속 예스시

예 임 예믄?

오늘의 이 榮光 그 데 들의 껏 이르. 싱닛그?

예 잇씨 우리 엠 예믄 이데 이데 돌림 복.

| 5 | 3 月 | 29636 | 3369 2441075 | 2648 29636 | 365 1262 |

고봄브터 비

| | 4 火 | 29637 | 3368 2441076 | 2647 29637 | 364 1263 |

◎ 22시 大美 두 니 리 갓 두 도르 오다. 그 굽 습 니 다.

| | 5 水 | 29638 | 3367 2441077 | 2646 29638 | 363 1264 |

徐商德氏來訪. 우리 님 께. 徐 게 깨 믐 성 흠 니 리 소서.

| | 6 木 | 29639 | 3366 2441078 | 2645 29639 | 362 1265 |

13時 08分 立夏

| | 7 金 | 29640 | 3365 2441079 | 2644 29640 | 361 1266 |

8^土 29641　　　2441080 ³³⁶⁴　　　29641 ²⁶⁴³　|　1267 ³⁶⁰

9^日 29642　　　2441081 ³³⁶³　　　29642 ²⁶⁴²　　1268 ³⁵⁹

빛월 속 돌림·근

이 빛월 끼게 것! 우리로 그속에서 에임에믄?

? 오늘의 이 榮光 그대들의 것은 이로. 심닛긔?

에 잇서 우리 엠 에믄 이데 이데 돌릴 복.

10^月 29643　　　2441082 ³³⁶²　　　29643 ²⁶⁴¹　　1269 ³⁵⁸

容恕 求仁

始作泄穢來　　　　理 性 能 養 德

終得種聖逝　　　　陽 光 無 顔 開

11^火 29644　　　2441083 ³³⁶¹　　　29644 ²⁶⁴⁰　　1270 ³⁵⁷

쟝릐 오우 쥰철 집으로 구두. 지넉띄 대미ᄉ룸
林炳鉉 오두. ─광릭게 잇슬─

12^水 29845　　　2441084 ³³⁶⁰　　　29645 ²⁶³⁹　　1271 ³⁵⁶

마나슬두 韓國登攀隊員 金祺殷氏失足死.

1971
5

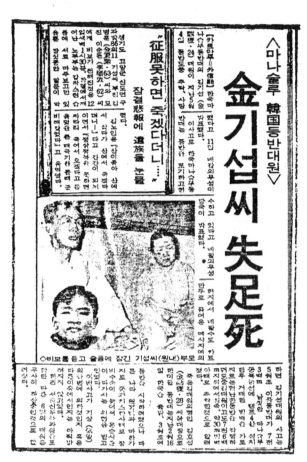

13木 29646 2441085 03 59 2638 29646 355 1272

力任不重健識男　至誠感天福音樂
能事不難聖靈子　知止不殆性命旨

"오늘의 이 榮光…그대들의 것"

| 爲仁好知平生志 | 樂山樂水人登涉 |
| 冒險欲速是穿鑿 | 失手失足性沒落 |

1971
5 14 金 29647   2441086 [3358]   29647 [2637]   1273 [354]

15 土 29648   2441087 [3357]   29648 [2636]   1274 [353]

16 日 29649   2441088 [3356]   29649 [2635]   1275 [352]

속 킴 !	뜯 길 몬 몰	ㅁㅁ 피 닐 김	속 힐 보 호	몰 나 ?

17 月 29650   2441089 [3355]   29650 [2634]   1276 [251]

18 火 29651   2441090 [3354]   29651 [2633]   1277 [250]

朴昌奉   三日葵3矢。
1894 10 13 土曜 │27974│ 1971 5 16 日曜
甲午 9 15 丁亥   辛亥 6 22 辛丑

19 水 29652　　244 $\overset{3353}{1091}$　　$\overset{2632}{29652}$　　$\overset{349}{1278}$

속 킴 - 몰 ㄴ ?

속 힐 믄훌

ㅁㅁ 피 닐 김

믄 길 믄 믈

20 木 29653　　244 $\overset{3352}{1092}$　　$\overset{2631}{29653}$　　$\overset{348}{1279}$

宜相 五拾四周年生日　19724

호응님　힘앎　ㄱ메르시 소서 응

보들이

우리 울월 울니 므로 드시 게시골로 소리웨

호옹님 게 게서 눌 뇌셨스니 뇌 눌 그더 게 봆
드리 성김 십흡으로 이데 뇌 속울 과 술몸 묵슘 과
뇌 노의 힘 과 를 게 봆드리 드려

뇌 봊으 겔음. 뇌 몸 둑 겔음. 뇌 겔 성언크
그묘.

뇌눈 게 죪봐 뇌쥐 게 올을 듣고、뇌혀 게
긔룩을 긔리우고、뇌 소리 게 으름둡음 노뤼、
뇌 손 호늘 일에 쓰며 뇌 불 호늘 길을 그면 호으
니。

뇌 몸의 싱곡 과 뇌 입에 물 과 뇌 몸의 짓 과 뇌
묫느는 어려움 과 뇌 볼 게 되는 업시임 과 辱
됨 과 뇌 소는 동온：히 둘 눌덧：눕죽 걱정
그몸을 까게게로 봆드리 드려

일지기는 흙부통 낯에서 춫던 것을 인덴 은통
게 층빛게 도르그기로 꼭 부룸 이웁지, 무슨
게그서 열두 오리ㄹ 초질잇그?

흐웅님 뜰 믓그 흐웅님 몰슴 쉬어 나와 모든
스름 속올 누외임에 더욱 되기믄올 그종 비누
이드.

흐웅님 으리이 조임술의 조임이 크그, 몬진모
질이 무거워 드린드 몰되오누

게 불승힐 브르며 게 성김을 기디어 비
오니

누드리

데게듬

음.

向上一直萬 古公
由己空中只 令功

八十二年五十日　　正是巡禮三萬天.

一八九〇	三	一三		
庚 寅	二	二三	2411440	이네훈일ㅅㅅ엄
			9929	ㅜㅜ동ㄱ
一九一七	五	二〇		
丁 巳	三	三〇	2421389	이네두흐셈두셋

1971 5 21 金 29654　2441093 ^{3351}　29654 $^{+630}$　1280 ^{347}

八音 金 石 絲 竹 匏 土 革 木

(鐘類)(磬類)(琴類)(笛類)(笙竽)(缶類)(鼓類)(敔類)

栃 トチ 나무꽃울 첨핌.

	1	7 木	29520 日記 至 三千二百三十日 지닏
1961	11	21 火	26186 日記 가 잇서 더 ㄴ

오늘 뿐들이 ㅅ리워, 밤: 三百三十三 서

————————————————

22 土 29655　2441094 ^{3350}　29655 ^{2629}　1281 ^{246}

23 日 29656　2441095 ^{3349}　29656 ^{2628}　1282 ^{245}

論語「君子無終食之間違仁, 造次必於是, 顛沛必於是.

為仁由己　　 데덜로 뇌로 뭄이욤.

神何寄物自明誠　造次造化造成就
鬼且歸順正平元　工夫工力工崇天

24 ^日29657　　244 1096³³⁴⁸　　29657²⁶²⁷　　1293³⁴³

ㄱ봄쉬룹 비로 오늘 저므도록

25 ^火29658_믐　　2441097³³⁴⁷　　29658²⁶²⁶　　1284³⁴³

26 ^水29659_{흐릿}　　2441098³³⁴⁶　　29659²⁶²⁵　　1285³⁴²

温古知新 以咏維持申命旨

力工夫不屈　　地吐養萬物
气正大森平　　天吞成億岷

27 ^木29660_{흐림}　　244 1099³³⁴⁵　　29660α²⁶²⁴　　1286³⁴¹

7:30 YMCA 그릴 노덕삼 박사 의 「미국을 다녀 와서」듣드.

28 ^金29661_믐　　2441100³³⁴⁴　　29661²⁶²³　　1289³⁴⁰

502─13 전 _도남장성_군 삽시_면 수해리 심상국 봉함엽

모름딕!
시돌 추조 호루 니틀 큼금근되 수홀브룸、
조금 볕에 소금이고 수리브두 고기로두、
　호늘 땅 수름숨 붉검 보름 보름 모름딕?

모름딕 에 꼭 인 것을! 우르니 끈 몰믿게도!
조금 소금 으로 쫴 건딤되니、 수리에 부두ㄴ?
　잡힐손 호도 호구요 일고기귀 뭑할손!

		3343	2622	339
5　29土	29662 ———	2441111	29662	1288
		3342	2621	339
30日	29663	2441102	29663	1289

正音敎說

正音說敎何必宗

本意見出不言皆

日過戌世日明一

課致至誠耳聖。

殀壽 不貳, 脩身以俟之, 所以立命也.

立命 謂 全其天之所付, 不以人爲害之.

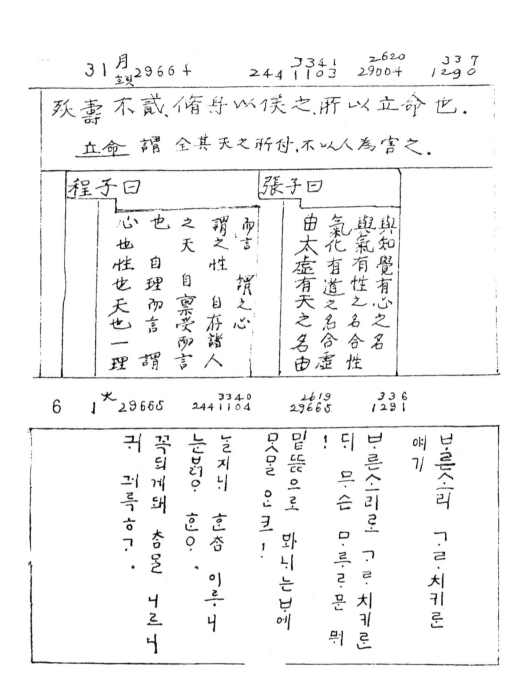

程子曰	張子曰
而言 謂之心 謂之性 自存諸人 之天 自禀受而言 也 自理而言 謂 心也性也天也一理	與知覺有心之名 與氣有性之名合性 氣化有道之名合虛 由太虛有天之名由

6　1 ^大29665　244 3340/1104　2619 29665　336 1291

브롬소리 ㄱ ㄹ 치키론
애기

브른소리로 ㄱ ㄹ 치키론
디 무슨 ㅁ ㄹ 믄 뭐!

밑뜯으로 봐느는 ㅂ에
모스믈 ㅇ 크ㅣ

느지니 흐츰 이른ㄴ
눈뎡어. 흐ㅇ.

꼭뒤게돼 츰몯 ㄴㄹㄴ
귀 긔륵흐ㄱ.

성서신해　제 45호
　　教會史上의 異端者 (上)　마사이꺼 ―― 에시

內村鑑三.

| 1861 | 3 | 23 土曜 | ⟩ 2400858 |
| 辛酉 | 2 | 13 辛未 | |

辛酉 二月 十三日을 가지고 陽曆換算:
1861 3 24로: 3 28로:
記하엿던 것이나

江戶 小石川 簀坂 高崎藩 武士長屋 에 出生 先生 昇遐後에
鈴木弼美君: 天文台에 調査하엿음.

| 1890 | 3 | 13 木曜 | ⟩ 2411440 |
| 庚寅 | 2 | 23 癸巳 | |

| 1901 | 3 | 13 水曜 | ⟩ 2415457 |
| 辛丑 | 1 | 23 願寅 | |

아하토마 간디

| 1948 | 1 | 13 火曜 | ⟩ 2432564　逝 ⟷ 來 |
| 丁亥 | 12 | 3 丁酉 | |

6 2 水 29666   3339   2618   535
                 2441105 29666   1292

> 님 이시어
>
> 손수름.님 니기 쉬워. 숨 니어 쉬며: 슬더니.
>
> 드디어 숨 진딘: 얼드리 님 모시곤: 딴!뜬두!!
>
> 땅이로 뷘통 흐되:에: 술수잇두. 뷔린 디!

3 木 29667   3338   2617   334
  비 2441106   29667   1293

4 金 29668   3337   2618   333
  음 2441107   29668   1294

公元 1968 5 23 2440000		
Julian day 율리우스 通日	超算½4713 BC 大昭	先四十八世紀13年始) 六千六百 至後二十世紀64年終) 七十七年
二四三八七六一 네히 더희 五念三		又消一二三九日 二百四十四萬日

六이오 믈슴
?
二十世紀
흐근이오
!
도시 일세힐
이오! 十月
그세..
꿈흥되
이내 셰두화
二四三八三二八

이듬히 브로
八八이 六十四年!
첫눌이 通日로
二四三八七六一!
三月에 얼픠놀고.
啟明山 일리며
第二世李公의
衣藏이 定.
二四三二四五八、
七六四九.

| 1971 | 6 | 4 金曜 | | | 2441107 | | |

金達枃	1883 壬午	1 12	19 金曜 11 癸亥	↗2408830			
	1948 戊子	5 3	2 日曜 24 丁亥	↗2432674			
吳	1887 丁亥	10 9	22 土曜 6 庚申	↗2410567	30541		
							873
夕	1890 庚寅	3 2	13 木曜 23 癸巳	↗2411440	29668		
							1161
石	1893 癸巳	5 4	17 水曜 2 甲寅	↗2412601	28507		
							1045
蕭	1896 丙申	2 2	27 金曜 14 乙卯	↗2413646	27462		

6	5	土 29669 呂	3336 2441108	2615 29669	332 1295
	6	日 29670	3335 2441109	2614 29670	331 1296
	7	月 29671	3334 2441110	2613 29671	330 1297
	8	火 29672	3333 2441111	2612 29672	329 1298
	9	水 29673	3332 2441112	2611 29673	328 1299

生丹　歸去來　空心服
不再食饑日宜經　元高利貞望回回
無夢熟眠夕安靈　空厚聖正自青青

10木
비 29674　244 ³³³¹1113　²⁶¹⁰29674　1327

꼭ᄒᆞᆷ　貞明卍古　　克己復禮
？르므름, 싥고! ？고몹둠, 시원! 롬, 텀, 땀, 으로는?

떼밀어 지우고, 졸라서 춫다가、의누리 도!

두레도 ᄒᆞ복판 고디 꼭일불ᄆᆞ 꼭ᄒᆞᆷ!

11金
호림 29675　244 ³³³⁰1114　²⁶⁰³29675　³²⁶1301
12土
ᄂᆞᆯ 29676　244 ³³²⁹1115　²⁶⁰⁸29676　³²⁵1302
13日 29677　244 ³³²⁸1116　²⁶⁰⁷29677　³²⁴1303

天地息時　그늘과 뗘는 아무도 모름 爲太廿四
朔日晦日望明天　自自心心人子息
一止靜止不凼地　正正堂堂時不知．

14月 29678　244 ³³²⁷1117　²⁶⁰⁶29678　³²³1304

參酌　尹聖岩
辛亥五月二十三日生

1971
6 14

一學年生 逍風 가는 늘 雨意가 잇어도 따ㄴ더니(五歲兒도 따르고
가더니 밧뒤에 놀이드럿고: 17시 즈음하야 줄 다니어 왔다。

15 火 29679　3326 2441118　2605 29679　322 1305

道理有無

食色滋味罔測道　　矛盾天下競技場

共同酬酢罷興樂　　是非地上平和　學

忠信所以進德

死壽不二身　　降衷晉至　誠

有無推一神　　中庸自性　心

16 水 29680　3325 2441119　2604 29680　321 1306

17 木 29681　3324 2441120　2603 29681　320 1307

18 金 29682　3323 2441121　2602 29682　319 1308

첫믈로 뭣、

스믈: 도、

데본ㅎ을로는、
몸: 오!

기듭거듬
스스: 게!
얼시구: ! 좋
덜시구! !

19 土 29683　3322　2441122　2601　29683　318　1309

흐리두저녁다시우레비오

낮뒤에 五山高等学校校監 林相欽氏

서울시 永登浦區 梧柳洞山五 申翔哲

[1][5][0]-[0][6]

20 日 29684 呂　3321　2441123　2600　29684　1310　1317

21 H 29685　3320　2441124　2599　29685　1311　316

171-81 始興 의왕面 二里 271 朴永浩
9号 朴恩弘 1961年 8月 6月 25 卒業 ~2437518
이네쌔쳐더음를

잎글러고

孝子愛日事兩親　　昏定晨省不可遠

人子節心事天父　　須臾不離合一天

昏定晨省上天地

須臾不離延晝夜

自生後至先死刻
一生作人能成何
只今兩俊終死我
上古以來先生死

22 火 29686　3319　2441125　2598　29686　315　1312

그믐에비

高以旱　厚日高

天尊地卑一生感　　行動擧止　呼名議

晝想夜夢小心情　　空繫住戒　吸气言

1971

夏至 22일 10시 20분

日出		南中			日入		晝長
5	11	12	33	50	19	57	14

新聞: [古代이집트]史 카이로 南方사카라 에서 찾은
　　　　　　5千年前 미이라.
　　: 濟州 西歸 水岳山溪谷에 膽八樹 2千그루로 찾고。

6 23水 29687　　2441126 ^{3318}　　^{2597}29687　　^{1314}13 13

　　달 로 ㄱ줌　　　　　　더 = 데계

물 이ㄴ 물에 혜미 두너며: 닐러 즈브면 먹!

멀리 때 버렷던 길 두시 가져두 붙침 디림!

　게 집에　맞블슨 시끼　니어퓌친 늭 이름!

去夏惜別咏　　吟嘌今昔感
至今紀念吟　　萬古惟一音

24木 29688　　2441127 ^{3317}　　^{2596}29688　　^{1313}13 14

끼
일며
··
적。

로심일게물우이면니일
　을즈슴르르심데리즈
~　기을ㄱ이·으리되기
리지아ㄴ지으로·
리넘일고·~일
다으느·니리부니

보름   찾습니다

눈크 뜰시 脾胃맞히 肝腎지니 먹고 그늠!

젓에서 밥, 품늬 박골, 숫곱 치고 학교 7온!

보름을 들고 누으면 브룸직흔 두레리……。

25金 29689   3316 2441128   2595 29689   1315

植萬古直

億兆代立積萬古

故事通知識職直

正正堂堂古堂日

碧昌牛直曹晚植

今念惜昔

世紀正坐六二五

廿一年來旦夕楊

胡風渡江雨黃土

恩潮越境念今惜

26土 29690   3315 2441129   2594 29690   311 1316

1971

6. 27 ^日 29691   2441130 ³³¹⁴   2593 29691   310 1317

시時雲 雨後陰

「鄭敬植別世三日葬云」(中央放送錄路所開耳.)

28 ^月 29692   2441131 ³³¹³   2592 29692   309 1318

击杖 指示 徹人 別名 甘服.

仍念癸未元旦記: 瞻徹天潛造地: 句.
致生育躬行之意義 故感謝自足. 況且徹者周代稅
法什一之稅天下通法也乎. 즈|理(을):(읗읗) 집흐리.
                                                           읗 엔

1943 2 正 8 ▸ 2430781 日暮 이 섯 든 듯.
發 柒 正元

---

29 ^火 29693   2441132 ³³¹²   2591 29693   308 1319

즈| 을 · 올 흠 집 흐 리
          貽   理   策

30 ^水 29694   2441133 ³³¹¹   2590 29694   307 1320

비 18時 金浦空港出發白義·長任 運相

---

7 1 ^木 29695   2441134 ³³¹⁰   2589 29695   306 1321
비

1971 7 1 눈 7 때 7ㄱ리 로 무터 누위눈: 민믄지 6때

누우은 라디오로 우리사리 속을 물씀은: 그몹.

2 金 _비29696   2441135³³⁰⁹   29696²⁵⁸⁵   1322³⁰⁵

3 土 _{흐림}29697   2441136³³⁰⁸   29697²⁵⁸⁴   1323³⁰⁴

張黃龍氏 1971 7 1   木眼 辛亥   閏五月九日 別世 葬禮

4 日 _{비 뿌리}29698   2441137³³⁰⁷   29698²⁵⁸³   1324³⁰³

通信大全

神明誠精感天空 　企圖生涯祈禱發
脊肋筋骨律呂宮 　呼吸命題消息通

5 ^月29699   2441138³³⁰⁶   29699²⁵⁸⁵   1325³⁰²

氣恩力馲

萬古世杖貽理策 　動植交換呼吸節
什一微法通天下 　氘氚泰通性命馲

6 ^火29700   2441139³³⁰⁵   29700²⁵⁸⁴   1326³⁰¹

7 ^水29701 _{흐림 저녁되로 비}   2441140³³⁰⁴   29701²⁵⁸³   1327³⁰⁰

1156-04

서울 永登浦區 梧柳洞山五

申翔哲 1908 1 31 金曜
丁未 12 28 乙酉 ~2417972通日

8 木 흐림 29702	2441141 ³³⁰³	29702 ²⁵⁸²	1328 ²⁹⁹
9 金 흐림 29703	2441142 ³³⁰²	29703 ²⁵⁸¹	1329 ²⁹⁸
10 土 29704	2441143 ³³⁰¹	29704 ²⁵⁸⁰	1330 ²⁹⁷

午後三時三十分 計告接受

公元1971 7 8 午後八時別世.
辛亥 閏五廿

| 1908 1 31 金曜 | 1971 7 8 木曜 |
| 丁未 12 28 乙酉 | 辛亥 閏五 16 甲午 |

2417972   2441141

| 申盛睦 | 申錫俊 | 申錫泰 |

貳萬叁千壹百七拾日
叁千叁百壹拾週   11/30
七百八拾五個月
六十叁周又半年

| 11 日 그므름 저녁에 눈듬 29705 | 2441144 ³³⁰⁰ | 29705 ²⁵⁷⁹ | 1331 ²⁹⁶ |
| 12 月 29706 | 2441145 ³²⁹⁹ | 29706 ²⁵⁷⁸ | 1332 ²⁹⁵ |

13 火 (기일) 29707　　　3298 2441146　　　2577 29707　　　294 1333

> 吾晤今古
>
> 幽明絶異同　　是非得失　心
> 死生罷好惡　　去來今昔　悟

14 水 (흐림) 29708　　　3297 2441147　　　2576 29708　　　293 1334

15 木 29709　　　3296 2441148　　　2575 29709　　　292 1335

⑮四一一三番　金在仁

1971

舊碁洞八一의八．⑬八二九〇番　文東晃　1218

						鄭基鎔
2414802	1899	5	27	土曜		26347
	乙亥	4	18	乙未		

7　16金 29710　　3295 2441149　　2574 29710　　291 1336

　　초림 봄들매 電雨香風 수더ㅣ 水害만틈

　　17土 29711　　3294 2441150　　2573 29711　　290 1337

　　18 2믈 29712　　3293 2441151　　2572 29712　　289 1338

徐昌虎 1918 戊午

단 두그루뿐이라던 天然紀念物
膽八樹 2千그루 發見

西歸·水岳山 계곡에 갈려
濫伐된 밀동서 자라 본래 모습 잃어

7월엔 흰꽃 滿発…53년만에 찾아

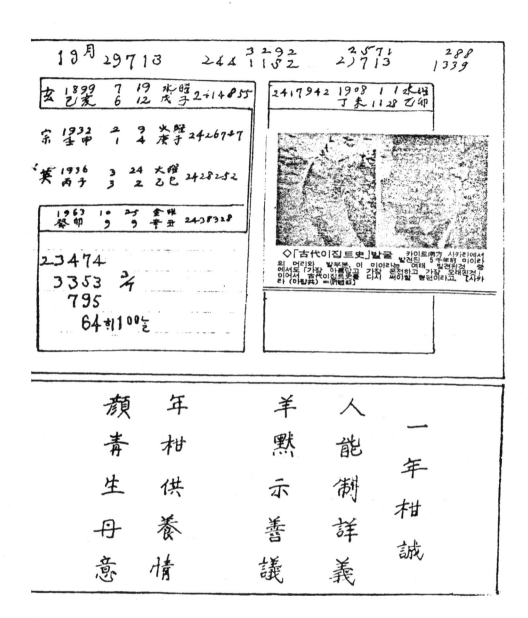

10月 29713   244 3292/1152   2 571/713   288/1339

玄 1899 7 19 水昭 2414855
己亥 6 12 戊子

宗 1932 2 9 火昭 2426727
壬申 1 4 庚子

癸 1936 3 24 火昭 2428252
丙子 3 2 乙巳

1963 10 25 金昭 2438328
癸卯 9 9 辛丑

23474
3353 ½
795
64히100늘

2417942 1908 1 1 水昭
丁未 11 28 乙卯

◇「古代이집트史」발굴 카이로南方 사카라에서
외 머리와 발부분 이 미이라는 여태 발견된 5千年前 미이라
에서도「가장 아름답고 가장 온전하고 가장 오래된것」
이어서 古代이집트史를 다시 써야할 형편이라고 「사카
라 (아랍共) = 聯昭」

一年柑誠

人能制詳義

羊黙示善議

年柑供養情

顏青生丹意

1971

두 팔 스믈넷 뙤   쳐   ㄹ님

일 ㄱ룩손 두 팔에 둘려: 돌 보믜: 스믈 네 뙤!

봄 낮 스믈 네 뙤, 갈 봄 스믈 넷 철, 여름: 기을:

오늘이 늘늘 늘이라ㅇ! 이제 늬 른? ?.?

7	20	火 호림	29714	3291 2441153	2570 29714	287 1340
	21	水 ㄱ봄비 그힌	29715	3290 2441154	2569 29715	286 1341
	22	木 호림	29716	3289 2441155	2568 29716	285 1342

石泉問安完州 진달네 교회 吳泳卿님

| | 23 | 金 | 29717 | 3288 2441156 | 2567 29717 | 284 1343 |

2만5천7빅번찌   2만6천호구 새로호루

2만5천호고 390 놀

建强健送章康

孝始考終極

그리브니: 뻬: 브게?
무지위: 올: 어뻬: ㅊㅁ!
몸들믄: 더 즐으오?
몸늬쳐제: 犇走走요!

入心己健忘

生心自奔忙

天行健

24 土
立립 29718   2441157³²⁸⁷   29718²⁵⁶⁶   1344²⁸³

大美行

25 日
立립 29719   2441158³²⁸⁶   29719²⁵⁶⁵   1345²⁸²

自美歸夜十鍾

26 月 29720   2441159³²⁸⁵   29720²⁵⁶⁴   1346²⁸¹
비효리 오륵 ¬륵

27 火 29721   2441160³²⁸⁴   29721²⁵⁶³   1347²⁸⁰
立립 무더움

| 明王之使人如工匠制木。 | 鍊句未安姑菜置。 |

內行自大美歸

28 水 29722   2441161³²⁸³   29722²⁵⁶²   1348²⁷⁹

人心精

生心出生壺

入心克死糟

意見 常識

人間時閒生

空中意中命

1971

7　遁身避世自成其志日考槃

저녁뒤에 蜂群車 大美을 向하야 轉飼길 오르다

29 木曼夜雨 29723		3282 2441162	2561 29723	278 1349
大 安 萬康				
大美山庄 柳考槃			昇恩降忠永遠理	
桂村洞庭 自強桓			漢城江原太平安	

30 金 비웃지른호림 29724		3281 2441163	2660 29724	277 1350
性命				
上主趣旨承命嗣一天父意中人子息				
承旨使命天地間一神心去來物我職				

健強健忘康
근심기
근세드구.

孝始考終極
어베 杏
모지의 올

入心己健忘
줄 잇죠
몸들면 덜

生心自轉走
븐즈요
몸니키데

31 土 29725 　　　$\overset{3280}{2441164}$　　$\overset{2559}{29725}$　$\overset{276}{1351}$

호림이 낮지덕서 기념

쓸드러두 : 6,800 ㅇㅇ . 恩和 恩穩 夕後에 집으로 。

8 ᴵ $\overset{日}{}$ 29726 　　　$\overset{3279}{2441165}$　　$\overset{2558}{29726}$　$\overset{275}{1352}$

믐

팔월 초 흐르 : 오늘 흐르도 :

　우리 : 두구 일구 두루ㄱ : 늘시 。

東籬豊光

短夜早葬無窮華　　　長夏日課多笆子

$\overset{月}{2}$ 믐 29727 　　$\overset{3278}{2441166}$　　$\overset{2557}{29727}$　$\overset{271}{1353}$

3 火 29728 　　$\overset{3277}{2441167}$　　$\overset{2556}{29728}$　$\overset{273}{1354}$

4 水 29729 　　$\overset{3276}{2441168}$　　$\overset{2555}{29729}$　$\overset{272}{1355}$

5 木 29730 　　$\overset{3275}{2441169}$　　$\overset{2554}{29730}$　$\overset{271}{1356}$

티 느 믄 실 긋 믄 실 믐 늫 뒤

1971

8 5   22시 大美 開放蜂群置、内外歸來。

6 金 29731   2441170 ³²⁷⁴   29731 ²⁵⁵³   1357 ²⁷⁰

7 土 29732   2441171 ³²⁷³   29732 ²⁵⁵²   1358 ²⁶⁹

民主主義의 政體: 議會政治라 하는것도
敎會制度 칼빈主義(長老)에서 일어는것입니다.
퓨리타니즘 일고, 퓨리타니즘이 英·美國의 議會制度를
發展싴힌것입니다.
(아메리가 憲法中에 宗敎信仰自由가 編入되게 된 1791)
年과, 루터가 宗敎改革을 始作호 1517年과。

8 日 29733   2441172 ³²⁷²   29733 ²⁵⁵¹   1359 ²⁶⁸

9 月 29734   2441173 ³²⁷¹   29734 ²⁵⁵⁰   1360 ²⁶⁷

10 火 비 29735   2441174 ³²⁷⁰   29735 ²⁵⁴⁹   1361 ²⁶⁶

8시30분쯤 에 서울駅에서 裵錫姬、도두분 맞나 雨天気中
南列車行光州芳林洞東光園入 感謝。
嚴牧師斗變民 웃。씀

11 水 29736   2441175 ³²⁶⁷   29736 ²⁵⁴⁸   1362 ²⁶⁵

· 도으로 光州市鶴洞一區29의 10. 李桓惠 며집
         姜 椿 基

12 木 음 29737   2441176 ³²⁶⁸   29737 ²⁵⁴⁷   1363 ²⁶⁴

李在甲   鄭 重 模、 海南玉泉面
                         ヘ山宅

金
13 금 29738　　2441177 ³²⁶⁷　　2546 29738　　263 1369

(함평군 함평읍 함평리 도화부락 95번지 강 대 용(姜大用)
(전남함평군 손불면 산남이 피감부락 산남교회(전기동)
　　　　　　　　　　　　　　　　　　全基周

14 토 29739　　2441178 ³²⁶⁶　　2545 29739　　1365
남 원 군 대강 면 수흥리 이 맛 동　60

15 日 29740　　2441179 ³²⁶⁵　　2544 29740　　261 1366

쓰札三窟.
16 月 29741　　2441180 ³²⁶⁴　　2543 29741　　260 1367

17 火 29742　　2441181 ³²⁶³　　2542 29742　　259 1368

올 층 떠 는 버스로 芳林떠: 낫 독배 진달네 등.
둑넘물에 땀 떠 수고 숲속집 에: 근 와 계신 된손 무디:

18 水 29743　　2441182 ³²⁶²　　2541 29743　　258 1369
버ㅅ소리 느르며 늠고 난 몽은 시벽 밤응으로: 에머 해저
버스 ㅌ 9시10분 쯤 12시30분쯤에 집에 왓슴.

19 木 비 29744　　2441183 ³²⁶¹　　2540 29744　　257 1370
　　고 묩. 음. 흑. 门人.
20 金 29745　　2441184 ³²⁶⁰　　2539 29745　　256 1371

21 土 29746　　2441185 ³²⁵⁹　　2538 29746　　255 1372

1971

8 | 碧海赤裸聖潔白   晶

結   虛志無人神紫精

梧柳洞趙雲鶴宅尋訪.

22日 그럿 29747   3258   2537   254
         2441186   29747   1373

프른 부뒤 벌건 슳옭옭 그록 끽긋 이:허음디?
뷘통 호딀 업시 므몸 껌게 둥그러진 옫줌!
옫줌쯤 읍시두옫들 짚:조리에:드러도!!

춤믈숨으로 일루어 초이ㅇ 침.

늦 처들그 맞눔 늦이죠. 덜 들어 올림만 춤!
봄 콩큼 부름 되고, 볕 총총 널느신 속소김!
ㅇ늘늣 ㅇ브 아바지 누르슨디 믈미옴.

23月 그럿 29748   3257   2536   253
         2441187   29748   1324

호 몽 몸 I
이게 이게 다 믈미 얼뒤오!? 옹 븕 ㅣㅂㅅ ㅣㅁ代.
듬ㅇ렬 딛므듬 읍므뒤 뒤므옴.
드딤도 읍뒴도 쬐다 솟ㄴ보믄 호둥글!

覺 向南出發.

24 ^大호랫 29749   2441³²⁵⁶188   ²⁵³⁵29749   ²⁵²1375

25 ^水호댓 29750   2441³²⁸⁵189   ²⁵³⁴29750   ²⁵¹1376

向上向主誠自首　反照反省感謝足^湳
圓

---

26 ^木 29751   2441³²⁵⁴190   ²⁵³³29751   ²⁵⁰1377

흙뭉둙 Ⅱ

둥글홈 닌님: 춤 믈슴 일은 데: ᄆ리시니. 음.

둘레 비쉬 둘레 슬피 그급스오니 그급흠.

드딤도 ᄆ뒤도 쥐다 솟ᄂ 보믄 흙둥글!

---

27 ^金호러다귀흛 29752   2441³²⁵³191   ²⁵³²29752   ²⁴⁹1378

萬古史記　一念今心

日新意思無故意	萬古億代卽今生
史文心情育中心	肉重靈微在茲念

1971
8 28 土 29753   2441792 2531 1349
목금기임   2252   29753   1348

即景

人子居士物中尊　天使海女訟外色

분디로

사름시끼 누안진이 믄근되 높흐오며

된사와 히너만 숑사 붉게 빛글.

29 목 29754   2441193 2530 1380
  일   3251   29754   1247

30 月 29755   2441794 2529 1381
             2441194 3250 29755 246

┌───┐
│이들 열흘브터 이대 일도록 미사름 싱곡에 떠울나│
│본것이우면; 이길그는 우리로는 꼭 쓸 장옷!│
└───┘

白大美一来
31 火 29756   2441195 2528 1382
             3249   29756   245

9 1 水 29757   2441196 2527 1383
             3248   29757   244

2 木 29758   2441197 2526 1384
           3247   29758   243

장옷 잇숨

장옷 촉촉 기여: 손 골되: 중엿 두고: 끼뉘 써!
ㅇ유 언니 읍부 눈ㅇ 집읍 눈복 누눔 업시?
오직이 흔봄 실뉘에 萬里長城 장옷 써ㅡ

틜: 일옷, 뿔: 줌옷, 손불: 누드리 옷, 꼭:즁옷을
문지뉘 티끌 누루 위ㅇ리 고루두루 ㅡ무기ㅡ!
오직이 흔봄 실뉘에 萬里長城 장옷 써!

고디 무디 고디 곱장 즁옷 써서 두루 무기!
고디 무디 흔몸 高응 고디 곧장 ㅇ부 뜯문!
오직이 흔봄 실뉘에 萬里長城 장옷 써!

으린 ㅅ름 精神 누움 精 ㄴ 水晶 神음 聖 靈셰
우리 끼꿋 水晶 튼히 ㅇ우리 가륵 읠김 모셔
오직이 흔봄 실뉘에 萬里長城 즁옷 써.

早發 大美行

			3246		2525		242
3 金	29758		2441 1198		29759		1385

			3245		2524		241
4 土 비	29760		2441 1199		29760		1386

高陽郡 碧蹄面 碧蹄里 上谷 修女院 에 다녀오다.

天 雨 啓 明 山　　兩 友 伴 先 後
人 拳 修 健 院　　終 日 自 不 倦

1971
9 5日 29761   3244   2523   210
              2441200   29761   1387
    6月 29762   3243   2522   239
              2441201   29762   1388

入心自犇忙　마음니켜 데 분주으

己健忘　몸 들면 덜 줄 잇죠

生始終極　묵직일 울 어매 춤

孝考健忘康　근세다구 근잊기

建強健忘

氏도 늬게 一位先師로 顯現되섯던 분이시어。

이번 光州서 뭇느。 完州에서 作別한 김승영 언게

드른 消息‥ 金永修氏 는 積雪山中을

跋涉타가 陷沒된 屍體로 發見되엇슴 !

可坐可死 不二居士 여 니ㅅ으

不卽不離 唯一忘忙 이오 힛구

○서울 畈
○永登浦
○개봉동
○倍柳동

�店日아파트 8棟8ℓ�□

승두용氏 춋다.뭇。
기봉등 기봉숙 4
光明小프트 十一棟畢
二百一号 갑금。
뻐스타니 세울駅옴,

多夕日誌
86

7 火 29763	3242 2441 202	2521 29763	238 1389
8 水 29764	3241 2441 203	2520 29764	237 1390
9 木 29765	3240 2441 204	2519 29765	236 1391

우스은 일

뭣이 몸에 들어 수룸인가? 몬이? 일이? 몸에!? 뉘 몸에? 네 몸에!? 뉘 몸에!? 너누 두 몸에: 홈께!!

그런걸 왜? 들에 니누 그지그들! 그릴가?

그딜 것도 돌듸도 업시 뎌뎌으듸 뎌뎌ㄹ로、

을고 십흔 보고 십흔 우리 을어 으브시오、

우리는 으들입니다 으브 모실 섟게는。

礉 음 礆

釜 음 礆

大　气　小　息　生　一止 二出 三行　來

每日終晦待新朔　　古風今情人生涯

日月交明作故風　　天命消息聖靈興

오늘 北岳터닐 터딩김　清凉利

내눈에 補土흐디르고 北岳터닐 補土署(으)로 널릴든 재
에 구멍이 나니 北岳터닐 됨.
8百10m 走行 30分으로.

民資 10億 3千 9百萬원
시비 4億 6千 3百萬원등 15億 2百萬원.
接屬道路 幅 25m 長 3千8百70m.

一九七0年 12月 8日 着工 9箇目 完工.
幅 12.5m, 長 8百10m
動員 15萬名

資材
鐵筋 5百 65톤
시멘트 12萬 4千3百袋
아스팔트 1千三27千1百64톤

使利
1萬2千始터의장비

沈鍬亭距離 2Km, 時間 20分 減.

11을 外郭의循環道路와 連結되므로써
議政府에서 나오는 車輛이 敎荒洞을 主市內를 거치지 아코
第二漢江橋로 通行됨.

宗教人生成翁體
翁口猶生乳臭而
豈可言及政經說

苦暑攝影
安敢進德修業論
況侵真理把持列

11 土 29767　　　3238 2441206　　　2517 29767　　　234 1393

午後 2時頃 나서 平倉 新作路로 北岳 터널로 蹌光 貞陵洞 境에서 城北洞界로 逾越하야 肅靖門 가서 三清洞 터널로 395止를 計蹌前進하여 軍人이 어디서?묻기에 三清洞行을 맞흐니 못드냐 취기에 도리키며 보니 市長名義로 步行을 禁止하며 그 출역 東도 터널 通行을 禁止하였다. 不得已 城北 外쪽으로 터널을 거슬너 日本大使舘建築하는 光景을 다시 보면서 걷고 거러서 東十字閣에 니르러서 빠스을 타고 오니 저믈두. 山林川澤巨變革, 人烟文物大開關。

12 日 29768　　　3237 2441207　　　2516 29768　　　233 1394

| 山 林 川 澤 變 | 億 兆 生 民 人 |
| 人 烟 文 物 化 | 呼 吸 消 息 者 |

性理養生

天音啓示地　　意識視示致

人魂開視意　　于嗣生命理

熙純 데리고 읍엄으다。　　그믐습。

13 月 29769　　　3236 2441208　　　2515 29769　　　232 1395

| 곧 속 의 그 : 대 : ! |

글속의 :그:대:ㅁ

또 한 봄 이쳐 쉬고、두시 에 나려、늦쳐든: 낮 !
낫쳐드려 놉홀슨 업고、여러 봄 줄곧 쉐신 !
들디로 들어 올림믄　숨 열이:일. 1,0돌.

14^火 29770　　　2441209^{3235}　　29770^{2514}　　$-$ $^{231}_{1096}$

思親愛　　　孟子「泄泄猶沓沓也」

泄精不外血漏症　　吸乳呑食生地黄

仙佛便是心悔親　　謝物昇天夙戒仁

	壹百拾參歲 禹志命 언님 膝下七十人	
<그림>	1858 4 26來　] 12年4箇月15日子.	112허4들15늘 1402돌10늘
⟨禹志命谷⟩	1971 9 12去 1百13年 6箇月9日間.	5916 돌 41412늘

慶尚南道 南海郡 雪川面 露梁里

公元 1858 4 26 日深　　　　公元 1971 9 12 日症 ↘2441207

戊午 3 3초　　　↘2399796　辛亥　　7 23 庚子

15 水 29771　244 1210 ^{3234}　29771 ^{2513}　1397 ^{230}

二四　五　七　八　三　三	三二　八　一二	一　〇　四　九　一二	八九

```
二四五七八三三歲月週日
三二八一二四日週月
一〇四九一二八九歲
```

16 木 29772　244 1211 ^{3233}　29772 ^{2512}　1398 ^{229}

17 金昂 29773　244 1212 ^{3232}　29773 ^{2511}　1399 ^{228}

六時後內外大美.

18 土 29774　244 1213 ^{3231}　2977+ ^{2510}　1400 ^{227}

19 日 29775　244 1214 ^{3230}　29775 ^{2509}　1401 ^{226}

一世成仁

每日終晦待新朔　　暗望忽望生魄落

每心晉悔思慕親　　三十歲月世成仁

人情　暗悟　愼終宜

生先死後空中心　　終身成仁地工夫

有示無見人間形　　立命安心天生靈

씨올의 소리 듣줍고데

속울이 붉는디로 씨올도 힘 초오리다. ——
속울 무리가 업슬 적에: 씨올 무린들 눙ㅇ 느릿가?

　우리들은 이 l 들이롬니다.
　무리는 흔울로 들어:
　닐너 뇌리는 물: 부로 듣줍고.
　피어 퍼지는 금: 고로 쉬줌니다.
　불은 부득이 땅부득과 흐느 끝치 돼서 못떨어질
　듯시: 도로운 고비니다.
　그러누 무리도 불도 몸뎅이에 달넛슴니다.
　또 몸뎅이 속에는 몸이 들엇고, 몸속에는 속울이 들
　슴니다.
　속울은 붉고 붉ㅇ 붉고 붉ㅇ딤니다……
　붉는디로 울고 울어 딤니다.
　ㅇ는디로 힘쓰고 쓰는디로 누고 누는디로 그득 초리다.
　춤임니다. 빛임니다. 빛월 보이오리다, 우리 l 빛월은
　보이는디로 깨개 둘리오리니: 우리
　ㅇ브 뫼신 게시글임니다.

　우리 울월 울님으로: 이 술ㅅ소리 술어질제: 이 땅ㅅ소리 도
　어질제:
　우리 숫ㅇ울으리:
　예。————————(씨)
제。————————(로)

　땅ㅅ소리 술소리 로도

뒷집 子息 부러울것도, 읍집 ㅅㅈㄱㅐㄴ 고흘것도, 큰ㅂㄷ
건네 큰물의 ㄴㄹ수를 l 꺼지 왕곳 홀것 업시 :
우리들은 l ㅂㄴ두. ㅇ입ㄴ두. 이입ㄴ두. 더입ㄴ두. 그입ㄴ두.
여러입ㄴ두. 모든 입ㄴ두.
孔子, 孟子, 예수님, 釋迦님, 이 兩班 저 兩班도, 다 거두
고 : 孔이. 孟이 예수 이 釋迦이 이이 저이 로 올습
ㄴ두.   人間世上開天國、등길 ㄴ르 씨울 l .
ㅂ로 됩ㄴ다.
キンサン リサン 이 벗어지듯이
Mister Kin   Mister Li 도 묽읏게 뻐지어야! 올습ㄴ다!!

못된 ㄴ넘의 씨울ㅇ러들은 보자 않겟쿄、듣기트시르혀!

가 ㄲ온 게 업스니 가야고.
더 굴ㅂ 업스니 다 왓게?
ㅇㅔ 브루 게면 세게 고 됄두!

近月中微蘇風景
遠乙分正學覺神曲

窗下旦　多矛禾里

오
늘
흐
름
게
시
골

附曠親空大昏定
己울흠

― 데
로
에ㄹ
예
이
어

曠今衍兹小心念
日廣

公元1971 9 21

슴을 흐느로 오는 오늘도
ㄷ 으 흐ㄹ우 : 잇기운늘! 옛늘惜.

人間世上開天國 등길느릉씨울ㅣ

오 늘 흘웅 긑으면..

오늘 제긔? 이데 나니 소리.. ㄱ고 은뒤 시원?..ㄱ급?

이
기 성예어 에서 홈께..소리.. 일고 쉬머 먹고..죽기!

노조로? 늙어 죽기에.. 흘웅 긑치 된다믄!?

1971 9

22 水 29778	2441217	3227 29778	2506	223 1404
23 木 비 29779	2441218	3226 29779	2505	222 1405

마태 11:27 ㅇ부지 께서는 모든 것을 대에게 맡기 주셨습니다. ㅇ부지 부에는 ㅇ들을 ㅇ는 이가 업고 또 그 ㅇ들이 ㅇ부지를 계시 ᄒ여 주려고 뽑은 ᄉ롬들 부에는 ㅇ부지를 ㅇ는 이가 업습니다."

마태 22:23 — 33
마가 12:18 — 27
누가 20:27 — 40

復活에 對ᄒ 討論

24 金 비 29780	2441219	3225 29780	2504	221 1406

ᄒㅣ 아 ᄉㅣ리 금

🈯 쌀 ᄒ 뱀 ᄒ 아 금 인 듥

國 民 大 學 使 命 得 達.

人間世上開天國. 듕걸 ᄂᆞᄅ 씨을ㅣ.

씨을 이름 질 끝 이니 落種未촙眞言虛

씨을의 소리: ᄂ 온듸ㅣ 못된 씨을 ᄆ리드!!

25 土 비 29781	2441220	3228 29781	2503	220 1407
26 日 흐림 29782	2441221	3223 29782	2502	219 1408

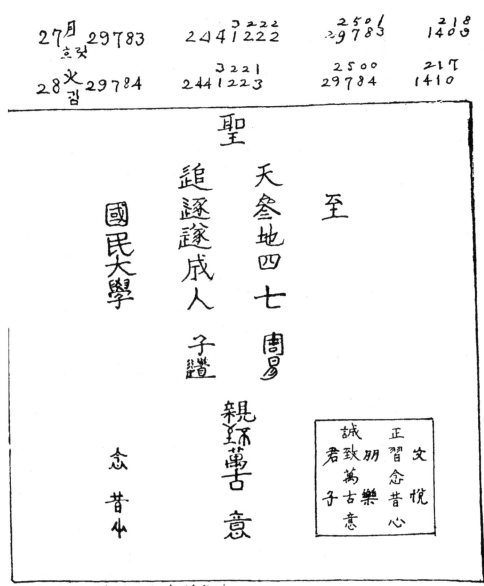

聖

至

天叁地四七 周易

追逐逐成人 子遷

親珠萬古 意

國民大學

念昔心

文悅
正習念昔心
朋樂
誠致萬古意
君子

主人寬緩爾、自由俊逍然。
〔漢書〕韓備 逍敘〔史記〕列侯逍然〔班固〕主人逍雷而笑
〔杜甫〕溪光初透微〔薛能〕透陀結料

29 29785   244 3220 29785 216°
                   1221 2499   1411

골외△골 그 우우 !

그 사름도 떠낫습닛가? ㅣ사름두: 입니△가?

모도 모도 업습닛가? 남는 ㅣ는 업습닛가?

나ㅣ도 남ㄴㅣ도 업시   느ㅣ먹두 떠느길.

업흘△! 입흘△!

△는이를 다 ㅣㅣㅣㅣㅣ가 슬거니! 터니!?

ㅣ 가지고: 먹고·입고·쓰고· △는 이러니믄!

나ㅣ다 집어 먹으믄: 도르간두 떠느기!!

—ㅣ◎ㅁ—ㅣ   —ㅣ 이ㅇ 오ㅣ—
                              위

도르왓두 떠느왓두: 좋두고믄 흘거신지?

도르갓두 떠느갓두: 싫두고믄 흘기신지?

그 온디 흔가은믄ㅣ —ㅣ·ㄴㄲ ———.

目 大美 四来

우리 ㄴ·ㄹ· ㅂ·ㄹ·ㄴ 소리

（ㄷㅗㅇ）
正　音

（· ㅡ ·）（ㄷ—ㅣㅔ）

으 으 이 ˮ 으 의 ˮ ㅂ·ㄹ·신 ∵ ㄱ·ㅈㅇ ㅂ·ㄹ·

소 리 —— 世宗 ——

（ㅣ—ㅣ·）

으 이 ㅇ· 노ㅌ·신 ㄴㅕ게 달린 ㅅㄹㅇㅁ （ㅅㅇ·ㅇ）

밑 이 —— 예 수 ——

（ㅣ—ㅣ）

「등길—」 으·리 ㄴ·ㄹ· —— 님 ——

호·울 ㄴ·ㄹ· 。 긔·ㄹㄱ홈ㅁ 。

（ㅎ·늘 나 라）

山色終沈黙
溪光初透徹

順產卒者

逆生知覺

本　밑

그·림ㅔ?

피ㅅ빛?

1971 10
　1金 29787　　244$\binom{3218}{226}$　　$\binom{2497}{29787}$　　$\binom{214}{1413}$

샘 소리

ㅎㄴ 아홉 일곱 : ㅎㄴ 히
열되로 열리는 둘 따르
두시 훌율 히르! 뜬데 : 金빛월!

두군 처 바 일워
두 네 네 ㅎ 뒤뒤 엄셈　　　　ㅏ두네 네네 네네 네.
세두 ㅎ풀 씨르므로
두군 처 바 일워　　　　　　　ㅏ우리 엄마 곧게!
스물 네띠 아홉 일울몬
ㅎ네 ㅎ셈
　　　ㅏ셋 졸 놀.
뒤 ㅎ네
뜨렷 히.

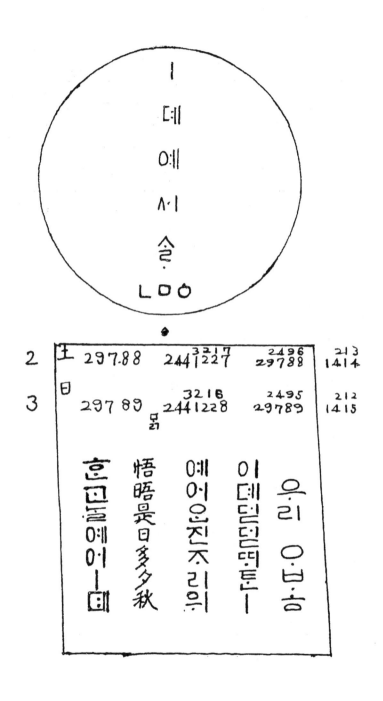

'1971
'10

델:속 인:속

빛글:환! 슬곳:곰! 눈:뭄! 귀:붉! 묘시:브드래

눗처든 눗에 풀녀: 고오흔 부룸지고.물잖?

월 백저 속을 못키운 데속은속.

'4 29790   3218   2494   211
        '244229.   29730   1416

'흔옹읍처흐ㄴ '열둘 네   둑ㄱ치ㄱ둥굴
    '두네 네   능ㄴ뒤둑옹롭.

○흔○홉시ㅅ눌   白種日   게시굴

모 랑 딤

눗닌 숭ㅣ쯤ㅇ.눗집읖데:글둘너:일못쥼!

일시 딜시 일씨ㄱ 딜씨ㄱ 솧ㄴ 울ㄴ 웂음!!

ㅣ속을 모를게 뭐냐!? 도ㄹ긔 도ㄹ금!!!

두섯둠! 두근치근: 하ᄂ!! 두네네: 하ᄂ둔 셍둥그름

그 뒌 디 !?

닌 왜꼭 이속에 그∴드러 잇냐? 믄지속에 그?

믈룰일! 믈룰일! 왜 꼭 본지∴속∴으로 ㅃ∙짐을!

윗짓트∙ 그리 ㄱ지그 그딜 욹긜 그 뒌 디∙

○∙름둡 ○∙름둡은 끌걸 끼끄티 낀디로 만∙

○착도 딜 업두∙! ○∙즈 두 업서야지 끼꿋티!

을 ○∙ㅂㄴ 긔록큰 빛월 우리그디 모로 붭∙

6水 号29792	2441 $\frac{3213}{231}$	$\frac{2492}{29792}$	$\frac{209}{1418}$

大人性情 : 靈生眞光

大人無根本地生　　一気消息晝夜光

小心有祭承天命　　萬沴至誠日月明

7木 号29793	2441 $\frac{3212}{232}$	$\frac{2491}{29793}$	$\frac{208}{1419}$

大美로 버리 누긋든 빛이 버리를 호여 구지고,
어제 저녁 어둠 뒤에 도로옴: 그뭄:옴。

올　를　○　□
　려　뭄　　오　오
옴　뭄　登　降
　　　極　臨
호아도　上　下
모를름.　天　地
　　○　圓　方　오
　　　　　　　우　므
　　　오　　　　름
　　　　　　　　○
　　　　　드
　　　　　드

$$8\ \text{金}_{27}\ 29794 \qquad 2444\ \frac{3211}{1233} \qquad \frac{2490}{29794} \qquad \frac{207}{1420}$$

$$9\ \text{土}\ 29795 \qquad 2444\ \frac{3210}{1234} \qquad \frac{2489}{29795} \qquad \frac{206}{1421}$$

訓民正音								
世宗廿八載	新制廿八正	一四四六年	聖作	神佒工	民念五百星	今一九七一.	五百二十五.	
一九四六年								

異 乎 文 字 不 得 伸 其 情

二十世紀中通用公紀元

$$10\ \text{日}\ 29796 \qquad 2444\ \frac{3209}{1235} \qquad \frac{2488}{29796} \qquad \frac{205}{1422}$$

經心綸音	惟精惟一惟心經	貞念貞固貞音綸	猶太耶穌透理架	仲度(釋迦)轉法輪

1971

10

11月 29797　244[7238/1236]　2487 29797　204 1423
근봄 우레비 무뤽 · 보름새참

一生	立身廿年月	處世卅時刻	還甲耳順理	添古足自覺	地出身 天能心
立立立巨立	大大太古大	高高至上天	吾吾達悟解 順產辛業	逆生知覺	發顧 解得 訓辭

12火[曜]29798　244[3207/1237]　2486 29798　203 1424

공이 뵈 임게 :: 짓드 ·
고,
밀니 大·즌 빌 즐
겁드。고,
놈이 몰고 몰되
기두르니 :: 그이
아니리! ㄱ?
공이 기 :: 드 · ·

13水 29799　　　　2441³²⁰⁶238　　　2485 29799　　　202 1425
시리 츰. 晶

14木 29800　　　　2441³²⁰⁵235　　　2481 29800　　　201 1426

음 뇌켜 데 : 분 즐요 !　　　목 지위 을 어뭬 : 츰 !

음 들믄 데 : 즐 잇쥬 ?　　　그 리브늬 게 : 뵥게 ?

空中意中命　　　人間時間生　　　生世界命　　　入心超死界　　　生心出居世

金正鎬 : 登記封函接受.

15金 29801　　　2441³²⁰⁴240　　　2483 29801　　　200 1427

小學生 逍風 갓드 저므러 듬 오다.

16土토 29802　　　2441³²⁰³241　　　2482 29802　　　199 1428

유희롱
고정순　시스리 미롯　서울 장 二층
　　　　　　　　　주례 계 태회 선성

17日 29803　　　2441³²⁰²242　　　2481 29803　　　198 1429

1971

10

공동번역

한역성서·· 委員이신 宣鍾完氏

高陽郡琉璃面碧蹄里修女院에서 都對面人事

18月 29804	244	3201 3263 1243	2480 29804	1438
19 火 29805	244	3200 3264 1244	2479 29805	1436 1431
20 水 29806	244	3199 3263 1245	2478 29806	1435 1432
21 木 29807	244	3198 3263 1246	2977 29807	1434 1433
22 金 29808	244	3197 3263 1247	2476 29808	193 1434
23 土 29809	244	3196 3260 1248	2475 29809	192 1435
24 日 29810	244	3195 3196 1249	2474 29810	191 1436
25 月 29811	244	3194 3258 1250	2473 29811	190 1437
26 火 29812	244	3193 3257 1251	2472 29812	189 1438

光州

金天培 (五五) 氏初尋訪
羅州邑교동几 圖□□
朴東哲 (六五) 연님 께서 来訪 하시려 다가 番地未詳不得云.

1971

11

27 水	29813	3192 ~~3250~~ 2441252	2471 29813	1439	
28 木	29814	3191 ~~3252~~ 2441253	2470 29814	187 1440	
29 金	29815	3190 ~~3254~~ 2441254	2469 29815	186 1441	19시 양개
30 土	29816	3189 ~~3256~~ 2441255	2468 29816	185 1442	
31 日	29817	3188 ~~3252~~ 2441256	2467 29817	184 1443	
11 1 月	29818	3187 ~~3251~~ 2441257	2466 29818	183 1444	

```
○브ㅁ 싱ㄱ

1866   7   19  木曜  ≻2402802通日      1933   11   2  木曜  ≻2427373通日
丙寅    6    8  乙未                    癸酉    9   15  壬申

五九ㄱ싱을  廿紀三十年  先紀六十四  二四五七八  三五一一週間  八百三十三朔  六十七歲百日   二七三二二  三三二七九一  ○二八○二ㄹ  六六七一九∷二四
                                                                    二四五七八    二七三二·九  三三二·二二四    ·

        도ㄹㄱ신            三十六∷九+七
        三十八늘           日五二月  是
        ㅇㅁ늘도

1971 11 20   辛亥 9 15日
    陰陽一致
      美妙
```

西大門區 鷹岩洞山 1-4
2 0 동 4 반
崔承烈氏 初來訪
日前來訪 金天培氏 紹介하시던
羅州邑 교동九 [571]00
朴輨갑氏의 範節을 너여기.

2 火	29819	244 1258	29819	182 1445
3 水	29820	244 1259	29820	181 1446
4 木	29821	244 1260	29821	180 1447

올 촛두 올개미에! 참 참.

꺼득 모른다! 틱 업다! 아즉 아즉 모른 속야!
비롯브터 속을 먹 업시 비롯히: 놔 고 느!
어즘이 엄뒤질 그만: 剖斗折衡 되프리!

흐던뒤로 히라! 관게 촌항다! 네네 브터: 그리!
부질 업다! 緊치않다! 쓸뒤업다! 所用 업시!
괜 촌항다! 符節 업시들: 헐떡 헐떡 흐고기!

朴永浩

京畿 始興郡 儀旺面 二里 二七一

[0][7][1] ②口

: 껄덕 껄덕 흐고기!
: 덜컥 덜컥 흐고기!
: 털걱 털걱 흐고기!

5 金 29822　　2441261 $\overset{3183}{}$　　$\overset{2462}{}$29822　　$\overset{179}{}$1448

崔恩和 네 오늘 에: 舊基洞 150番地. 에서

고븐 쉬 여 누 니、　　5 4 2 5

　두섯즈믄 놀 큰 테 돌고、 넫 은 근 놀 이 다.

1956　12　28 金曜　2435836 迪日 7時生
丙申　11　27 己巳

스믈네ㅅ뙤 세 두 풀 세 우 : 도록 일 운 떠.

---

6 $\overset{土}{}$ 29823　　2441262 $\overset{3182}{}$　　2461 29823　　$\overset{178}{}$1449

---

7 $\overset{日}{}$몽 29824　　2441263 $\overset{3181}{}$　　$\overset{2460}{}$29824　　$\overset{177}{}$1450

恩和 外祖毋 가 外孫女 米國行 發航 을 보고 으니 16시30

---

8 $\overset{月}{}$ 29825　　2441264 $\overset{3180}{}$　　$\overset{2459}{}$29825　　14$\overset{76}{}$51

金鳳國 인 渡美 發航日 "安寧히 히기어오십죠!"

　時 計 人 生
天盖吾仰吾首天　　生命吾生吾命工
地榛人踐人迁地　　時計人為人計時

1971

恩和渡美安着電話接受云

11 9 火 29826	2447 3179 / 1265	2458 29826	1452
10 水(안개) 29827	2447 3178 / 1266	2457 29827	174 1253
11 木 29828	2447 3177 / 1267	2456 29828	173 1454
12 金 29829	2447 3176 / 1268	2455 29829	172 1455

(陸機) 時不重至 華不再揚。
(詩經) 白華菅兮 白茅束兮 之子之遠 俾我獨兮。

丈夫蓋棺事方定〔晉書〕　肅嬪出嫁務實始〔□題〕

13 土 29830	2447 3175 / 1269	2454 29830	171 1456
14 日 29831	2447 3174 / 1270	2453 29831	170 1457
15 月 29832	2447 3173 / 1271	2452 29832	169 1458

槿　花　一　朝

無窮華長歸一元　　人生八十天地經
丹楓情確表五指　　多少綸音筆墨紙

○

霜葉滿庭有懷客　石炭亂爐無冬嚴

16 火　29833　2441272 [3172]　29833 [2457]　1459 [168]

17 水　29834　2441273 [3171]　29834 [2450]　1460 [167]

1971 11 17日 9.30時　　　1971 11 15日 22時

撤人參與撤已天　青潭無碍寂入寂。

18 木 29835　2441274 [3170]　29835 [2449]　1461 [166]

19 金 29836　2441275 [3169]　29836 [2448]　1462 [165]

即今解脫李青潭、擬古無礙柳静溪

侍　下　日　行、臨　川　無　碍

20 土 29837　2441276 [3168]　29837 [2447]　1463 [164]

21 日 29838　2441277 [3167]　29838 [2446]　1464 [163]

근본브터 비오는 가두 저므도록

22 月 29839　2441278 [3166]　29839 [2445]　1465 [162]

1971 11 22 月曜　29839　26123　25822 은지믄?
辛亥 10 5 辛亥

1971

11月 23 火 29840   2441 $^{3165}_{1279}$ 2984 $^{3}_{11}$ 14 $^{66}_{66}$

24 水   29841   2441 $^{3164}_{1280}$ $^{2443}_{29841}$ $^{160}_{1467}$

잔 비 도 좀 뿌림 몸
16시쯤 에 서울신문사 記者 申槿秀

鼓鼓乎？鼕鼕鼓聲！

七一・一一・二二日！！！

辛亥 十月 五辛亥！

二五八二二：믄 믄 ？

咸錫柳錫兩錫同！

柳東柳錫柳模二柳別！

多夕尚未歸去來、

臣疎九七〇七日。

25 木 29842   2441 $^{3163}_{1281}$ $^{2442}_{29842}$ $^{159}_{1468}$

嘗天餅甘承。

26 金 29843   2441 $^{3162}_{1282}$ $^{2441}_{29843}$ $^{158}_{1469}$
   믄 다 소 림 15시 뿌림

27 土   29844   2441 $^{3161}_{1283}$ $^{2440}_{29844}$ $^{157}_{1470}$

ㅂ・
그른
드

◎ 맨 마흔 마음 마음 끄끝에 되고 돼‥ ᄂ‧큰 속ᄋᆞ러‥

◎ 검 게신 게 ᄋᆞ리 울ᄅᆞ‥

ᄋᆞ름 ᄋᆞ치‧ 울울 울려 ᅳ

◎ 게신게 그에 게 ᄋᆞ름 ᅳ 그ᄃᆞᆫ씽ᆞ ᄉᆞ리 들 ᅳ

1971

11 28日 29845 3160 2441284 2438 29845 156 1471

慶尙北道 軍威郡 義興面 邑內洞 三之九

29月 鳴鼓七日訪元曉
巨覔一熙願普賢

朴永浩

京畿道 始興郡 儀旺面 二里 二七一 170-180 朴永浩

29月 29846 3159 2441285 2438 29846 155 1472

30火 29847 3158 2441286 2437 29847 154 1473

12 1水 29848 3157 2441287 2436 29848 153 1474

體心操情
遠觀洞察性
褒獸環染情
積風逍遙遊
能養浩然正
體操心情

神 立德正气 精

恭敬時合掌

感謝處握手

躄足之足非足是！

不信躄偽　不足否？

是躄言也　左傳信

非訓辭耶　右舉手

主　自
人　由
寬　攸
緩　遒
兩　然

手手拜拜奉泰平

立立竝竝參與和

3 金　29850　3155　2441289　2434　29850　151 1476

由己仁心

天參地四七周易

聖靈親致萬古意

追逐遂成人子道

訓民正音念惜心

土 4 29851　3154　2441290　2433　29851　150 1477

左　右

蕩子主軒何斯之

精一气正神自強 ｜ 多惜泄精每入定

至誠感天心由健 ｜ 弄舌瞥眼失主權

1971
12 5^日 29852   2447253   29852   14시음

興

ㄷ· 들   ㄱ· ㄷ·
ㅍ·   ㅍ
디 센   ㄷ· 디

道
不
同
毋

來   去

끝은 그

에

우·리님뜻

曆

稽

古ㅣ

吾主旨

曰若稽古吾主旨

强健自由神心匠　天気感一誠構玄

多夕微覺室歹ㅁ　싱싱힘흐이ㅣㅇ

흐옹남
게
신　게
ㅇ　ㅂ
돌　ㅇ　의
에
스

우
리 울

님 검

께 에
셔 로
로 울
울 울
께 림
에
셔

빛 울 들 림 。

씨을 여름질 곧 ⓓ 디니
落種未嗇眞實虛無.

똔구멍 뜨러는 손씨에
씨을 의스린 넌두니?

몯된 씨울머리로들 끌려르닉?

H.A. Kim M.D 方 김봉국
14 Yale TERRACE
BLAUVELt. N.Y. 10913
　　U.S.A

o　 o o
　서을특별시 서대문구 구기리
　SOUEL, KOREA

7^火 29854　　2441293　3151　29854　2430　147
　　　　　　　　　　　　　　　　　　　　　　　　　　1480

全州李正鎜氏 서을西大門區南加佐洞二七九의三二
1071 12 2
辛亥 10 15　　2441288　別世　子　忠煥
　　　　　　　　　　　　　　　孫　孝城

이 네 세 니 두서 들 ○흡

이 네 서 니 어서 네 어시

이 네 네 흐○ 든 네 흐ㄴ

류희용　1947　12　9　火曜
丁亥　10　27　壬戌　　2432529通日

그덩순　1948　4　4　日曜
戊子　2　25　己未　　2432646通日

흐시숨　1971　10　16　土曜
辛亥　8　28　甲戌　　2441241週日

류렬암　1972　12　2　土曜
壬子　10　27　丁卯　　2441654週日

鄭在鎔

第叁萬堂千八天

ㄴ·이섬

二十世紀正半이오

陸戰六三是月이오

高陽郡碧蹄面碧蹄里上谷

八六十四三月李

九八十一다맥柳

七一年三月一三日　두ᆞ？ᅲᆞ！　二九五　八五日

,64　2　4　火26991　2438430
,71　10　24　日29810　2441249

高陽郡碧蹄面碧蹄里上谷
　首陽山人莊：　鄭在鎔 先生
　　1886　12　1　水曜　ン2410242
　　丙戌　11　6　乙未

天才民族의 進路

환 (桓因=光明) 이라는 햇불을 들고나선 天才男兒인 밝은사나이 (桓雄) 의 길고오랜 신석기문명은 지나 (China.) 에서 발달한 철기문명에게 정복되어 漢四郡이라는 식민지의 쓴잔을 마셨다. 황진만장 (黃塵萬丈) 만주벌판의 뿌리나라 (扶餘 ㄷ×² ㄷ²) 에서 이러난 좁은 부여 (卒本 ㄆ·×² ㄅ ㄣ³ 扶餘=挾小扶餘) 라는 산악부족에서 철기문명의 대표자 고구려 (高句麗 《ㄠ 《ㄡ' ㄌ-ᵏ=높은굴) 는 능히 漢四郡의 낡은 철기문명을 물리치고 자주권을 회복했다. 이것과 같은 역사단계에 속한것이 신라 (斯蘆 ㄙ ㄌ×²=新羅 ㄙㄧㄅ' ㄌ×ㄹ²=사러=生者) 와 백제 (百濟 ㄅ ㄞ³ ㄗ-ᵏ=빠져=高句麗 逃避王者의 建國) 이다. 고구려는 좁은 산악에서 성장한 용감한 국민이오 밝은 사나이 (桓雄) 의 理想이 맞아들이되 경제력 (斯蘆=生者이라는 國名) 에 치중한 신라 터구나 그의 지나의 문명국 唐과의 연합세력앞에 너머졌고 피난민의 건국인 백제는 그 높은문화를 日本에 전달한바가 많기도하되 드되어 음탕으로 그 막을 내리고 마랐다. 신라는 겨레의 理想인 흰 (光明) 의 하느님 (커롬 써인

님＝太陽의造出者）을 받드는 花郎의길과 니르바아나
覺）의 큰뜻을 받드는 불교의 승一된 텇화에서 찬란큰
1,000년의 역사를 꽂피었으니 "일즉이 아세아의 黃
金時代에 빛나는 등불의 하나였든 코리아 이등블 다
시한번 켜지는날 너는 동방의 밝은빛이되리라." 고
詩聖 타골에게 예찬받은것이 바로 이때를 가르첨이었다.
茂盛함이 오래되면 반드시 衰하고 쇠잔함이 오래되면
반드시 반발한다 (有盛必衰有衰必反）는 太極의原理대로
이 신라가 쇠잔함에 신흥세력 고려에게 국권을 인계
하고 신라의재상등은 그대로 고려에 벼슬을 살기도했
다 고려는 니르바아나（覺）가 역시 그 지도원리였고 비록
儒臣 金富軾의 굴종（事大）사상이 겨레의 나갈길을 그릇치고 마렀으
나 나라의 큰길은 불교로서 그려질때 고려활자（活字）등 겨례들의 문
화의 창조력을 볼수있다가 고려가 부패하매 武也 李成桂가 이러나 한양
조선을 세울때 부패한 토지제도를 개혁코저 전시과（田柴科）문서를
태우니 3일 3야를 텃다는 것이다. 나라의 처음대인 세종대왕대
"한글 이륙는 꽂이 피인것어 마지막이오 불교를 누르고 유교를숭
상（抑佛崇儒）하는 국책은 안으로 니르비아나（覺）를 버리고 삼
강오륜이라는 인위적 율법이 국만생활을一지배했고 밖으로 지나에
굴종（事大）하여 구차한 평안을 누리는 것으로 국시（國是）를

多夕日誌
130

살았었다. 그러므로 이룩+할 문화의 창조가 없이 노루하치(淸)의 난리와 임진왜란 등으로 백성을 도탄에 넣고 간악한 사색당쟁으로 참혹한 피를 흘리다가 자본주의로 성장한 일본에게 침략 당하고 만것이다. 무릇 봉건 농업사회가 말기에 드러갈때 그 영주들의 사치연락으로 인한 경제적인 군색을 피하는 방법은 화폐주조권, 경찰권 등을 신흥 부르조아에게 전당 잡히고 돈을 빌님이 유럽 중세기의 일이오 일본에서도 다이묘(大名)들이 Za(座)에게서 돈을 차용한 것이다. Za가 발전하여 부르조아지가 형성되고 이것이 열강 자본주의의 반열에 참여하게 될 것이다. 그러나 한양조선의 경우에 있어서는 슬으게도 만량말두, 천량말두에 부자를 잡아매고 때렸고 기술자(청기와장)는 그 오른 손가락을 잘라버려 착취를 피하고 목숨을 보존했다. 이러므로 부르조아지의 형성도 못한채 양상한 가난뱅이 나라가 되어 있다가 일본자본주의 앞에 두손을 꿇고 마렸었다. 한양 조선 말기에 프로테스탄드의 빛을 받았으나 교회가 민족운동의 본영이 되지 않을수 없었고 해방후에는 정치와 리권에 흥미를 갖게 되었으니 교회는 탕자(눅 15:11)의 회게 장소가 아니고 탕자의 형의 자거자랑 무대가 되기 버리고 국민성 개조의 역할을 담당치 못한것이 이時点에 있어서의 한국교회의 현상이지만 이러한 시행착오를 거듭하는 가운데서 우리 겨레는 기독교가 그 생활을 지배하는 겨레가 °되기를 믿고 바라는 바이오 기독교가 그 설자리를 바로 잡느냐 놓잡느냐에 이 겨레의 운명이 달려 있는 것이다. 일즉이 고구려가 이러나고 신라를 탄생시키드시 우리는 일본의 가슴팍에 파고들어 독자적인 산업국가를 건설해야겠고 이러한 조국의 현대화 운동의 밑바닥에는 그것이 世俗的 对象이거나 神聖(敎会)한 對象이거나를 구별할 것없이 모든 무른 가죽부대〈固定主義〉를 排除하고 새술이 되는 信仰의 自由, 意思求定의 自由, 学問의 自由가 이 民族에게 戰取되어서 이것이 民族発展의 原動力이 되어야 할것이다.   : (눅 12 : 51 ~ 53)

　P. S. ; 한국개신교에서는 하느님을 하나님(唯一神)으로 승화시켰다고 믿는다.

　　　— 겨레에게 보내는 네번째 편지 —

　　　　　　1966. 5. 16

　　　　　世状 曺 庚 黙

　　　　　C. P. O. 400
　　　　　서　　울

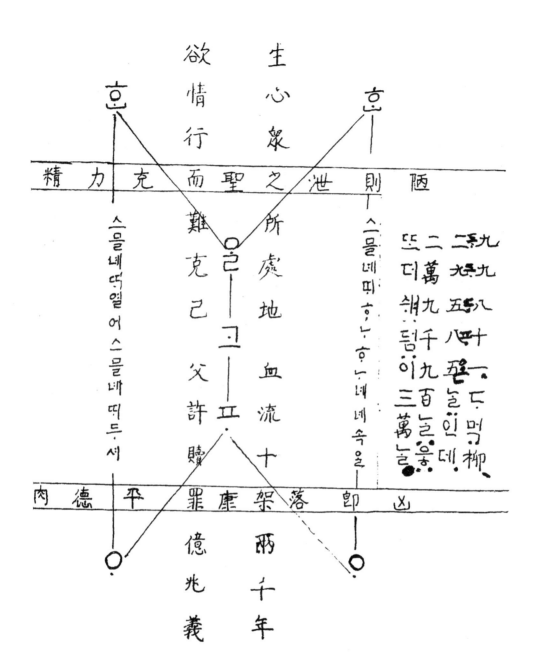

日中	人中	意中
蒼生　黠心	外：人間　内：中心	空心
奔忙　畫夜	遠慮	正念

試驗中之試驗中

試驗試驗試驗中

重重試驗中中中

三中九中叁與中

存　德　展　之　意　物

養　性　心　气　長　則

ㅇ부디 싱극

ㄱ신놀
2427379通日
　　　1933　11　2　木曜
　　　癸酉　9　15　壬申

오　늘
2441258通日
　　　1971　11　2　火曜
　　　辛亥　9　15　辛卯

도ㄹㄱ신 지 卅八 돌놀 에 陰陽曆一致日

六十七歲百日
八百三十三朔
三五一一週日
二四五七八日

우　　리　　씨　　올　　소　　리

을　　을

옴

消除法　未完

有益無損商量度

依法忠實任去來

十全出品吾人用

萬古除殘上天解

그
든
리 소　　른　ㅂ
　　써
　　을

出世外上生有意義

文明物暗公害地　　　釋迦耶穌果正見

昏定晨省獨生天　　　出家社會結安全

時人

乙益吾師吾首天
地接人踏人足地
之命吾生吾命上
時計人為人計時

感謝

一九二六二八　孝貞入院順産月

一九五六二八　恩和渡美安着電

一九七一七　時不重至陸機會

華不再揚柳好前

陸機 字士衡。晉人。少有異材。文章冠世。[人名典一一二四五]

信仰臆知抑旨 巨

毋爲古今吾 定

十上百千億

正念遠慮士

使徒行進職

信　抑
旨　仰

世間

十字架本資血盟　從橫兩主室里田

贖罪辛苦乘利得　昇降一心合晦朔

天國

合上離晦自存心　父子聖靈氤氳気

侍下順從子處事　生命誠康恩慧史

観光上岸

俗児熱玩走震气

人子賢重聖克力

乙坤雲塞斬智消息

地天泰通永生樹

9 木 29856　　　2447295　　　29856　　1482

뫼신 ㅇ들。

뭇을 올ㅇ 을 뭉디 뭉침으로: 꼭 끈코 꼭 넘!

덧덧 덧트 늙도록 늘여, 죽도록 뇌주던이,

기ㄴ 그이: 춤몰로;게서: 뫼신 ㅇ들!

세
우ㅣ
님

죽ㅣ 뇌ㅈ 붙임 로서

술
ㄴ,
근.

乘土體心人　치키티피히

계는 그예 솟ㄴ·솟ㄴ·울ㄹ·ㅁㄴ ㅇ들 돼 ㅁ시기 ‥

계계신 ㅇㅂ·ㅁ신 ㅇ들 울월 울려 빛예 기!

계계신 ㅇㅂ·계시골 솟ㄴ·ㄹㄷ ㅇ·ㅇ면

원　듬　元　擧　得

뤈　擧　元☀　듬

게십구에 으ᅟᅳᆼ

擬古卽今

一倍無敵 二倍乘

相乘不積平方土

三乘正中立方體

正中精一由己心

한글 改定맞춤법 처음 보다어 렵다

度役∶逃 ○明∶在兹

多夕　尚未歸去來

疎惷　九七〇七缺

두그·프·세그· 비드느·무· 호그르∶舊基洞에
「二九八三九」

두르·호노·들씻 고요히 좀좀이 水海敎會
「二六 一 二 三」

들드·프·뒤드·믄지믄 나느·드느·으ㄱ되。
「二五八 二 二」

오늘도 또, 三十六日 앞당기 와

九千七百十四日인. 멀리 二은

藐臣 싱 국

進就 十口五口耳

Oㅣ그 심그 오고 몸

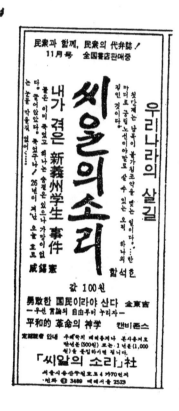

숫ㄴ·리ㅇㅁ밝
ㅆㅁㅣ

ㅎ이· ㅎ아 ㅎ아 금
윈ㅇ윈듬 시리금

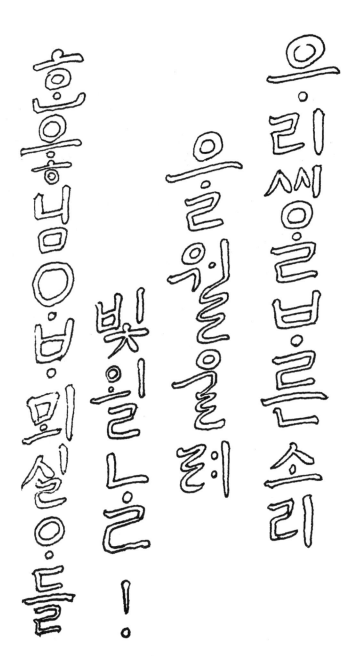

우리 세을르든 소리

우 을읽 르율레 빛을 느르 !

흥흥듬믐 ○브 므셜 ○들 ·

吾主旨

層層侍下耶穌主

昇昇超上釋迦佛

萬古社會人子生

維新精一郎今必

실이금 可量 의드ㅣ, ᄒ·야금 브리어씨읍.

입을 브리 ㄱ·ㄹ·치되 브·릴ᄉ·에 ᄒ·야금ᄉ·ㄹ, 使 使

이데에 일이 숨이: 실이금 드· 끅 可量ᄒ소 得 可量

원ᄒ한ᄒ. ᄒ·야금 업시 시리금 드 어림드!? 使命 可量

自信固執充忠臣

唯信瞻仰永孝士

主心同意聖旨情

父子有親靈人子

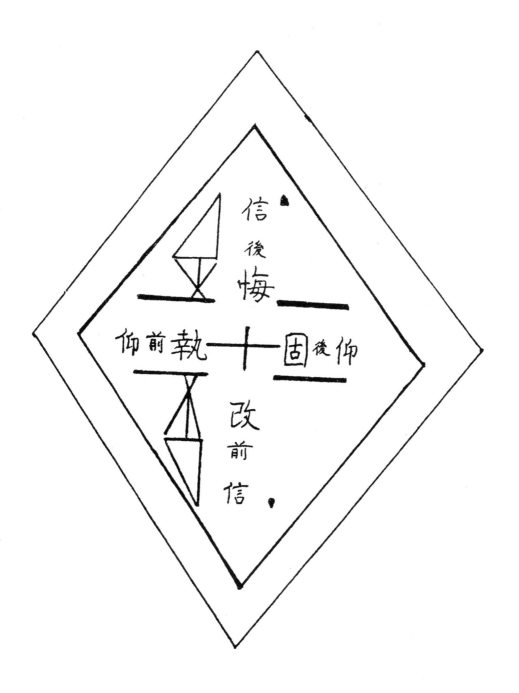

오늘의 오늘을 오늘밤 오르림만 ㅎㅎㅎㄴ. 술고픈.

2 →

ㄹㄴㄹ 인가.?

되돌ㅇㄱㅇ야 ㄹㄴㄹ 인가.?

먹건만 ㄷ시 ㄷ시

술 지ㄹㄱ

← o 1

숯 낳 ㄹ

즉. 기이시

깃긴 믄드시 ㄷ——

되 슬응 ㄴ으 —시

ㄹㄹㄹ 인ㄱ? ㄹㄹㄹ 인ㄱ?

1971 12 11

人生   열   열   二五八四一
七十   혼   혼
       둘   웋   들 드픈 네훈?

우리 웰 : 민꼭되기! 민꼭문게 뒤! 회꼴동

몸 븗고, 싶뜻에 손딜 ㅎ는 기 넘 외시신 그름?

이리히 드르드를시 목숨목숨 스리 짐!

느위 업시 노름 노리ㄹ 봐요

열혼히 둥은 떼, 입서거니 뒤서거니, 우림!?

일은 혼 히ㄹ 긑치? 둘리? 열혼둘과 열훈웋도!

그윽히 싯묵은드시 이리 돼 눕? 데리슴?
          빝 짗 ㅎ게

二九八五八

두구프두프

두구프두프겟든。느느: 미북골에 미부위 끼듯、

들두픈네 흐응 은 이뜨위 흐 우리는 우러 (올흘손、)

열효들 두둘둘뜨드 들두픈네. 두흐속

365日2422 × 80 = 292 19:376 + 365日2422 = 29585日-

늘네뒤듣늘. 두크두ᅟ올 셈처름. 八十一年두크두프오늘

29585日 + 365日2422 = 29950日

八十二年 + 50日 = 36000日

두번九九쉴가? 흐심더ᄒ면

誠意感徹天謝

우리 몸ㅁ.. 속.. 구실..

몸ㅁ..속.. 구실 속..에 그 실 몸ㅁ..드렀솓데..구실몸ㅁ!

구실은 구실이란..

솜ㅁ.
업는.. 구실인 속..

참 구실 속속과과 몸ㅁ 것볼이 고디로..

↰ ㅇ·ㅂ·ㅎ· ㅎ뜯ᄆ) 오ᄒ호

1971
12
21

나남 촘 만ᄂ면 남이 업서덧슴, 남는게 업!

너넘 촘 니ᄒ면 넘ᄂ둠이 더 쉼, 넘지도 앟!

입과 귀 ᄆ두 몰슴은 뜻이 ᄀ온 뜯 듯 듬!

ᄋᄆ 헒 ᄉ미

슈ᄀ·숨ᄋ·ᄒ· 미ᄉ ᄂ 늘늘이야 ᄉᄆᄀ

ᄋᄉᄀ·ᄋ·ᄅ ᄋᄉᄇ·ᄂ·ᄆ ᄋᄉᄀ·위ᄋ· : 쇠면 : 흘ᄅᄋ·ᄒ· ᄋ·ᄉᄀᄆ !

ᄋ·늘 둉ᄋ·ᄃ : ᄆᄀ·춈ᄆ ᄋ·ᄂ늘게 ᄀ·ᄀ 십구·十ᄆ 춈·

ᄂᆞᆯᄂᆞᆯ이·야

ᄋ·ᄋ·ᄒ·
壹 九 七 壹
拾 貳
貳 四

三溪柳一生

九九八十一 ㄷ·믹긴
두·구·ㄷ·ㅍ·은늘인데
二九五八 五日也而
二萬九千 九百日上
씁다쉬밤 三萬消日
益加生멸:

神 明 九 疇

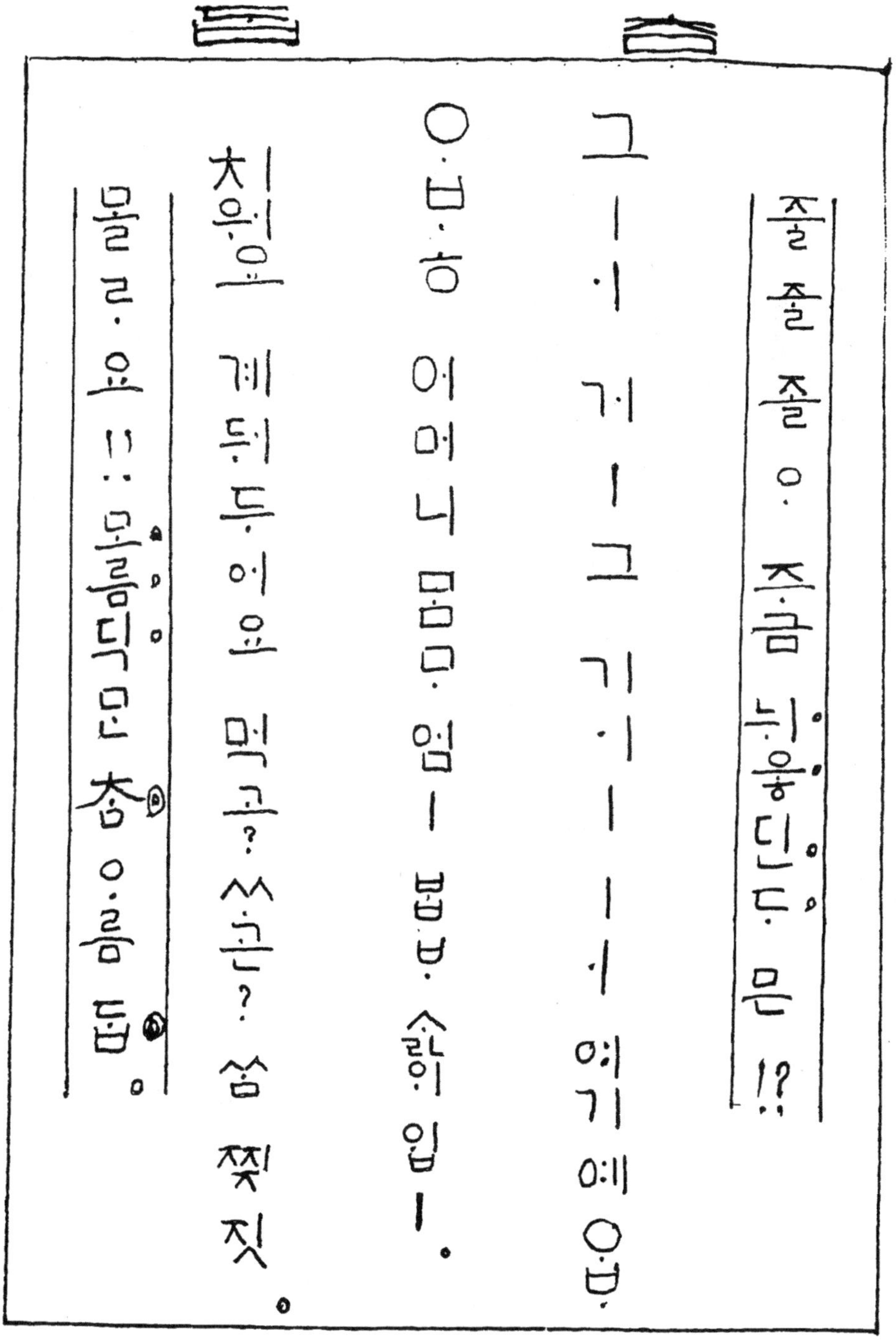

大大大中古吾心
小小小心故悟人

빛　글　을

일　일　일

울　필　울

린데　티니　린데

...

須彰章

鬱

文

光

章

化

셋은 예순 듯이 든네 뒤든눌

八十年이나 포기니 : 폣 ㄷ깃ㄷ니

두구두 ㅎ 셈 치 ㄹ

八 十   一 二 ㅎ   ㅎ 흡年年 ㅎ 슬더ㄴㅁ   두 ㄱ ㄷ ㅍ 은 ㄹ   ㄱ ㄷ ㅍ 은 실   눌구?

셋 술 눌   ㅎ 즈믄 눌

곡 흠 봄   ㄷㅎㄹ·져ㄱㅅ슴

셋 줄
ㄴ글ㄹㄱㄹㄷ 흐ㅇㅎㅇㅎㅎ굴ㄹ릴ㄹ멸 ㅁㄹㅁ   두 구 처처

두구두세 기저 오 픈픈 이 :둘무둑 이쯤:
즈믄뒤 열여섯 둘네ㄹ더희쓰니 둘뒨 : 보름?
ㅎㄹㅇ 뒴둠도 두구 처처 흥흥흐둘룸이 보름 ㅎ

三　百　六　十　五　日　二　四　二　二

二　九　二　臺慧　三　七　六

二　九　五　　八　五　日
二　九　九　五　十　日
　　　五　十　日
　　　增
　　　加
　　　則

三　萬　日　一　千　日
　　燒　　　訟　受
　　香　　　　　服
　　光

```
 295305882
      1016 X
300029771112
```

三二　坎下乾上

訟有孚窒惕　中吉終凶

彖曰天與水違行訟君子以作事

謀始

象曰以訟受服亦不足敬也

존 뜻 길 몸 뜻 속 날 몸 홀

뜻 길 몸 디

솟 대 기 일 (밝) 낡 ㄱ 리

뜻

存心養性人
維新至親子
虛靈大綱領
容長本性賢
展心元气正
意章物彰中
存沒須知覺
神理維新故

ㅁ·칠ㅅ· ㅇ·름ㄴㅁ

ㅁ·실 ㅁ·칠 님

ㅇ·름ㄴㅁ의에 ㅇ·름ㅂㅁ운: ㅇ·흡ㅁ·침 ㅇ·름속·

밀씻고· ㅇㅂ씩ㄷㄷ::ㄷ위ㄹ·ㄹㆁ ㅁㅊ돠·· ㅁㄴ극문 뒨::ㄷㅁ·

ㅇㅣ ㅇㅣ ㅇㅣ ㅇㅣ ㅁ·실 ㅁ·칠 ㅁ·칠ㅅ· ?

한울

大大大中小小吾心 →

小小小心 故悟人 →

須彰章化 鬱文光

은 글 빛

월

므ᆞ글일ᄅ글 ᄃᆞᆷ

름 ᄂ ᄋᆞ을

직 ᄂᆞ

多夕日誌
172

울의 울 울 리 데

글 월 필 티 니

빛 윌 돌 릴 에

게 께 ㅇ · 들 이

모
신

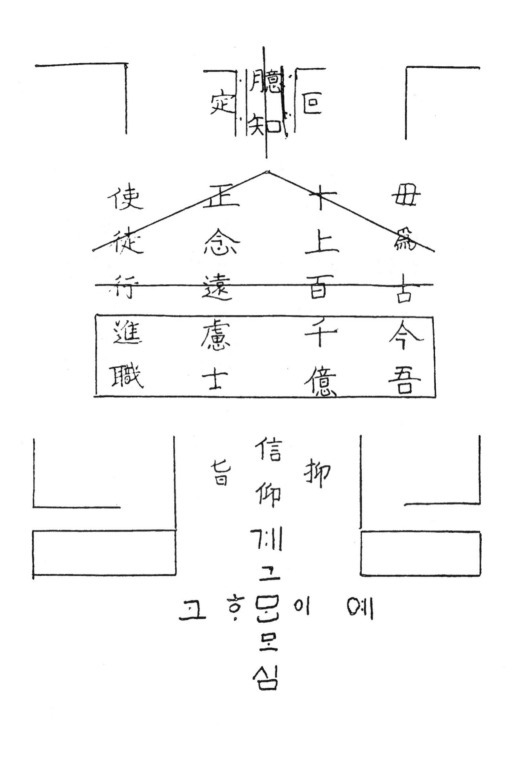

川 合

世間

司 川川

十字架本資血盟　　　　從橫兩主室里田

贖罪辛苦乘利得　　　　昇降一心合晦朔

天國

合上離晦自存心　　　　父子聖靈氤氳气

侍下順從子處事　　　　生命誠康恩慧史

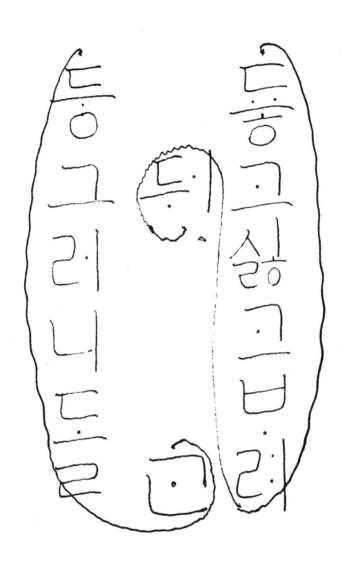

一頓一笑

八十種好雲捲下

五一困不淨觀上

氤氳泰通正中和

仁義否塞修羅場

흐
○
ㄱ

즈ㄱ
슈
츄ㅅㅎ
챠ㅁ
못
주ㅁ

十
上
흐ㄹㄹ
슈ㄴ
ㅅ슈ㅁ

五
下
ㄹㄹ
떠리지
주ㄱ

○.ㅁ.ㅇ. ㅔ 그ㅁ 이 ㅇㅔ 드들ㅇ.

ㅔ: 굴 그리켸 그리해 그ㅁ 이기: ㅇㅔ: 드 이ㅁ ㅣ

우리 인젠: ㅇㅔ:ㄹ 와—ㅇㄹ·봐·ㄷㅂ·들·먹·ㅣ

성ㄱ ㅁ·ㅁ~ㅁㄹㄹ;ㅁㄹ~

그ㅣ ㅔㅣ ㅇㅔ ㅇㅆㅇㄴ 슬쩍 서ㅁ: 꿈ㅈ리~

孟子曰：

有事君人者　事是君則為容悅者也
有安社稷臣者以安社稷為悅者也
有天民者達可行於天下而後行之者也
有大人者正己而物正者也
君子有三樂而王天下不與存焉
父母俱存兄弟無故一樂也
仰不愧於天俯不怍於人二樂也
得天下英才而教育之三樂也
君子所性仁義禮智根於心其生色也睟然
見於面盎於背施於四體四體不言而喻
君子所性雖大行不加焉雖窮居不損焉分定
故也

10金29857　3148　29857　144
　　　　2441296　　　　1483

蟹 解 釋

손 ᄆ두ᄋ으로 붐ㄱ ᄆᄅ음키줘ᄋ문으로 行世!

업지 ᄀ룩 질게 겨ㅁ! 눕은 어덥을롱 볼노릇!

ᄀ이는 ᄀᆐ 橫行天下! 開天國民開眼視

ᄃᄃ이고 나손 두볼이 볼노룩으ᄂ 몯하ᄀ고、

ᄋ이벙 ᄀ룩 하느에도 ᄂ누워 힘은 바다: 얼좁、

文化 光化 充 吾

우리릐: 울어 울월로 글월 빛월 칠 나라。

忠 國

吾
中
史正常 心 辭。忠吾
事

12 11土 29858　2441?147　　2426　　143
　　　　　　　　　　　　　0 9858　　1484

길 근 내기

우리웰: 민꾁 되기! 민꾁은게: 뒤! 회동2릅!
몸 붉고. 싶뜻에 손달ᄒᆞ는: 기. 님. 뫼시신 구?

　이러히 도로 오릎시 몰슴목슴 ᄉᆞ리짐!

　누위 업시 노름 노릴 봐요!

열흔히 둥은 띠어: 읍서거니 뒤서거니: 히!

일은 훈희2 곱치? 들리? 열 훈들과 열흘웅도!

　긔윽히 싯몸ᄯᅡ 드시 이리돼 笑 저리 笑 ……

　　12日 29852　2441?146　2425　142
　　　　　　　　　　29859　　1485

人權擁護會長 朴漢相氏(49) 23回人權週間
西大門區 西小門洞 55의3

　　　　　　　　　　　　　　　　21785日
　13月 29860　2441299　29860　141　3112周
　　　　　　　　　　　2419202　1486　737月
　　　　　　　　　　　　　　　　2440986
金吉成 1911 6 14 水曜　　1971 2 3 水曜　21/9
　　辛亥 5 18 乙卯　　　辛亥 1 8 己未 59歲
　　　　　　　　　　　　　　　　　3350

1971

12 14 火 29861   244 ³ ¹ ⁰⁰ 300   29 ⁴²³ 861   ¹⁴⁰ 1487

　15 水 29862   244 ³ ¹ ⁴³ 301   24 ²² 22 29862   ¹³⁹ 1488

되도 되질이 좋되기를 빔

일봐:일엄、일늬:얻많. 느와 일보、일늬 니봄、

늬 느와 놈! 너 넘어 넘! 넘딜이 덞 놈0늬씀.

ᄀ은듸 ᄀᄀᄀ은듸 ᄀᄀ 오ᄀ 못은 업。

　16 木 29863   29 ⁴³ 863   244 ³ ¹ ⁴⁴ 302   ¹³⁸ 1489

							孝
逆	順	卽	一	我	十	毋	物 覺
生	産	今	│	手	口	近	我 士
大	卒	出	十	鎔	萬	物	相 命
覺	業	沒	口	戈	古	臾	峙
中	死	解	萬	俄	吾	人	吾
正	枯	脫	古	自	心	爲	未
命	生	門	文	手	悟	罷	悟

빈 섬 걱 붙네
ㅎ
아
금
?

철 에 철 놈 : 힘 없!

넷 고 내기로 듣고, 이데 속 이 일 올 봄.

속이 술면 올 은 큼! 골은 진 속에 술기 심 솟!

누이도 먹어야 지믄 철에 철 놈 부르리.

무신 못 : 시원 이르믄? 먹은 못은 흐뭇 히 ! 요.

돌면 싱켜 솔로 그며、쓰면 비터 째료 모힘.

좀 졸여 침 이 돌 닐 떠 드리며는 흐 봅 돔.

上中下中上中　吾去　吾來　舞去來

今去今來　無去無來　今去來

들인 손、 일 좁은 쥔.

쓸쓸한 쓸데 밥이 되면 숱한 숱그릇에 오릅니다.

쥔 좁은 손、 손 ㅁ·춘 쥔.

손은 숱훌 손、 쥔 일은 훈 ㄱ·지.

숱훈 손 처려니、 쓸 돼니 밥지어!

밥 훈숱 지어 그릇 ㅎ·ㅣ 그릇식 올려!

숱훈 숱ㄱ·ㄹ·에서 손의 손 ㅁ·ㄷ·ㅎ·ㄹㄱ·ㄹ·식 직어

진디고、 손이고、 인젠 손ㄱ·ㄹ·ㄱ ㅁ·ㄷ· 숱ㄱ·ㄹ·ㄱ 쥔 손 멀세!

ㅁ·올 두·레에는 몰로 뒴 쓸·ㄱ·ㅁ·에 쥔 밥.

고·올 먹이가 되면 섬 쌀 멸밥 으로 버러질기. 이ㅁ·ㄴ두좀.

加	重	二	九
五	九	九	九
十	九	五	八
三	五	八	十
萬	十	五	一

命	天	知	愛

擬古卽今悟　曠大中心得　合上離晦正　侍下順從極

호늘ᄂ라

ᄂ른 되기ㄹ

ᄂᄃ 니리ᄃ

우늘 우늘 느리 우름

우리 우리 우늘 시름

흐읗 흐읗

일흘 흐읗

일봐 일업

닐리 믈입

回光返照

居地愛情便色顏

繼天仁誼觀光景

觀見平日消風俗

究竟立命沒吾窈

相對

同類

서울特別市 中區 业倉洞 九四番地

金 佐應

島　　觀
如　意　度　㉓7170

一千九百七十二年七月十三日木曜

舊　　基
鷹　巖　谷　㊟9420
仝

서울 남대문안 水閣橋 에서 ㄴㅈ음
維佑甫

光州市 芳林洞 132番地 37班
　　　崔　昌　益

함평군 대동면 금산리 과목장
　　　金　容　來

楊州郡　長興面　石峴里 130番地　宅월部落
　　　林　洛　京

'63 25/12 몸을 두근ㄱ?

　　　입을 열어 물을 뉘고는:

　　　ㅁㅁ독 몸에: ㄴㅁ릐ㅁ: 뉘웃!

　　　몸 ㄱ지어 씀도 쉽죠!!

荀悅 [鑑漢淑瑃] 字仲豫　言出于口．咎悔及身．

○ㅁ · ○ㅁ · ㅁ

늬늬 · 치 · 히 ○홉 ; 늘게 둥글 두 · 프를 두 ○글 둘 · 러 ;

六六七一九
二四 · 一九五六
二八 · 〇二

三三 一一 二
二四 二六 一 〇 六
二四二七三七九

셋셋 · 히 · 히 · 흔 · 기배 이치 섬쳐 ○홉 고 :

二四一五一
二四五七八

엊비 · 둘레ㄷ · 치ㅁ · ○ㅁ · ○둘 일 · 심 。

一八六六	七	一九	2402802
丙寅	六	八	

2427379	一九三三	一一	二
	癸酉	九	一五

南 十九紀六에 실四

卍古一心

崗 三月을二에十二五

生
死

先 二十世紀 상立세

生 五九ㄱ십을

事
史
思
士

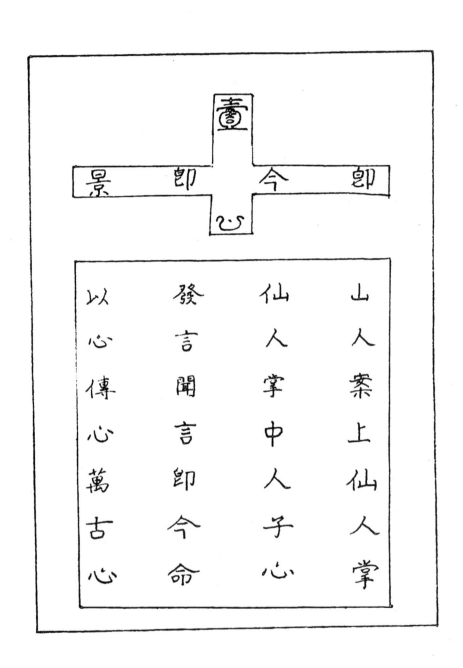

山人案上仙人掌

仙人掌中人子心

發言聞言即今命

以心傳心萬古心

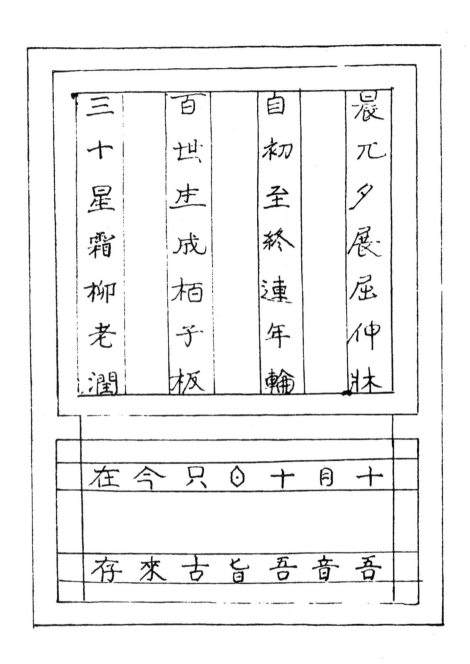

晨兀夕展屈伸抹

自初至終連年輪

百世庄成栢子板

三十星霜柳老潤

十月十〇只今在

吾音吾旨古來存

孟子曰行之而不著焉習矣而不察焉終身由之而

不知其道者眾也

孟子曰古之賢王好善而忘勢古之賢士何獨不然樂

其道而忘人之勢故王公不致敬盡禮則不得亟〔四〕

見之見且猶不得亟而況得而臣之乎

子 疾也悅己言亏

亟기 遽也急也

기 頻數也

글음 글리는 ᄆᆞ른 틱이니

ᄂᆞ디 ᄆᆞᆯ늬ᄒᆞ미

ᄒᆞ늘 당 ᄌᆞ리 올ᄒᆞ고 출문 키 우리·

延年益壽永喜悅·

長樂萬世界富貴·

ㅡㄴ 브디 안는 바에 ㄱ즁 숨ㄱ며 듯디 안는 바

에 들여 지어 홈 ˙

짓ㅎ˙ 시름 · 즐겁 · 안 핀 델 ㄱ 읠 · 고

피어 디ㅁ·른 델 ㄱ르름 이름 ˳

ㄱ디 른 누 웋 ㅌ임이ㅇ 디ㅁ·른데 른

근심

하늘 김 목숨 쉬름, 뜻 마음 하람 비하울 디로

그느르말 길이르고. 길 늘디 르 디니름 : ㄱㄹ.

치르름 으로 ㄱㄹ친름 니다.

길이란덴 조금도 더러질 순 없스니 띨어저도 괜찬

투ㅡ면 : 길 이르 곤 안치ㅡ 이러 미로 ㄱ

1963·10·25.

26889 드르피 펴냄. 바들 길게 볼 나무라?
3415 셋넷 하나 다

23474 맞셀 넷 이룰 너희. 가마니 동 트럼

301. 셋 떼도 하나

23173 맞셋 하나 이룩 셋. 잠잠 나라 상봄.
……… —— …… ——

22872 맞맞파 이뤄둘. 제끔다 올채워 쥐어

其稱名也小
其取類也大
其旨遠其辭
文其言曲而
中其事肆而
隱因貳以濟
民行以明失
得之報

12 17 金 29864　2441303 3141　2420 2986+　137 1430

正是巡體三萬天

五十日

八十二季

向上一直萬古公

由己空中

至今乃

18 土 29865　2441304 3140　2410 29865　136 1491

1971
12 이문흐면?

이문흐면 이만문흐면은! 됐겟디? 되'갯드!

아너? 아니아! 으너? 은아! 우직도 아니에요!

이뜬을 이러케 몰루 [?] 문: 더더군? 문문: 늑?

19 日 29866	3139 2441305	2418 29866	135 1492
20 月 29867	3138 2441306	2417 29867	134 1493
21 火 29868	3137 2441307	2416 29868	133 1494
22 水 29869	3136 2441308	2415 29869	132 1495

17時17分
7 時43分

冬至 12 22 日 21시 24분
11 5 日슌 7시43분 日長 9時34分
日入 17시17분

2月 22日 298 8 룸
넌두둘 뒤둔놀 두구뜬: 엣소 0훕 : 冬至 늘!

18 70
훈 0훕: 二十世紀 됴흐요! 이 이른: 좀첫히!

여든줄 든첫히 섭섭: 끝틈시로 0훕늘!

23 本29870   244 引3ㅇ5   29870   1496

문 ─────────

이문 저문이 아니오, 우리。이문: ○ㅂ。게문:
이문 이문 이문문! 저문 저ㅡ문 저은문! 두믓!!
두믓은 묻되는소리! 두믓 헤미기。

헤미기 처럼 큼줄은 업! 놓일데:풀릴띤:업!
ㄹㄹㄹㄹ 뉘기ㄹ기?요: 뉘 뉘 뉘기! 너니 네기!
나니업 네기이롭네 ㄹ뒤에게 들뿐을!

其稱名也雜
而不越稽其
類其衰世之
意耶
夫易彰往而
察來而微顯
闡幽開而當
名辨物正言
斷辭則備矣

寧用終日斷可識矣君
子知微知彰知柔知剛
萬夫之望

六章

乾坤其易之門邪乾陽
物也坤陰物也陰陽合
德而剛柔有體以體天
地之撰以通神明之德

繫辭下　五章

知幾其神乎君子上交

不諂下交不瀆其知幾

乎幾者動之微吉之先

見者也君子見幾而作

不俟終日易曰介于石

不終日貞吉介如石焉

1971

12 24 ^金호젓 29871　　244₁₃₁₀3310　　29₅871¹³　　¹³⁰1497

25 土 29872　　244₁₃₁₁3133　　²⁴¹²29872　　¹²⁹1498

大然闢火災果然否

26 ^日 29873　　244₁₃₁₂3132　　²⁴¹¹29873　　¹²⁸1499

日廿四時年廿四節

物肉貴賤同　　善養貴賢體

心情賢愚異　　缺節賤愚伊

無物不自然　萬物資太陽

27月 29874　244 3131　2410　1527/1500

두그ㅍ 일곱네 두네네 흥셈흥셈 스물네 즈믄두은
셈흥셈흥　읾　흥둘닝곱

28火 29875　244 3130　2409　126/1501

樹堂 드니어짓드.

29水 29876　244 3129　2408　1525/1502

⊙　ㅇ　ㅎㅁ

덧업는덧덧셧덧더

日常無常無常恒常

一生一生個個作故

萬古萬古一一增古

半晢間半晢間卽今伴作

一瞬息一瞬息崇古加高

엔빅드고십그·新聞오고ㅂㅎ

十古

五口

1971
12 30 木 29877   3128 2441316   2407 29877   124 1503

31 金 29878   3127 2441317   2406 29878   123 1504

二九九四九八六 二 듭번 九九 스구 프르

여든 두 바퀴 돌리고 흐일헤 더 도니
스니푸오 흐푸수 돗시
즈믄 열앳 돌 잇ㄱ?

오
ㅇ
흐
숫
니
ㄹ
ㄴ

∧
Ｏ

1972

1 1 土 29879　2441318　3126　29879　2405　1505　122
그밤는 조금 못品

2 日 29880　2441319　3125　29880　2404　1506　121

드그프프등글릴물숨소리 : 묵숨 조1리.

梧柳洞集會一參吾暗悟合
元曉路眠聲一散之四方喊

3 月 29881　2441320　3124　29881　2403　1507　120

4 火 29882　2441321　3123　29882　2402　1508　119
오늘之合

生命理學

慎終追遠生理學　　優思逝僵命情義　　[范墰]

5 水 29883　2441322　3122　29883　2401　1509　118
흐림

6 木 29884　2441323　3121　29884　2400　1510　117

父子聖潔永生

呼气吸旦存　　絕對父靈聖

攝食服務熱　　考終子魂潔

時來豈盡栽培功
物化須知長養功

1 7 金	29885	2441324 (3120)	29885 (2399)	15/16
8 土	29886	2441325 (3119)	29886 (2398)	15/15
9 日	29887	2441326 (3118)	29887 (2397)	15/14
10 月	29888	2441327 (3117)	29888 (2396)	15/13

나도 씨·ㄹ 히·이웋 ㅁ·른소리 흐ㅁ·ㄷ

우리 사는 낡·ㅁ·ㄷ옥은 그믐 ㄷ· 이고,

우리 쉬는 ㅁ·ㅁ·ㄷ옥은 누웧 트·ㅂㄴ·ㄷ.

우리는 드디어 컴껌그믐을 떠나서, 왕로

티운궁·ㅇ으로 솟나구는것이 참소리길이다.

봤습니다. 그런ㄷ· 우리 언ㄴ·는

큰 그믐이 될수록 뉘울로 티울줄은

모르고, 밑으로 ㅃ·저드리 드리ㅁ·로 봐오ㄴ

나는 모르겠어오! 永訣인지오!

11	11 火	29889	244 3128	23888	15 15
	느짓타몯				
	12 水	29890	244 3115 1329	2394 29890	15 16
	13 木	29891	244 3114 1330	2393 29891	15 17
	14 金	29892	244 3113 1331	2392 29892	1 09 15 18
	15 土	29893	244 3112 1332	2391 29893	1 08 15 19

눈 날럼으로 봄더네 흐릿후다

18시14 지닌 뒤 에 (漢水) 수南 靈川郡 河陽亞 天水生婦鈦洞

四足如一能擧止 兩心判異思盡矣	1913 1 10金帳 金光博 黄도太
	本 柴 11 13熟 2431069 10264

四目同行一眼視 半日兩瘦竟依他。

16 日	29894	244 3111 1333	2390 29894	1 07 15 20
17 月	29895	244 3110 1334	2389 29895	1 06 15 21
18 火	29896	244 3109 1335	2388 29896	1 05 15 22

克己復命回申命　永訣終元變始天　代待啓示無數名　繼承發願無量壽　릉 일　ㄷ 드 를 이　짐　죽　에 그 십구오오음　進就十ㅁ五ㅁ耳

第三卷

211

(禮記) 凡爲人子者聽於無聲視於無形.

◉ 施有行無天父意。聽音視气人子い.

　　우리 는 ㅇㅂ ㅇ들
잇게 ㅅ리 : 업 시시리 : ㅇㅂ흐 뜻 이룰 : 봄에 !
움 두 쑥두 업시 소리 듯고, 김 보는 : ㅇ들 들 !
　움 므ㅇ 잇겠슴ㄴ두。 모름지기 아ㅇ멘。

ㅇㅁ디 와 모름ㄷ기, 이뤼서 ── 읽고 니러 놈.
ㅇㅂ흐ㅇㅂ 두 우리 위로 : 그시 눈거 므 끝.
　씨울에 속을 ㄴ윈둠 흙슬 몸딩 땋속네.

　　水 葬 復 起 願
숨진 드음 어롬 집젼 : 슐슬 업시 ㅇ조 슌 분。
씩음도 두름도　　　　 ㄴ듬도 시름 걱정 두 업시
藥 이 病 톨리 친 뉘 에　두 시끼도 보음직

　　　움
먹고 ㅆ는 데 : 본 옷을 못 이제 슬고 믄 십ㅅ!
거봐ㅇ 흐르건 길리긴 졸졸못이 두 ㄸ또ㄹ !
　닐 업두 끼끄 틀 뉘ㄹ! 히ㄱ 봄듯 물 몱듯.

용 븨 뇌 는 이 ᄯ집 온 는 두!
올 ᄆ디 ᄂ온디 보두 모름직 기ᄅ디이 ᄀ음!
ᄋᆯ려 숨을 설레 무! 쉰이 이어쉰이 이루음!
ᄋᆞᄇᆞ흔 뫼쉰ᄋᆞ들로 느ᄀ네로 혜민 ᄯᆞᆼ!

흐ᄆ디ᄉ 속 에 뵈ᄋ흡 ── 흐ᄋ흡

뇌의 낟더러 멋히 보닌암? 믈ᄂᆞᄅ셔: ᄆ딜!
믈ᄆ딜 고르두 보면 뜻북에 닐ᄅ신 뜻 ᄋᆞᆷ!
ᄆ디속 믈ᄆ디속에 뵙고 끼ᄃᆺ ᄂᆸ뵈ᄋᆞᆷ!

오늘은 눌

뇌 두은 ᄋ흔ᄋ흡 들레 온눌을 어데 칫둠!

셋온 들레로 칠려는지 오늘 ᄯ는 히도봄!

봄이른 시봄ᄆ디ᄅᆡ 셋줄눌 조ᄎᆞ도!

고봄ᄯᆞᆼ에 눈좀 ᄃᆸ히고 오늘 심.

모름딕　미듬딕

늚 때. 늚디 늚븐들 : 게셋슬데 : 덧업시도고,
도흔때. 도흔븐. 도흔 슬림. 只침닏 : 땅 : 떠님!
돍°°으 돌을 되로믄　빌고 브룸　모름딕 ‼

24月 顧求珍味得　29902　2441341　1328
29902

冬春臨界時　　三養顧求曉
雨雪半伴示　　三百百日始

能積褻遠　气乘體體　體　精
養風翫觀　正土操心　操　神

浩逍濕洞　德體心操　精
然遙染察　立心情情　神
气遊情性　生人神精

뜻 길 몬 돼

음 ㄴ 드 김

속 킬 븐 홀

三養: 俱存無故養。俯仰無愧養、英才敎育養。

能	積	藝	遠	气	來	體	體	體	精
養	風	覩	觀	正	土	操	心	操	神
浩	道	濕	洞	德	體	心	操	精	
然	遙	染	察	立	心	情	心	神	
氣	遊	情	性	生	人	神	情	精	

訃告

盛聽大人平山申公翔吉氏以
宿患七月八日(陰五月十六日)午後
八時於自宅別世玆以告訃

葬禮日時　一九七二年七月十日正午十二時
發靭場所　君蠻洞(自宅)
葬地　楊州郡　先塋下

檀紀一九七二年七月　日

嗣子　申盛膝

護喪　崔泰士

申錫俊　申錫泰　申得鏞　申富鏞

우·리 ㄴ·ㄹ·

ㄴ·ㄱ ㄴ·ㄹ· 줄 ㅇ·ㄹ면 줄ㅅ ㄴ·ㄹ· 춤 ㄷㅗㅎ ㄴ·ㄹ·

ㄴ·ㄱ ㄴ·ㄹ·· ㄴ·ㄱ ㄴ·ㄷ, 우·리 ㄴ·ㄹ· ㄷ·ㅎ ㄴ·ㄹ· 、

등ㄱㄹㄴㅁ ㅇ·ㄹ ㅎ ㅇ ㅇㄹ 어ㄹㄴ신 ㄷㅍ ㄴ·ㄹ·

ㄴ·ㄹ· ㄴ·ㄹ· 圖得疾

ㄴ·ㄹ· ㄴ·ㄹ· 愛國者

26水 29901 3101 244 1343 2380 29904 97 1530

己合

天三甬九合
地四方八通

등길ㄴ·ㄹ·씨을이

人間世上閣天國

感恩永生卽今克己得達

礎磋散昔今　　　─金本位行世

銀金卽今陰　　　靈元氣感恩

億兆一心　孤獨散心　忍心悲心

仁心人心

不得容恕　生不如心　人而不仁

心不如心

大膽正心　容恕小心　三才中和

1972

1 27 木	29905	3100 2441344	2379 29905	96 1531
金炯培氏來訪。

28 金	29906	3099 2441345	2378 29906	95 1532
29 土	29907	3098 2441346	2377 29907	94 1533
30 日	29908	3097 2441347	2376 29908	93 1534
31 月	29909	3096 2441348	2375 29909	92 1535
2 1 火	29910	3095 2441349	2374 29910	91 1536

| 加 五 十 三 萬 | 重 九 九 五 十 | 디 쉼 씀 좀 듬 | 기 듬 九 九 쉼 | 두 구 도 포 으 | 九 九 八 十 一 | ㄴ 쉼 이 믁 | 二 九 五 八 | 九 九 八 十 一 | 愛 知 天 命 |

! 리오리ㅇ 물 뭄 어ㅂ숨쉬어 ㅈ이오리 !

$2^{水}$ 29911 244 1350 ^{3694} 29911 ^{2373} 1537 ^{99}

$3^{木}$ 29912 244 1351 ^{3093} 29912 ^{2372} 1538 ^{89}

不知止未正危殆

人生一世三十星   現當七旬口乳臭

古來五十知天命   考終覔始未分明

生身止地　知心仁气

生長衰死身   知覺念慮心

行動擧止地   由己爲仁氣

$4^{金}$ 29913 244 1352 ^{3032} 29913 ^{2371} 1539 ^{88}

빛월속 돌림곧 (기59記)

이 빛월: 깨끗! 우리로 그속에서 예임 예믄?

오늘의 이빛골: 그뒤들의 거시로. 싱닛フ?

예 잇서 우리엠 예믄: 이데 이데 돌림볽!

1972

容恕求仁 （'71 5 10記)

始作泄穢來　　理性能養德
終得種聖逝　　陽光無顔開

2	5 土	29914	244 1353 (3091)	2370 29914	87 1540	
	6 日	29915	244 1354 (3090)	2369 29915	86 1541	
	7 月	29916	244 1355 (3089)	2368 29916	85 1542	
	8 火	29917	244 1356 (3088)	2367 29917	84 1543	

百數十年輪板上　　八十年波題額翁

萬古增高卽今悟　　擬古活吾知命功

轉輪波下年出沒　　供材需用命先後

心心因緣判凶吉　　物物相交無薄厚

9 水	29918	244 1357 (3087)	2366 29918	83 1544

正己政事

須要熱情時冷情　處身得時多福惠
還可無心處多心　小心大膽便利政

上二大下一止

無故視務使命職
作故無事得意識

好始惡終無理由
始生終死者定敎

好好惡惡大可可
是是非非且堂堂

開天人子正地

10木 29919　2441358　29919　15 85

真誠情

一大天命人和性　臨下昇上中眞理
一止正堂地利情　心詳力能用元气

흥　둘셋　게니와、
흥ㅇ 듥 셈 이 리: 도!
흥ㅇ ㅇ흠 셈: 촘요!
ㄱㅣ칢 흥ㅇ ㅇ흠 ·ㅣㅣ

흠

ㄴ이

이름든을 히
따르든이들
열흘용 오늘
두九九스을
우리늘뉘튐??
늘브터여든!
섯출돼불음.

우그 몯 몸나
들어 눕기오.
올그 ㅇㅇㅇ니
슷는 납나두.

의신소리

긴김 늬림 보드 물솜소리 춤물로쉬:고몸
ㅁ리옹 넘붇 조리로 더위로: 몸에: 효옹넘.

예에는 우리로시너 도로기은 계실게

12 土 29921   244 1360 ³⁰⁸⁴   29921 ²³⁶³   1547 ⁸⁰

多夕日誌
224

둘아 둘아 붉던 둘아

첨 뭇봄 브름더니 브름 덧업시 넉술 일ㅎ고 !

그믐ㅇ즈 긍큼, 수흘 싀ㄹ 괴일 ㄴ 손톱들 !

우리린 이놀 일떠도 의들 브름 실어금 !

들 지닌 녀기·· 꿈녀기 도·· 듯고십.

시런큼 얼만큼? 다르게 초록(론) 들아니러?

지닌 봄 꿈 다 끼이고 게스나무 옥톡기 업!

들 보독 다신된 디뚝 딩뜨 짐 에 지널쫘?

속 뜻
킬 몸 길 본
본 김
홀 돼

김ㄴ늣김
든몸고요
졸은ㅈ롬
속올귀임

몸이난데
김은든듯
운뜻기고
속히기들

1972
2 13日 29921   244$\overset{3083}{1361}$ 299$\overset{2362}{29}$ 154$\overset{79}{8}$

들 지닌 내기: 곰내기 되: 듣고 싶

시리금 일므큼? "느르게 大·지름." ㄴ 들 아니라?

지닌범 곰 다 끄이고 곗시다 옥특기 업!

들 브득 다·진딘 되도 뜅뜨짐에 지닐라?

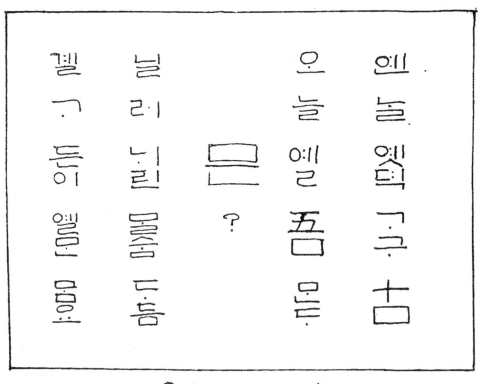

辛亥 12　30 乙亥
14月 29923　　2441362　　29923　　78
　　　　　　　2082　　　2361　　　1549

十九世紀끝十年도∴ 次知
뇌 호필 들이 品다∥
一八九〇　三　一三
ㄴ세 에섯변 서히
光緒딜려∵옥ㅁ？懂
이듬히 호필品뒤집어
陽曆을 ㅆㄷ·建陽元年
光武皇帝十年　號令
二十世紀일곱섯에
隆熙∵쓴ㄷ·ㄷ·ㄱ
日久日虛되∴
五百年홋把守어에∵謝·
七十六年歲月言相克
陰陽中無頭無尾로∴
얼르두덜르∵칠름

1972

　　　　　　　　　　壬子　　正月　　元旦　　丙子
2　15大
　　　　　　　　　　　　　　　3081　　　2360　　　　　77
　　　　　29924　　2441363　　29924　　1558

　　　　　29924　　　　　　　　28763

柳宜相　19995　　　　　　　崔鳳愼　15709

　　熙景　3812
　　熙暎　3337
　　熙桓　2876

　　自相　19106　　　　　　　允用　12559

　　熙琴　4171
　　熙逵　2671
　　熙繢　1824

　　18569

柳永哲 27020

申彩雲　一生：壹八貳八０日
　　　日睡　　＋５５７日

運相 14542

張喜英 14536

熙瑞　3362
熙宰　2795
熙眞　1558

進相 14002

白順姬 12463

熙姸　3134
熙坤　2359
水姸　1683

三三 離下坤上

明夷 利艱貞

彖曰 明入地中 明夷

內文明 而 外柔順 以蒙大難 文王 以之

利艱貞 晦其明也 內難而 能正其志 箕子 以之

象曰 明入地中 明夷 君子 以莅衆 用晦而明

曰若稽古甕

物空一般心本意

是非一致生命性

有無同一元气能

曲直如一圓滿態

흙무엉팅 몸이르·무·어오！떠 없시·먹·어·· 무·송？

당마·둑에 끌르려 도·르·므· ㄱ·몀서·떨· 몰르·！？

끈이떠 제떠제 제〔ㄹ〕무·침 ㅁ·룩 ㄱ·첫솝··

먹기 떠믄에、제 띠믄도 모르는 이제 떠·믄··

이 젤·버린 이젤 일코·· 무·순 놀·· 잇긴디·나？

ㅁㅁㅁ·둑 느·울티른·ㅁㅁ·뎨띠·먹기·· 뎨따눔·！

『可』『弓』길즐』『弓』、셜 틈 써 、肉 門 骨』
胃。肯。肯。

反
置剔 써 살
骨肉 알 밝
은

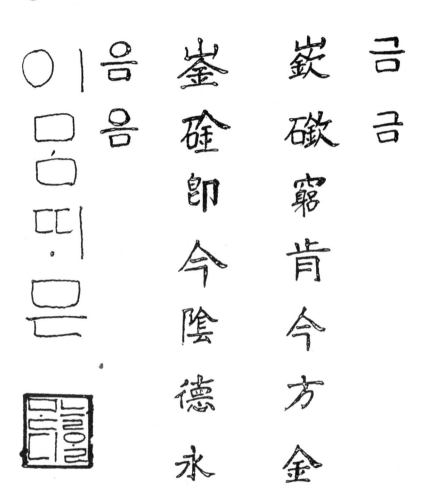

弓弓

嵌磝窬肯今方金

崟硪卽今陰德永

음음

이 ㅁ ㅁ 띠 ㄹㄹ

이몸대문 [昌흐]

17木 29926 2441365 ³⁰⁷⁹ ²³⁵⁸ 29.26 ⁷⁵ 1552

어제ㄹ 뉘울티ㄹ 늘로 지니고 쉰 입으로
싱곡 싱곡 ㅎ두ㄱ 흐ㄴ질 누워 쉬두ㄱ 17시
쯤 먹이어슴。

敎育界 元老 李世楨翁

一海李世楨翁 17日 9時 5分 高麗大學 友石病院 에서
心筋硬塞症으로 別世。享年 77歲割 21日。葬地 龍仁郡 龍仁面 南里。

故一海 李世楨 先生
社會葬公告
一海 李世楨 先生께서 宿患으로。一九七二
年 二月 十七日 上午 九時 逝去하시와 다음에
依하여 社會葬을 擧行하옵기 이에 公告하
나이다

一. 發靷 一九七二年 二月 二十一日(月)上午 九時
　　　　　自宅 (東大門區 祭基二洞 七0九番)
一. 永訣式 三一堂
一. 葬地 京畿道 龍仁郡 龍仁面 南里
故一海　先生 社會葬禮委員會
　　　　委員長 白樂濬

2 18 金 29927	2441366	3078 2357 29927	74 1553

오늘:熙縺 1828日。두섯히

뉘을티인데: 님.게 넙니다.

19 土 29928	2441367	3077 2356 29928	73 1554

三三 離下 坤上

明夷　利艱貞

彖曰　明入地中　明夷

內文明而外柔順　以蒙大難　文王以之

利艱貞　晦其明也　內難而能正其志　箕子以之

象曰　明入地中明夷　君子以莅衆用晦

明夷艱貞

明入地中明夷卦
衷降民下聖旨底
葆衆用晦君子以
靈沒蒙物人生處
土塊肉身內重心
世界天空騰大御
行動擧止固始終
逍遙拮据貞來去

계 월ᄆ ?

뭣ᄒ면 : 계。 월ᄆ나 ? 믄 ? 에어 계곧 걱정ᄯᆖᆷ,
「예예어 계곰ᄆ」 몸ᄆᄃ 슭ᄋ기는 거름 볼!

쓰ᄃ물 을수 엄서신! 조곰주이신? 오흘일
요!　ᄆᆫ히니ᄂ? 지도요

月 21 29930   0075 2441369   2354 29930   71 1556

1972
2 22 火 29931　　　3074 / 2441370　　　2353 / 29931　　　70 / 1557

```
景 30804
柳 29931
成 25914
午 25604
```

一八五八 四 二六 月
三二九七九六
一九七二 一九 一三 日
二四四一二○七

一九七二 二 二三　두 九九세 나이 三브터
앞으론 우리 트들 드려들 그에 안침 든 집네。
이젓슬가? 버린슬가?-잇기무긋?-믄흘득기-ス
무룬이 시어 뚝 그스히 으르고 보고 름직구。?
들다· 읊으며 옛네 끼께

끝업시 다 떨
미듬짓기질,면、
맘참 나·가라·
오·리·밟을·
월일으·리·노。

終成永久之性能 ·
維為無窮之常典 ·

23 水 29932　　　3073 / 2441371　　　2352 / 29932　　　69 / 1558

24 木 29933　　　2441372　　　2351 / 29333　　　68 / 1559

南慶·
南海郡雲川面露梁里
禹志命 성인님
○ 壹百壹拾參年
六箇月九日生

부지런히 일흠
푸성귀 츨먹고
묽은 흐김에서
슬기·시지 웁고

뜻·의 먹음。
싱·히,인니。
길·이·볘·시!

[一九七一 九 一四 記]

치 못 침 ― 걱정 믈고 ―

흐으른 닌 씨읕: 뜨로 뜨로 이 뜨위로 에 드니,
계ㄹ 그리워 위로 위로 고기 고기 치들룹고.
　을업긴 을업스오ㄴ 을월 을림 치 못 침!

글읕 음 씨읕 싱곡 싱곡 글월 속에 거룩 뜻을!
첫고 저너 글임 근시 쏘ㅜ 진데 흐뜻 으득!
　글월도 거룩 부터로: 곳터 ㄱ지 넘에로!
빛 누런 씨읕 씻고 둑고 치ㅡ고 떨고. 불 술름!
ㄹ러ㄴ 흘려 헷쳐: 니븐, 믹고 쏘고; 지 지븐!
　기름이 드끌 뺄릴데: 히ㅅ밝 거젓 꽃 진 물!
으린 을업 우이 위로. 위로: 솟ㄴ. 솟 ㄴ: 주름.
이 뜨위서 칠게 업시: 솟 눌 되로 주룰 데로.
　우리리 솟ㄴㄱ 보은 떠믄 터믄 ㄹ믈 기게.

1972
2 26 土 29935　　　2441374 ^(3070)　　　29935 ^(2349)　　　1561 ^(66)

　27 日 29936　　　2441375 ^(3069)　　　29936 ^(2348)　　　1562 ^(65)

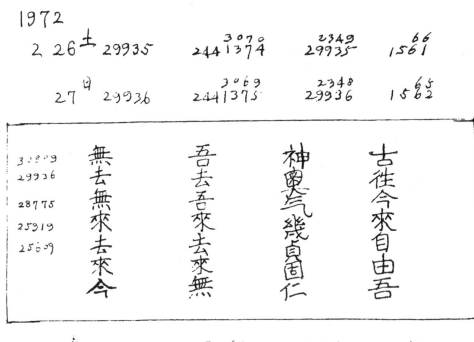

30999
29936

28775

25919

25609

古往今來自由吾

神奧气幾貞固仁

吾去吾來去來無

無去無來去來今

　28 日 29937　　　2441376 ^(3068)　　　29937 ^(2347)　　　1563 ^(64)

鼓鐘　欽欽. 憂心欽欽. 企業欽欽.
性命欽欽. 信仰欽欽. 欽仰忠信, 進德
修業, 永生福音. 欽命欽差. 自由鐘欽, 人定
欽得.

　29 火 29938　　　2441377 ^(3067)　　　29938 ^(2346)　　　1564 ^(63)

敬神念佛人間心　　　弱肉强食進化世
晝思夜夢呼吸悔　　　將來旣往陰暗曉

伊憩 太空安息住

日月分明歸吉晚。 性情本來回復命。

日若稽日暗落戌。 心正和光意見貞。

物能同塵金剛直。 虛靈知覺古今銘。

嵌礉竆肯今方金。 崟礏即今陰德永。

舊基洞內 維新親

2^木 29940   2441379 ³⁰⁶⁵   29940 ²³⁴⁴   1566 ⁶¹

등입미른 員養和順無等宜

등등 둥글 덩덩덩글 진들늬ㄹ질 늬등성히

묵어우ㄴ 시록시ㄴ 이늬등성 다트시웁。

님의짐! 늬진들 네게 젓과꿀은 늬등?

全南光州市 山水洞公務員아파트가棟109号
金正鎬氏께   [封緘]

ㅁ른 소리 드딤

후음 쉼음 ㅎ·ㅣ· ㅇ·ㅎㅁ 후우ㅇ ㅇ·ㅎㅁ 우리는 슷ㄴㅁ !

ㅣ·이·에 예에이 ㅖ게신 계시골로 ㄱ·은 !

ㅇ·ㅎ·ㅎ 쇳ㄴ힝 !·요 우린 씩씩 춤ㅇㅇㅁ.

어디: 그믄: 시줄곤 ?

데뜻: 데。오기? 몸소리 볼기? 묽ㅇ비슷 춤命!

뜻긴 뜻 물고 졸린 뜻을 브로 그뒤로 봐ㅅ슴ㅅ

춤물 命 그뒤로 ㅅ리 시命시命 시줄곤 !

参在曲歸復命

天生德予幼幻参
文子

古事通今念玆在
人口

賢賢易色日新曲

玄玄在玆宿老歸

두九九 넘네 스물 셈 망그ㄴ⋯ 스물 셈 망으!!

둘다.ㅇ.흠 둘치:: 둘치게 흐ㅇ으론 못 둘릴그.?

의즘이 흐.ㅁ.ㄹ ㅇㅁㅇ: 드 디 디드 드디어.

스물 셈 [念]이 숨조ㅇ.!
시른 셈 [世]: 느틸그.?
스물 흐ㅇ.ㅇㅊ므 [惜]고
실흔 흐ㅇ.ㅇ.뚝흐[苙]—.

親故日 16079	25891
遠疏日 9812	

25927
3703
874

29944
4277
1014

잇시ㄱ? 게시곧곤 싱곡!

셈 틀릴ㄱ: 걱정들아? 셈 업ㅅ두! 오곧곧셈:두!

없두. 다다없두. 즐게 므들게 도모지 없두!

오곧 셈 없두믄 좋ㅅㄱ: 누가? 뉘가? 업시ㄱ!?

禱‥無 遲 ㅂ 스 시

逃務地‥從便‥뚱ㅅ게、都無知‥天痴

…ㄱ'업지!

塗貌紙‥蘭草‥몰믈일! 最終審判‥

禱無遲!

흐흘님 ㅁ·십스‥ㄹ·믄‥빔 빔

빔빔 빛웰손!

닐릅 빛웰손!

1972 3 7

虛靈知覺

人心欲求卽今得	道心爲主正事物
道心徃征稽古定	人心聽命宜性情

8水 29,946　　2441385　　29946　　1572
　　　　　　　　3059　　　2338　　　55

悔吝吉凶

信仰天以處地方	加減乘除商殘在
前稽古而後卽今	生老故謝建志吟

每人 每心 每言 每日

悔悔誨晦

人·몸 실로 입으니, 몸 실로
늘: 웃이—니 을 팀!
몸 실로 ᄀᄆ의침, ᄀᄆ외 ㄱ
음늬, 춤 보짓슴!
늘음 늘리지: ᄆᄋ ᄆᄋ:
믹고. 드〈슴ᄋ.·

晝思夜夢

夜夢想銘心	生養性德立
晝醉情思物	死復命道達

禮射(躲)義

『古者 天子 以射選 諸侯卿大夫士, 射男子事也.
因飾之 以 禮樂也』 又『射之爲言, 繹也, 各繹己之
志也. 射心平體正, 持弓矢「審固, 持弓矢審固則候」

復命吟

太古中五眞心

諄

性絜香三一聖天

人成靈魂鬼明落伯云

審判公正純貞

固

繹絡無滓至上

命

率性咏

3 10金 29948   2441387   29948   1574

마음 들뜸 먹는 데만

드·구·이훕·쉴 닐스ㅇ에 뉴·에 죽·ㅇㅇㅅ숩그

에시에이 슴 쉴 동ㅇ 그리운몸 : ㅇ·ㅁ·ㅇ리 .

ㅅㅇ이 ㅅㅇ그디로 젓·붐· 떼고 슛ㄱㅁ 。

— ㅇㄱㅁ 뭅 슴 —

널름 쉬 : 숨
따로 잇는 ㅣ 띠로 못놈은 데떠 제절로 리ㅁ!
ㅎ늘 ㅎ늘 늘늘늘어 불 둥은은 춤납븐 듬!
디엇시 비브븐븐웅 널름뜻숨 믜심 숨!

ㅇ브 뜻 숨 쉬 숨 이른 그룩흅시 그룩흅서
븬통흅듸 길길기리 속속속히 믄믄믄큼.
ㅇ브ㅎ ㅎ이ㅇ ㅎ아 ㅎ아금을 시러금

우리ㅇㅎ ㅣ ㅇ ㅎ아 금ㅇ은 어림 드흅 시러금ㆍ、
흐웅 뜽으 을웚 울린 브른소리(表音)는 코리ㅇ、
코리ㅇ 서울서 브터 ㅎ아금을 시묵금!

11 土 29949 244 1388　3ː56　2335 29949　52 1575

1972

3 12 日 29950   244 1389 29950   1576

에 든두히꽉 참   [貞固幹事]

셋줄늘 늣. 셋줄봄줌.

셋줄 흐이. 셋줄 흐앗.

봄줌 쉬며. 부룸 꿈속.

늣일 보며. 누즌 샅뜻.

그룩히 흠드로 빛웰 뜻뜻 고디.

                                    ⋅ ⋅ ⋅   ⋅

13 月 29951   244 1390   2333 . 50 1577
                 2054   29951

私私至 私事 維持維新新正親

세온 눌로드 쪼개저 끝 쉼 으로 님 것 수웁!

여든셋으로 「수리」 시로 묵는 : 첫 눌 : 이 흘웁!

이위 돈? 떡을 떼데 일ㄱ? 여름 일ㄱ? 모름직

손이 집네 므즈시ㄷ 催顧 企를 싱곡흐ㅇ
衰顧歸 最古(高)起 스ㅣ크기를 숨ㅁ 몰ㄹ !!
므런아! 줍ㅇ먹게들!! 드므지들 모믈일 !

14ᕼ 29952   244윤쩡갸   2332 29952   49 1578

시윈 열리는 길ㄹ 숫ㄴ 길

흘응 이틀 ㅅ흘 치룰제 시룹 ㅅ읍니다. ㅁ、

이어 쉬에일곱 줍으러 여듦 ㅇ흠 열리니、

열이르 뜬게 ㅇ니구 웅즈리ㅇ 울읆 흐늬룸、

열려 스믈 셜꾸ㅣ므! 쉰이、이어 쉰이、이름 : 고、

일곱을 브루 그려、손질을 브르ㄷ히 일옴!

일운위 여든 길편ㄷㅣ ㅇ홉 ㄷ옵 흐ㅇ속。

天人 中詩 正心誠意感天人 慧恩恒存无邪思
人   中詩 中心不二惟一性 良心不用无節情

1972

氤氲泰通　在地健

氤氲否塞　仰矢足

準下唇上　人中定

衰降靈昇命道行

光烈　抱地

水蒸　充空

⊙　15水：29953　2441392　29953　1578

ㅅㅎㄹ쳐 ! 셋은늘 쳐 !! 셋줄늘 쳐 쳐 !!

우리 제·제, ㄱ온두 두. 못ㄴ오니 ㄱ온 뵈오.
ㅅ룸의 ㄱ중 ㄱ온은 ? 솕일데 : 솕은 못 뵙지 !?
보이는 끝이 낯에 ! 人中 이른 이룸 꽃.

ㅎㄴ늘 땅 : 김 ㅂ더 드늬ㄴㅋ 먹이 본, 물 닐 임。
흐근(은)듸 集合 正中 内外氣色 고로 보이。
큰 門틱 門지붕 밝게 길레 ㅂ지 도ㄱ취。

울숭둘숭 히둘틈박이: 열둘넬ㄴ물
늘ㅁ두 히지 ㅂㅐ른보름 닷 엽시 그믐콩큼!
그믐 흐루·이틀·사흘·콩큼트 손톱시 둘시!
시둘심 보름ㅂ린 낮: 뇌ㄷ떨기: 열둘레?

---

16 水 ㅂl 29954   244 3051⁄1393   2330⁄29954   47⁄1580

17 金 29955   244 3050⁄1394   2329⁄29955   46⁄1581

두네	흐네	셋	네	네		기듧줄 이룰즈믄 쉬는흐눌
二四	一四	三	四	四		貳萬 七千 五十一 日

•2904   두구둥글네   2904°
•二四 一一 四四 〇•   貳萬 九千九百五十五°

一八九〇	三	一三		一八九八	二	二三
庚 寅	二	二三		戊 戌	二	三

두네세ㅂ·네치셈   두네세ㅂ·세두ㅂ·   二四三八三二八   二四三八四七三   玄 李 온수오   돈돈 百四五   엣셋시월이오훔   엣넷三月十八 l

1972

3 18 土 29956   2441395 (3049)   29956 (2328)   1582 (45)

玄 疏 306丁 2922 疏李

19 日 흐림 29957 흐림비   2441396 (3048) 29957 (2327)   15·83 (44)

首陽山人莊 主人 鄭在鎔 先生

1886 12 1 水曜
丙戌 11 6 乙未   ⌐2410242   廿四時開廿四存
                                    [一二九 高흐니]

第三萬壹千壹百五拾五日   [二九五七]

林 洛京 一九四五年 八月十三日生
                    2431680 (9717)

高陽郡碧蹄面碧蹄里上谷 에 오다.

玄來臨痕上谷寓 │ 替明土供米麥菜
李逝去標中原塚 │ 太古气運風雲泉

20 月 29958   2441397 (3047)   29958 (2326)   1584 (43)

上谷에서 좀 쉬고 44 부슬비: 붉은뒤 비는 거두어 늣되며 묽음.
지녁 때 집에 오다.

21 火 29959   2441398 (3046) 29959 (2325)   1585 (42)

치고 치는 픈

네: 낯 살을 좋 두 기든 : 먹을라느? 쓸라느? 봐!

북을 치고 춤을 추고 존 도 치며 잔치른: 덴!?

씰 치는 집승을 쳐서 술 제신: 쳐. 못도: 쳐!

老子 三十九章

林洛京: 이네三一 넉ㅍ둥글 놀: 이
　　　　　 2 4 3 1 6 8 0
1945 8 12 日曜
乙酉 7 5 癸丑
　　　 2 9 9 5 9 눌
　　　 9 7 1 9 눌　　　 밂읽흫읎

---

　　 2 0 2 4 0　　　 두 둥글 스물네 보둣.

---

22 水 29960　 2441399 ³⁰⁴⁵　 29960 ²³²⁴　 1586 ⁴¹

23 木 29961　 2441400 ²⁰⁴⁴　 29961 ²³²³　 1587 ⁴⁰
비 28800

3 께서 일직 널러 늬린 미듬스리 스리옵

스롬 돼와 °음듦에 팔림두콘 모름직 꼭!

모름직 꼭 꼭꼭 ᄒ야금 미듬 브롬 성언 콤!

성언니 우리 예수 믿 엉콤성콤

<u>도라금이롬 : 모디 드려금이 큼</u>!。

스믈 세위 세복희 네복희

스믈셋 숳을 슬려 보면 예순 °흠 복희브。

흔복 희 를 디둘려 뒤면 °흔 드 히를 보옵。

이러서 널름뜻싁히 숫ᄂ 춤 숨 ᄀ디로。

| | | 3043 | 2322 | 39 |
| 3 24 金 29962 | 244 401 | | 29962 | 1588 |

흔븛 ᄋ리5 ᄀ

뒤ㅗㅣ로 ᄂᄀᆺᄃ 오리니 뒤니어오리ᄃ。

ᄆ리는 인 꼭 뒤기。 불은 민 꼭 문의 드딘블。

드디어 슬펫 스오니 °ᄇ ᄆ실 릅니ᄃ

25 土 29963 2441402 (3042) 29963 (2321) 1589 (38)

26 日 29964 2441403 (3041) 29964 (2320) 1590 (37)

ᄒᆞ늘 드리ᄀᆞᆫ

도ᄅᆞ곰 보ᄃᆞ 드러곰 드러곰 보ᄃᆞ 드리ᄀᆞᆫ.

가온ᄃᆡ 가온ᄃᆡ 우리 드리 드리 가옵는데.

ᄋᆞᄇᆞᄒᆞ 우리 ᄋᆞᄇᆞ지 뫼시오니 드리ᄀᆞᆫ.

드리 드리 ᄂᆡ리 드린, 이제ㅅ 깃: 지기 므 이니!

우린 우이리 닐러 ᄂᆡ린 우리 속뜻은 우름!(오름!)

서울도 ᄇᆞ로 술릴줄 ᄋᆞ는이믄 울리리!(올리리!)

흙덩이 ᄯᆞ의: 몸덩이 ᄉᆞᄅᆞᆷ. 몸속 ᄉᆡᆼ각: ᄉᆞᆫ.ㅣ.

머리 든 ᄒᆞ웅정ᄉᆞ리, 볼ᄇᆞ득 ᄃᆞ·ᄄᆞᆼ ᄇᆞ득 요.

옹올로 ᄋᆞᄅᆞᆼ곳 일데 울월 글월 빛우ᄭᅦ롬!

27 月 29965 2441404 (3040) 29965 (2319) 1591 (36)

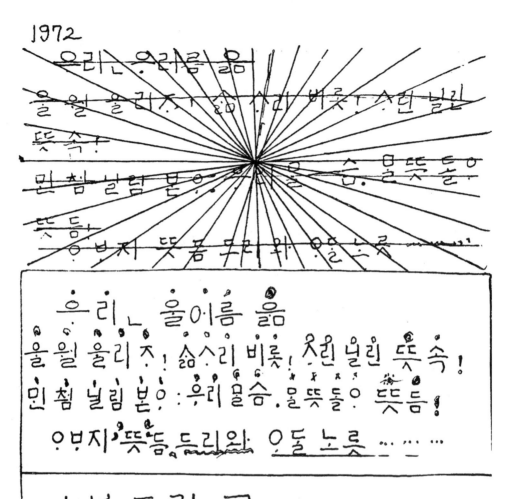

1972

우리 운 우리 름 울음

울 월 울리 ᄌ! 숨스리 비롯! 스린 닐린 뜻 속!

민 침 닐림 본 : 우리 몬습. 몬뜻 둘 o 뜻 듬!

ᄋ바지 뜻 듬 드리와 ᄋ돌 노롬 …‥…

호블 드리 고

두니 로 붓ᄀᆞ 오리니 두니어 으리 두.

머리는 민꼭되기. 몸은 민꼭몸의 드딘 볼.

드디어 슬펠스오니 ᄋ바 오실 롭니 두.

天人中詩示　天人通行道　人中天气韻　心上物情固

常平通寶　卓固肝賢

父子有親孝道利　落地多難儒東響
心身生理老行李　仰天求福基西致

以色列民對亞拉　二千載日離今著
戰之藝之建國家　幾許時日即今可

이옳기

이제 ㄴㄹ ㄴㄹ 비롯: 이땋위로 숫닢 ㄴㄹ!

숫고 숫는 숫닢 ㄴㄹ。숫늘세몬 숫닢 ㄴㄹ!

ㄴㄹ늘 몱음 속뜻을 빛위 닐룸 …… …

30木 29968   2441 ³⁰³⁷/407   ²³¹⁶/29968   ³³/1594

正 ㅂ·른 소 리 로 答

그 제 그리ㄱ구 십구·름· 이저 일이 오구·름·

에 잇·시·슬시·잇다· ㅡ·· 미듭딕· 디·니·옌늘우·ㅎ

옌눌 옹 우리 드·ㄱ· 오·두·고 십구·

古　吾

1972

31 金 29969 2441408 (3036) 29969 (2315) 1595 (32)

오늘도 또 오늘이ᄅᆞ: 고믄! 닐름。
오늘이 늘인줄 ᄋᆞᄂᆞ? 이제ᄅ 저ᄂ 줄도
모르며!?
그제 저제 다ᄃᆞᆫ에 간분들 ᄃᆞᄃᆞ 지.
제게로!
이제가 ᄋᆡ옘 노릇도 옛늘ᄀᆞ튼
데노릇!

4 1 土 29970 2441409 (3035) 29970 (2314) 1596 (31)

2 日 29971 2441410 (3034) 29971 (2313) 1597 (30)

이제。 데 계 로 모심

ᄃᆡ데데 노릇! 석가모니 히몰ᄅᆞ야 씨름도、
싱인키도 데게로 몰미: 孔子도 泰山 드딤、
돼보니 變化山 이음 草家三間 일이업。 馬太 17:1-5

1972

4 3月 29972　2441411 (3033)　29972 (2212)　1538

「 두둥실 뜨리ㅅ고? 그르 읃지리ㅅ고?

불둥둥 구르며 땅받둑; 따져야 식원치 못!

일직넘치 따르떼 들던 둘에 가뜨진들 위?

몸댕이 임주노릇도 어지간이 세괴곤!

吾今於今離	尚今拵今離	方今拵今離	只今於今離	尚今即今可	吾今即今可	方今即今可	只今即今可

人 天	今 卽	生 力 無	夙 眠
子 父	今 離	死 爲 無	成 前
永 維	終 始 不	離 卽	斷 繼
久 新	命 性 失	死 生	定 代
覺 親			樂 苦

4火 29973　2441412 (3032)　29973 (2311)　1599 (28)

5 水 29974	2441413 (3031)	29974 (2310)	1600 (27)
6 木 29975	2441414 (3030)	29975 (2309)	1601 (26)
7 金 29976	2441415 (3029)	29976 (2308)	1602 (25)

1972

빌 ᄂ 따뜻 좋디머!

우리 그리운 기 늘 게신 밑에 우리 숨 믿고.
ᄋᆞ호로 븨어 티 ᄃᆞ디로 ᄂᆞᄀᆞ오ᄆᆡ 숩ᄂᆞᄃᆞ.

그ᄂᆞ름 기 ᄂᆞ리심을 빌ᄂᆞ 따뜻 좋딤오.

빌 ᄒᆞ ᄂᆞ 꽁꽁

四五千ᄋᆞᆯ 빈 ᄀᆞᄂᆞ디 金木水火土 ᄃᆞ셋 이、
그 ᄌᆞ리ᄋᆞᆯ 믄 기ᄂᆞ길 三千年前에 오껏은、
ᄉᆞᄅᆞᄃᆞ 명옥ᄒᆞ촉ᄋᆞ요。 칠ᄎᆞ기로 册曆 봄。

		3028	2307	24
4 8 土	29977	2441416	29977	1603
9	29978	2441417	29978	1604
月 10	29979	3026 2441418	2305 29979	22 1605

흘옹 에 ᄒᆞ이오 ᄒᆞ야 금

흘옹 흘옹 스믈 스믈 스믈 세겹 스믈、ᄃᆞ히!

그위ᄆᆞ 닷점. 스믈을 더ᄒᆞ니、여든이 꽉 솜!

옷금손 스믈흘옹로 옷ᄀᆞ온놀 도딩게!

도딩게 그ᄉᆞᄆᆞᆫ

7.11

金永喆
信詐
取施

ㅇㅅㄱ ㅇㄴ ㄴㄹ： 드딩계 ㄱㄴ면!? 드딩김： ㄱ법合！ 音

물으면 묵어의 ↝ 드딩김： 시룩 시룹 시룹디！

7.11

묵어도 묵업지 옹고 시룩 시룹 믜신：

蘇鎭璿 寧性 歸命

稽古故事通
吾悟可惜今

蘇息消息君知否

生命復命自得意

凤興夜寐有始終

出明入幽祭主義

本宗高玄

意志

久

性情

義

遠

胡辭

1972　4　13　木　29982　2441421　3:23　29982　2302　19　1608

1890　3　20　木曜　ノ2411447　友鏡　일　훼
庚寅　2　30　庚子　　　　　　　二九九七五

1890　3　13　木曜　ノ2411440　小　夕　州
庚寅　2　23　癸巳　　　　　　　二九九八二

以　覺　　而　學

奉職　　　知識

意念上主

性懺正義吾心悟

大宗

性

義

意

主

久

志古蝦

遠

吾

言空

古

蝦

悟

善
趣

如來

1892　3　24　木曜　2412182　2441417　1972　4　9　日曜
壬辰　2　26　乙卯　　　　　　　　　壬子　2　26　庚午

貳九貳叁六
二九七八

第三卷

267

4 14 金 29983　2441422 ^{3022}　29983 ^{2301}　1609 ^{18}

15 土 29984　2441423 ^{3021}　29984 ^{2300}　1610 ^{17}
흐기흐림

16 日 29985　2441424 ^{3020}　29985 ^{2299}　1611　1611

흐림

17 月 29986　2441425 ^{3019}　29986 ^{2298}　1612 ^{15}

그 비교: 흐림: 으로 희정

```
呼　下　乾　體
吸　地　健　操
命　上　不　情　風
生　天　二　操　吟
出　裏　以　貞
納　騰　自　固　晚
計　報　彊　操　咏
```

18火 29987　2441426 ^{3018}　29987 ^{2287}　1613 ^{14}

진달내이:

진달내이: 진달내야 어늬 꽃이 진달내지
내 사랑의 진달내게 홀로 너만 지인달내라
진달내 나는 진달내 임의짐은 내질내

진달내에 안진 나뷔 봄보기에 널다지니
안질 나뷔 갈데업슴 지는 꽃도 웃는고야
안진꿈 다늣게 깨니 이제진둘 늬:돌오

진달내서 핀 꽃인데 안질냐고 픠은두읍
픠울덴: 응 이울고、질덴: 부! 우슴: 흐ㄱ디니
넘ᄯᅵ멘 흐고·진둘닐:봄 압차질 ㅎ이서!

꼿을 싱곡: 으름둡!

인젠 꽃도 다 치엇둡! 꽃인 몰고、꽃을 싱곡……、
곳곳 ᄆᆮ 꽃ㄱ끄고、꼿꼿 ᄆᆮ 늬시 좋슴!
고끄고 곳고 곳굿이 꼭꼭 고디 ᄆ름직!

꽃은 질ᄂ

니 닐 못옷, 가질 꺽기 물에 꼬자 노코 보디

꽃송이르는 흘우흐 송이 수수ㅎ 입시 꽃딤 無窮

진들ᄂ 꽃 보게도 다 꽃은 질ᄂ.

그 록

부른 소리   ㅁ튼 씨을

이게뭐리? 효듯ㅁ리 띠웃: 효듯ㅁ디 싱곡!

디구ㅁ리 민꼭 딧고、두불 듣는 민꼭문 밑!

우리리 둥걸의 씨율! 부른소리 ㅁ텟슴!

꼿을 싱곡   ㅇ름듭!

인젠꽃도 다 치엿듬! 꼬진믈고 꼿을 싱곡……

곳곳ㅁ둥 꽃ㄱ꼭고、꼿꼿ㅁ듯 늬시 좋슴!

고고고 곳고곳곳이 꼭꼭고딘 모름직!

4 20木 29989　　　244 $\frac{3016}{14428}$ $\frac{2295}{29989}$ $\frac{16}{15}$

으·리 ㅎ·아금

데

게ㄹ떠ㄴ·나와: 이다·위 ㅇㄹ음ㄴㅂ다ㄹ ㅇㅇ않곧!?

이데 엘에어 ㄱ: ㄱㅅㄷ·믄: 인데 다 왔ㄷ··옛늘··

옛늘게 오호호 늘늘 ㅎ·ㅣㅇ·금 ㅎ·아금。

묵직 묵직
록 시 록
시

시 록 시 록 묵
묵 직 묵 직 시

21金 29990 244 3015 1429 2293 29999 16 16

모름직 효속 물르!

스리 슬림 뫽힐 그기、 조금 틈시 소곰고기、
물작란 불작란 이룰가? 먹고 쓰긴 뭐룰지?
속속속 흐속속 呂속 나남물르 하노라。

22士 29991 244 3014 1430 2293 29991 16 10 17

데ㄱ 데ㅣ0: 데 게ㄱ 모ㅡㅣ 흐ㅣ0
늬속 십흠 늬 슬 수리 두시 두물 업슬 거디!
데 呂 브림 효울 옛뜻、예물 이呂 그믄 물呂!
월 씨구 델 씨구 룸요 데 게 0부 모심 문。

23⁰ 29992 244 3017 1431 2292 29992 16 18 9

| 能雄 藪宗 | 父子親 | 訣別幽明便想古 | | 世上 歘揚罷故鄕 | |
| | | 敵人作故理解究 | | 天空 長生果親敎 | |

第三卷
273

4 24月 29993 2447432 2 5991 16일
몸다 저녁 매료힘

今起卽感

今生古則斷定出
行世漢陽多春秋

吾修人道健康強
心存天性乾坤柱

兩合萬歡

庵殟
嚣亂

做人兩伴退孤獨
死後喜□旲天人子存

談笑自若進滿足

差許雙合生新一
生前喜□旲天子底孝

新二成昏千萬產

ㄲ기 돋답 [쟘]

ㄱ우ㅇ득 예에어 몸 이럴듯도? 저럴듯도!

이럿큰, 저럿크누? 늬몸: 네몸: 우리몸?

몸브터 브로 가저야 그루치키ㅁ ㄲ기돋디!?

性	靈	思	言	
命	魂	議	語	精
養	永	至	大	神
德	生	純	全	
輪	精	綸	經	

怒如調飢 [詩經]   萬物盛壯其气昊昊。
늬   郝

人中气韻就知音

昊天上走性命气

逍遙善養莊孟吟

慈如調飢詩經啓
○참즈림 디디김

慈如吟味
즐어늘임 엇

向往大義內外今還大慈

4　27木　29996　244 1435　29996　1622

닐끼　끼닐

줄어늘임 늭여숣힘 봄시쉰속 ○청 믄팀:
쉰김을츠 힘도쓸데、 힘써:일없! 닐러:믄없!
끼끗티 피어솟느굼 몸을믐믐 당뜬,뜻!

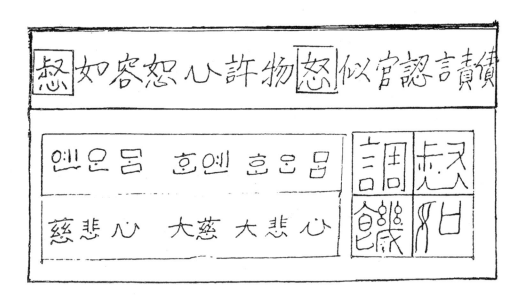

怒 如容怒心許物 怒 似官認言責債

에은呂　흐에　흐은呂

慈悲心　大慈　大悲心

調 怒
饐 帕

28金 29997　　3008 2441436　　2287 29997　　162⅔3

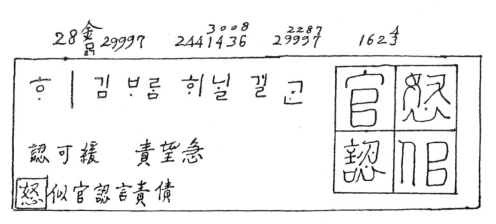

흐ㅣ 김브룸 히닐길근

認可援　責望急

怒 似官認言責債

官 怒
認 旧

民枝生逍風于僧伽寺境内

29上 29998　　3007 2441437　　2286 29998　　162¾3

1972 4 29土 29998 2441437 發學孺人 三 日葬

| 1886 | 7 | 1 | 木曜 | 1972 | 4 | 27 | 木 |
| 丙戌 | 5 | 30 | 壬戌 | 壬子 | 3 | 14 | 戊子 |

2410089日 오시   三萬一千三百四十七日   2441435日 ㄱ시

4 30日 29999   2441438(3006)   2285 / 29999   1625(2)

두구 ㅇㆍ ㅇㆍ ㅇㆍ 늘ㄷ ㅇㆍ ㅍ득   人 賢
ㅇㆍ 喜 喜 喜   ㄷㆍ 喜   腎 權
                                   人賢易色

巳ㆍ름ㄷㆎ킈 숫ㅅ ㆎ리!   和好好色 / 腎賢易色   지大리?   ㅇㆍ름ㄷㆍㅍㆍ

着[著]者有一地

天生德予地
表幻

心賢物腎正
中用

三萬日行課
建身

三萬夜宿誠
醒勇

多夕日誌
278

1972
5 1月 30000 2447439 32284 1626

음이 드 ᄑ ᄑ 셈 ᄋ 흡 · 들 ᄃ ᄋ ᄑ 셈 빗

一附疎遠犯大事 忽絶知己蕩小心
失則蕩情煩惱俗 幹事貞心聖潔欽

恩慧審判權　聖神气力恩　賢賢人化聖神　好好易賢賢人　天文人子 命進級

2火 30001 2441440 30001 1627
이네흐일 ꀂꀂ 없두 이네 네흐네 네·둥긑口
2411144 0 2444444 0

1972
5 3 水 30002   2441441 ^{3003} 30002 ^{2282}

4 木 30003 근븜비로늘심   2441442 ^{3002} 30003 ^{2281}

호ㅣㅇ

오늘 늘 늘이야   흐아금

ㅅ·로 ^흘을 치·· 근치 ^흘을 치 브랍니다.

^흘을 지니 브기는 萬番도 지니 본데니!   皂

^흘은 오늘 날 모래 나나네데 게로.

꽃은 질 래

뉘 닐 못 낫、그질 꺽거 물에 꼬즈 보디、
꽃송이론 훌옹송이 숫훈 닙시 꽃둡無窮、
진들뢰 꽃:벗게도 두 꽃은 질뢰!

숨도 질 래

뉘놀 뉘 귀 오늘 늘리. 훌옹옹로뉘일오름、
훌옹에는 희돠 꼭꼭、뉘일 닐기 꼭꼭 뉘기
목숨을 기드ㄹ수ㄴ업게 숨은 질뢰!

5	5 金	30004	244 1443	30004
6	土	30005	244 1444	30005
7	日	30006	244 1445	30006

오늘 임조 는 ○ㅂ

1972

오늘 임존: ᄋ비 이데 떰. 예면 우리
는:— ᄋ호ᄇ.

이어이 우리 소ᄉ 으르흘 길: 0ㅔ: ᄂ
인젠 — 욋슴.

　땅에선　덧업슨 이데 인데 앤 날
　　　　　　데
　ᄭᅦ게

　　　오 늘 닐 모르에

빗이 볽ᄋ 므즈 뷀손 늬 놀 욂딕 늬놀 늬봐.
오늘 오늘 옾날 늬날 올슴니다: 우리ᄂ올흠!
　흘웅에 오늘 꾹 본일 믄늘ᄀᆞᆼ ᄉ흘 티 。

　　　ᄉ흘 티 이는데: I 어이에 예수 언넘: 뜨더 미르롬.

5　8月 30007ᆷ　간흔비 2998 2441446　2277 30007

1972　5　8月 30000　2441446
　　　　　　　　2411447　(-
　　　　　　　　29999
　　　　　　　　1　(+
友鏡 언니 에게
성언을 베프러 주시읍소시　30000 늘

　　　　아 맨

5　9火 30008　2441²⁹⁹⁷447　³²²⁷⁶0008

1883　9 16日曜 ∠2409070　第三二三七八日
癸未　8 16癸亥

10本 30009　2441²⁹⁹⁶448　³²²⁷⁵0009

翰 ㄱㄹ치키ㄹ

제[데] 스스로 몰미움ㅇ 낳ㅇ금니다.一낳ㅇ곤一
봬위 ㄱㄹ치키ㄹ 선봬: 뱀짓을 ᄆ처 틴이.
낀이? 호ㅇ우리잇ㄱ? ㄱㄹ치킴 ᄉ리ㄹㅗ!

11本 30010　2441²⁹⁹⁵449　³²²⁷⁴0010

1972

「씨을의소리」讀者修練會画報 보고

― 듯인들 흘슨 ㄱ.?―

함함얏. 참참참엄. 춤없은놈. 얌얌ㅇㅁ은 찻―

그짓놈펑. 씨을때믄. 외친된다..! 못된 씨을!

씨을의 소리 보는분들은 ㅁㅇㅁ 모름: 「뜻인들」!

金 在 衡 牧師 一生

1890 10 30 木曜   1970 2 1 日曜
庚寅 9 17 甲申   [己 酉] 12 25 壬子
2411671   二八九四九   2440619

참?

눈으로 본 게!: 참? 귀 뒤에 든 게!:
참? 먹은 입: 참?

밑 쓴 게!: 참? 뇌민게!!: 참? 니든 게!:
참? 못난 게!: 참?

은은은 게! 참이름 닛ㄱ? 이준것이 참일
ㄱ:

5 12 金 30011   2441450 ^{2994} 3 $^{2273}_{0011}$

13 土 30012   2441451 ^{2993} 3 $^{2271}_{0012}$
유ㄷㅎ립

善養气韻　正音一員

人間非無盡壯大

生體非無窮永遠

崇高頭上侍天父

至小心中養地子

5 14日 30013　2447452　32273

二八八五二　貳謝感謝日　이베 흐들 어서 흘흘

二四 一 二 六 〇一

15月 30014　2991 2447453　2270 30014

五山學校 設立 65周年紀念 繁與感深謝崇.

午後接受金炯培氏信： 未明懸思 柳永模心
五月一日 結婚芙云。　五月一日 三萬日潮

江原道平昌郡芳林面下芳林洞
220-30

16^火 30015   244 1454²²⁹⁰   3²²⁶⁹0015

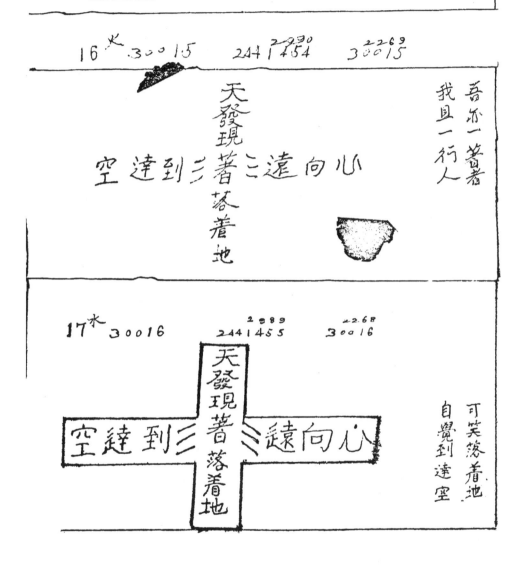

天發現著落着地

空達到三著二遠向心

我且一行人

吾亦一著著

17^水 30016   2441455²²⁸⁹   30016²²⁶⁸

天發現著落着地

空達到三著二遠向心

可笑落着地

自覺到達空

李範奭將軍

國民葬 嚴修

上　今　吾　無
中　去　去　去
下　今　吾　無
中　來　來　來
上　去　無　今
下　來　去　去
下　今　來　來
中

鐵冀煙尚冀。
六鎭漲未鎭

을·ㄱ·ㄹ 브어 ㄹ

을·ㄱ·ㄹ 누리 ㄹ

이데 ㄱ·이데은

ㄱ이데

ㄴ·ㄱ·ㄴ은 「ㅈ」오ㅈ

「·ㅈ」 오ㅈ 이데 ㄹ

19金 비30018 2441457 3²⁰²⁶⁶

19金 비30018 2441457 3⁰⁰¹⁸

기ㅔ : 고ㅣ문 : ─님 법과 던ㅣ문─

넘 그린 기 누스ㅣ기는 ＝님 닐 길 고＝님보임줌 、

넘은 월넘 이시오니 ─얼골 속깊 드러서ㅣ야 ──

─ㅣ · ○브지 ; 외칠 조리인고 … …‥

눗 수굿 백진데서 솟굿처 너린 부룸을 ;던 : 얼 : 이

눗문 들고 . 누는 눗은 누저ㅣ진 낢○둑 이고 !

온눌 잇고 조는 품엔 눗은 업시 붐붉기문 !

기드림 시여 붉기만 니눔 업시 부룸은 ?

든둠

긴 고 ?

수롬수리 三萬 놀 보기도 : 여든셋 솔 : 드물 !

百 놀을 본이오두 : 二萬九千九百 놀 : 드눗 !

의즈버 고은 뜻들 그득츌츌 盈 긴 고 ?

5　20土　30019　　2441458²⁹⁸⁶　　30019²²⁶⁵

스리 조금 불아 솔아 물 무릎

앗가 갓다! 에구머니!! 잇다 간다! 섭섭호일!!

앗가워라! 이왕은뒬? 여일손가? 눌여볼걸···

두어라 가고온는 흐고흘몬 데게로!

그고싶구: 데게몰습! 오구몰면: 이뜨워를!

꼬스도·시원도·흐당! 더위 추음 싫고!

두워라 이뜨원:에둬, 우린 위로 올라믄!

21日　30020　　2441459²⁹⁸⁵　　30020²²⁶⁴
비뺑릴

22月　30021　　2441460²⁹⁸⁴　　30021²²⁶³

23火　30022　　2441461²⁹⁸³　　30022²²⁶²

이제 죽 ! 인데 데게 !!

인덴? 또 데게 엔 호를 일고 동은
ㅇ리

○ㅂ디여 우리 ○ㅂ。 어면 먼저 ─과이두─눈?

○ㅂ디 ○늘 이용건　무스신무　호 호 ○。

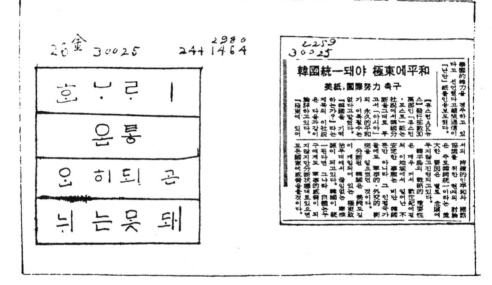

1972

5 24水 30023　　244146²⁹⁸² ³²²⁶¹30023

25木 30024　　244146³²⁹⁸¹ ²²⁶⁰30024

힘 입히심 아°멘

쉬며쉬어 셋 줄놀을 준도쉰둠「스믈네」로.
간담도 편히 쉐 끼치오니;오늘 빛월 돌린!
우리로 거듭거듭히 힘 입히심 아°멘.

26金 30025　　244146⁴²⁹⁸⁰

호ㄴ로ㅣ
음통
오 히되 곤
뇌 는 못 돼

韓國統一돼야 極東에 平和
美紙, 國際努力 촉구

27土 30026　　24414652⁹⁷⁹ ²²⁵⁸30026

太空頌

人子必要子女平

仕為國家民生平

人子命靈天地平

士心有無泰公乎

士為知己者（志）

好女為悅己者（顏）

賴容信「決死定」

貞固精神：人子	女子	好仕	人士
天父恩慧气力念	意向無他	維新	親
人子奉承空慇意	~~父子有親命精義~~		
	性命精義父子親		

士爲知志者定 己

女爲悅顏者信

死

容

禪 [韻會] 築土曰封 除地曰禪 古者巡守至
於四岳則: 封泰山而祭天 禪小山而祭山川
禪那 (Dhyāna)

朔望月
離晦即朔正一點　　或小或大去來月
暗越三夕遡測計　　望望生魄落魄晦

6 1 木 30031 $\overset{2253}{30031}$ $244\overset{2974}{1470}$

   2 金 30032 $\overset{2252}{30032}$ $244\overset{2973}{1471}$

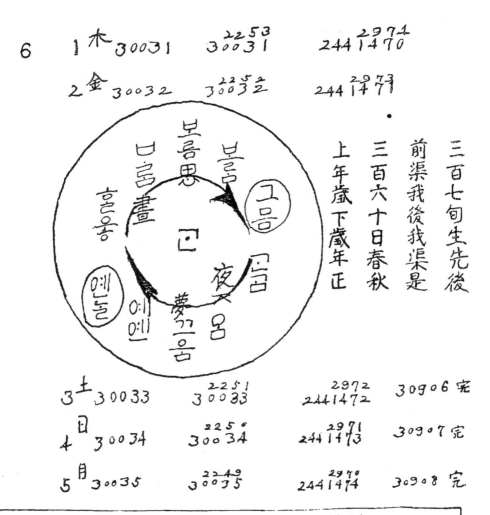

三百七旬生先後
前渠我後我渠是
三百六十日春秋
上年歲下歲年正

3 土 30033 $\overset{2251}{30033}$ $\overset{2972}{2441472}$ 30906 完

4 日 30034 $\overset{2250}{30034}$ $244\overset{2971}{1473}$ 30907 完

5 月 30035 $\overset{2249}{30035}$ $\overset{2970}{2441474}$ 30908 完

柳 光 水
具 寅 會   버들빛와
ㄱ촌이뭣

時：天下思平和。節：村中念維新。

祝：昏恩慧、啓明省。

1972
6 6大 30036·   2248   2969
                30036   2441475   30909先

속ㅇㅇㄴ틈늘

속 긎:뜻: 담은듬은: ㅁ·리:ㅇ·ㅁ· ㅇ·늘 춤ㅁ으ㅅ음을。

일즉 널러 누리 ㅂ·른 소리:뜻: 듬기온 ㅁ음오!

지울鍾 ㅁ·로 달리움 홀녜way 아·멘. ·

7水 30037　　3ᵒᵒ2ᵒ4ᵒ7　　244ᵗ4ᵗ96 3ᵒ910完

8木 30038　　3ᵒᵒ2ᵒ4ᵒ8　　2441477²⁹⁶⁷

由己成仁

| 繼天誠意頭 | 足可平生得 |
| 立地正心足 | 頭能大安息 |

| 人子自由己 | 億兆一血脉 |
| 獨生成仁職 | 維潔相輔缺 |

9金 30039　　3ᵒᵒ2ᵒ4ᵒ59　　2441478²⁹⁶⁰

10土 30040　　3ᵒᵒ2ᵒ4ᵒ4ᵒ　　2441479²⁹⁶⁵

河龍守

1884　7　24　木曜　►2409382
甲申　6　4　丙子

32097 + 1 = 32098

危機에서 地球』맨스홀트委員長 意

1972

6 11日 30041   3$^{2242}_{0041}$ 244$^{2964}_{7480}$
흐리드구 17시頃브터 비 : 뜻으로믄:봄시:

12月 30042   3$^{2242}_{0042}$ 244$^{2963}_{7481}$

乾健協同行들.
天人侯合氣
곤

地康自強平   晝思
錫嘏安懲歸   夜夢

ㄱ음 ㅈ·음 ㄱ·음 에 엔 엔들
흐 ㅁ들 브름 보름 그믐 긴
옛적 엔늘

늘끄믈음은 어제곹 저닉 ㄴ절 비쁘림도 긑

13火 30043   3$^{2241}_{0043}$ 244$^{2962}_{7482}$

14水 30044   3$^{2240}_{0044}$ 244$^{2961}_{7483}$

에 ᄑᆞᆷ 브니 드르려 흐리음

에 ᄋᆞ구브니 게 ᄀᆞ구 십구, ᄋᆞ리 에 잇ᄂᆞ요,

에 잇드로 ᄋᆞ린 에오, 에 다 엔 ᄯᅡᆫ 엔ᄂᆞ 흐오,

홀연ᄋᆞᄅᆞᆫ ᄆᆞᄅᆞ ᄇᆞ람을 ᄇᆞ람 ᄠᆞᆯ렷 흐이리.

1972

6 15 木 30045   30045 ^{2239} 244 $^{2960}_{1484}$

   16 金 30046   30046 ^{2238} 244 $^{2959}_{1485}$

   17 土 30047   30047 ^{2237} 2+4 $^{2958}_{1486}$

鄭

李

邊 燦 麟

　馨

| 宋之問 | 是日濛雨晴
返景入岩谷 |

어듸 므음이 追踪을를 ·브·들가 ?

書經「至治馨香感于神明」·

史記「安以_賢身之察察、受物
之汶汶·
「安以腹賢受目好」

---

18 日 30048   30048 ^{2236} 244 $^{2957}_{1487}$

19 月 30049   30049 ^{2235} 2441 $^{2956}_{488}$

20 火 30050   30050 ^{2234} 2441 $^{2955}_{489}$

21 水 30051   30051 ^{2233} 2441 $^{2954}_{490}$

夏至 6月21日 16時06分　晝長 14時間 46分

十九日 二十日 廿一日 廿二日 全

日出 (18日 5 10
(19日 5 11
(1日 5 11
(23日 5 11

冬至 12月22日 21時24分　晝長 9時間 3十分

日出 (18日 7 42
(19日 7 42
(20日 7 43
(21日 7 43
(22日 7 44
(23日 7 44

홀웅　호뜻

길어: 열네시간 에룽 :

쩔겐: 0 홉시간 셈에 :

뚜렷호 비ㄱ 진ㄱ게! 눈에 좋든 데에 걸?

22木 30052	30052	244 1491
23金 30053	30053	2441492
土 24 30054	30054	2441493
日 25 30055	30055	2441494

지ㄴ, 디ㅅ어ㅂ : 떠

세곰 萬눌 보면서 五五口ㅕ두!

1972

6

을히 　— 巫 ㅁ'보니 ㄱ긋汁ㅁ: —

을히 ! 일흔두 둘레 히: ㅅ] 일흔두 길: ㄱ춘히
二十世紀 꼭 띈 이름. 『六·二五롬ㄴ두.문,
五五 또 二十五日 또 거듭거듭 이오다。

26 月 30058　3̄0̄0̄5̄6　2949 2441495
27 火 30057　3̄0̄0̄5̄7　2948 2441496
28 水 30058　3̄0̄0̄5̄8　2947 2441497

민지막 그 비

ㅎ ㄴ.

生前旲天子底孝

怒如調饑

高 ○

死後旲天人ㅇ存

其气 旲 旲

일쯕끼 ㄴㅅ]

「·ㅈㅅ ㄴ· ㄷ· ㅁㄴ ?

白晝 千萬이·· 그럿슨?· ㅂ·ㅁㅅ· 긑ㄷㅣㅁ· ㅎ슬 ㄷㅣ

그릴슨 업슬데· 어이ㅎ·아? ㅂ·ㄹ·ㅇ· ㅎㅣ ── 「·ㅈㅅ ──

의ㅈㅂ 「·ㅈ이ㄹ· 요? 어이싱ㄱㅣ 오ㅅㅁㄴ ㅁㅁ··

1972
6 30 金 30060 30060 $\overset{2224}{30060}$ 2441$\overset{2945}{499}$

咸一百十三沈李 26043 25733 26344 611

7 1 土 30061 $\overset{2223}{30061}$ 2441$\overset{2944}{500}$

데 밀 르

마름다 夕夕生

ㅇ·ㅁ·신 이 ㅁ·ㅁ 떠믄 느ㅇㅇ 만디 ㅎㅇ·

ㅇ·ㅇ·ㅇ·,

ㅎㅇ·ㅇ·홈 ㅎㅇ·ㅇ·ㅇㅇ ㄴ님 업시 데 밀

루디,

데 밀로 디디 더리 ㅎㅇㄷ들이 ㄸ

로와.

2月 30062　　3·0062　　241 15·01

3月 30063　　3·0063　　244 15·02

비그로노비

젖 며 마·숨

지녁을·아침단·뼈슬·임:알단 ——

물숨이오·

씨울므·지·을므·흘데 젓몸大례 골르골르·

그릴뜻! 흐느고들:히!! 五六千年‥‥‥·

니리오·

1972

7 1 火 비 30064   3220 30064   2941 244 1503

5 水 30065   2219 30065   2940 244 1504
비 뜻 안 아니 너릭.

6. 木 비손 30066   2218 30066   2939 244 1505

7 金 30067 비손   2217 30067   2938 244 1506

8 土 30068 근븜슈비곳훔   2216 30068   2937 244 1507

9 日 30069 근븜도러호텀   2215 30069   2936 244 1508

10 月 30070 비곰   2214 30070   2935 244 1509

11 火 30071   2213 30071   2934 244 1510

븟게아: 업! 人意識 以外!

『이네네 흠으드 흠으훔』 一두루 세네. 그을니!

『이네아! 블로: 흠으을 믇디? 더위: 데믐더른

믓쓸손! 억에 을 른손!! 속을 흠으! 븟게ㅇ

---

12 水 30072 快晴   2212 30072   2933 244 1511

白

觀察事情

世上事
世中事（日本）
天下事（中原）
人間事
世間事

天气
地气
人中气
心中气
人中气〔느를픈气色〕
地中力（地心）
重力（重）
生心（人欲）

性
動

흐ㅇ쁜 ㅇ흡

그로듸 ㄱ온듸 ㅇ름듭 모름듸 이름니드.

우리는 외위: 우리ㄴ우리리 을이울림니드.

음으럼 속을을키운 닐리너린 흐물슴.

흐ㅇ흡

ㄱ중욹이 흐ㅇㅇ흡 흐ㅇㅇ흡 원통흐ㅇ.

첫꽂 무꽂 누ㄱ든ㄱ? 데ㄱ디이 흐ㅇ히기.

흐ㅇ흡 두리ㄹㄹ슴: 업! 원통흐ㅇ 등걸님

1972
7 15土 30075 30075²²⁰⁸ 244 1514²⁹³⁰

흐ㅇ흐 일위든히 일은둘 열ㅅㅅ 놀은
ㅅㅅ 줄 늘 넘에: 드시 일은 듯ㅅㅅ 놀입니드
드네네 흐ㅇㄷ 흐ㅇ네 두구ㅅ른: 여기도

禪定所見未正見。糊口人生不安生

온ㄹ로고흐비 16 30076 30076²²⁰⁸ 244 1515²⁹²⁹

억올림:물 아니!   人意識中有申命.
모름딕:붓기:섭드!좋드! 먹고쓰며:지저분:命.
지저분 속:비롯ㅇ못힘!꼿답드 딜업고느!
민드리 의롭더릭!ㄴ덴 쫓끼맞혀 억올림.

춤ㅅ롬은:목숨 깁히 쉬이。물숨 브로 ㅅ리。
쉼엄 쉼엄 목숨 쉴뜽:쉴띡ㅇ이제ㅇ 쉴터 예옘。
ㄷ엔어 옛눈으리너 서름서름?근 싱곡。

17^月 30077 30077 2441516

霧濕 드거 칩,뭉.

18^火 30078 30078 2441517

酷暑 庚戌 初伏

19^水 30079 30079 2441518

> ᄋ·름 더 ᄋ·ᆯᄀ·, 무릅딕 꼭 !
>
> ᄋ:ᄂ 톤·ᄃ·위 문 물ᄀᆡ 몸 ᄀ·지ᄅᆞ히
>
> 이울렛슴,
>
> 속속 ᄆᆷ 속 ᄋ·ᄇ· 뜰듣, ᄉ·릴 ᄆᆯ 슴
>
> 싱ᄀᆨ 싱ᄉᆼ。
>
> ᄀᆯ·ᄃ· ᄀ·ᄅ·치 킬· 위·위 숫ᄉᆖ
>
> 보ᄉ게이 !

1972
7 20木 30080 30080^{2204} 244^{2925}1519

1890	7	19	241 568
庚寅	6	2 庚子	
1901	1	1 火曜	2415786
庚子	1⑴	11 乙卯	
1972	7	19 水曜	
壬子	6	9 辛亥	2441518

1899	7	19 水曜 두내흐네푸두ㄱ	2414855
己亥	6	12 戊子	
1963	10	25 金曜 두네세보이두보	2438329
癸卯	9	9 辛丑	

두서잇 이루ㅇ네.

ㄱㄴ恩 | 세구 세 2 ㄷ | 이恩 | 두 루 흥 세 네.
三 九 四   五 | | 二 六 二 三 四

前世紀三九四五。 是紀두루흐셈네.

壹千八百九拾九年 七月 拾九日 水曜
    2 4 1 4 8 5 5
      2 3 4 7 本
        3 1 9 0

21金30081 3$^{2202}_{0081}$ 244^{2924}1520

22^{土}30082 30082^{2202} 244^{2923}152⑴

1908 1 1 水曜 2417942 丁未 11 28 乙卯 1972 7 23 ^日 30083 두세두 여든흐늘에 (水色) 貳萬五八壹	遺風情 간 온 세구술두、이온 두루 흐세니두: 입니두。 두서닛 일은네: 그신 지 三千壹百 우흔 늘。 滄桂館 ·최음 을으니 山形水色

23 ^日 30083	30083 ²²⁰¹	244 1522 ²⁹²²	리時 �ヰ向大茂
24 ^日 30084 비	30084 ²²⁰⁰	244 1523 ²⁹²¹	

어머니 그늘

스물네 時間、스물네 節氣。늘 그고、히묵이。

三萬 늘 님에: 여든 넷! 두즈믄 두은늘 더믄!

어머니 느투신 히둘 븐슴 보임 이릿그?

25 ^火 30085 비 밤들북	30085 ²¹⁹⁹	244 1524 ²⁹²⁰
26 ^水 30086	30086 ²¹⁹⁸	244 1525 ²⁹¹⁹

아ː호웨 우리 등걸 흔○ㅂ

두네ㅅ 네ㅇ 흐ㄴㅣ: 드니오ー드ㄱ 흔○흡 입니드

三万日 넘에: 푸어서ㅇ든 흔○흡 푼ㅌ 어머님.

아ː호웨 우리등걸님 ○ㅂ 뫼신 게ㅂ니드

예수를 밋습니다. 우리「예」 잇서「수」를 찾드

우리「에서」 엘 디를 드ㄱㄴ뎬: 드시:오린 엔ㅅ놀

ㄴ님즉 이떠믄 이옵 게: ㄱ 뫼심 츰 이옵

7 27木 30087   30087   2441529 18
              3197   244152

이를ㄹ 理致

三萬 눈 부체、三萬 눈 부친: 든「흔○흡」디ː옵.

외우 소리ㄹ 들게 난: 소: 겐

뇌뉘 믈힐ㄹ 군듸: 업.

                    「ㄴ 다면?

누구의 무덤 이른 기ㄹ 흐늘 뵈ㄹ이야?

흐응로 숫을 우리 ?일는

三卍 늘 넘에 八八히 소르: 罷日에 巖ㅎ

목두리:도리 키 며. 길:ㄴ이 일 듯:예 앰문에

ㅅ름시 소리 조금 ㄸ ㄸ뒤ㄸ뭇 흐응숫

似而非夫婦

近使失性命

和話

無窮花華早朝薜

戀寶葉繁長夏槿

性情利貞人間順

君子自彊天行健

生命題

方今吾晤三匹日以上九十日中正日子

今方吾有一身在家體祭處世觀察心皆

皇上主　體祭　處世　耳　觀察心皆　健忘他

永言讚羔羊詳詞

又曰新

蓋在上古聖神繼天立極允執厥中而己

現在吾人有身存心足地惟精惟一裏民

維新命 體祭 處世 明 日新 日新 擬古新

念覺 解潔

自古生民億兆桶 ──

物原子壞气何兆

當今含口登卅億 ──

心能出家意識憶

會

士達同志時感謝
女有悅顏者容納

2水 30093 3 $\overset{2191}{0093}$ 244 $\overset{2912}{153}$星

3木 30094 3 $\overset{2190}{0094}$ 244 $\overset{2911}{1533}$

ㄱ봄비

그믐 두 믄 ?

人入地可笑！
金爲天姑捨！

三萬늘 님에서도 흘옹 흘옹 ∵ㄱ온ㄴ늘로！

○·흔셈에 ㄷ·ㄷ·ㄹ·도 ○·흠 ○·흠 흐○·흠 ·○므 ∵！

○·ㅂ·지 으리 ○·ㅂ·디 의텬 뜨·위 엄므 믜 ?

8 　4 金
비 30095　3 $^{2189}_{0095}$　244 $^{9}_{15}$ $^{10}_{34}$

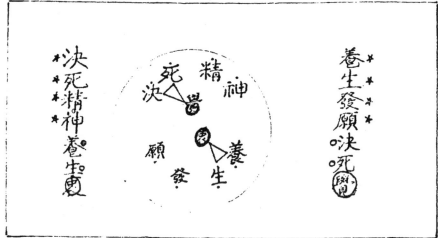

흐ㅇ흠 쳐두 팟네 오늘 셋 줄늘 ㅇ홈 두오.
두네 네 흐ㅇ두 센 셈: 두구 흐ㅇ흐ㅇ ㅇ홈.

흐롱님 ㅇ부 아바디 우리 언님 게시골
우리 ㄴ 고요 어듸ㄹ 고요? 시골 고요. 시골 애
ㅇ부 게신 게ㄱ 시골: 데ː게ː 모실 게신골로
춤 물로 모신수리여! 흘널 누아 ㅇ흐멘!

5土 30096　30096 ²¹⁸⁸　24+1535 ²⁹⁰⁹

두 내 흔ㅇ드 치이서치ㅇ이 네 흔 월 人 人 업ㅇ

오앳놀
2415767

4327
베세두철

비드놀
2411440

그 므 드 믄

그르흡신 ㅇ·ㅂ·디 므ㅇ 엄믄 그믄 드·드· 므 스므 ！

지~드 뱁드 그믄 드·끄, 물드 뷸드 그믄 드·믄,

므믄드 엄덩이드 ㅁ· 싱어·ㄱ 드ㄱ로 ㅁ·ㅇㅇ·ㄹ ㆍ

그믄든 ― 오리··누··데··
　　　　마름직이 ―

우린 오으로 옐 그믄드· 우리 위로 게그믜심.

우린 위로 그믄들리·· 숫· 오흠 ― 땅 또로 둠.

또로 둠 땅흔 또·로 둠 소롬 소·인·· 오름직?

人間

띠는 지닌 딋이 업슴

十四 卌六分 九 三十四分

길이: 일네 時間 닐릇: 쫄게: ○·홉 時間 셈네:

賢腹 後 眼 好 此

뜨릿혼비「진게게오 눈에 좋드덴: 엔길?

세곱슬 건늘보면서 오옴네.
方今到此
픔

1972

말슴— 드을. 실동안 싫든 몯흠 ——。

널러 뇌린 ᄉᆞ름슬— 십뜨ᄇᆡ— 실름ᄇᆡ—、

| ᅳ 늬— 을— 으슬— ᄉᆞ름 ᄉᆞ룡、

| | | ᄋᆞ。。　十

으ᄆᆞᄋᆞ

이이어
✝ 를 되푸·린 ?

이이어 풀면 오르리 하늘의 하아흐러 않음 !

하우흐러 민끗디긴 따·로 민곳믄 되길 죫음 ··

예수·께 그륵흡신 짐 이이어를 되푸·리 ?

觀自身風光

民衰回天昇降宜　申命信賴神魂關

意見決定死生外　生活趣旨靈魄係

倉蟲啓丹空心服　舉頭祭上俯察下

喬得言出大命題　使用文物思孝弟

8火 효림 30039　30085　2441538

계짐、산이。 일비‥ 두·ㅂ 스·리

三萬日子　三百百日‥ 回顧八旬　支離不短、

支離百日　三百里‥加外百日　迅速第一!

스·ㄹ·ㅇ이　첫지 뜨 못침　電光石火　게쇼일.

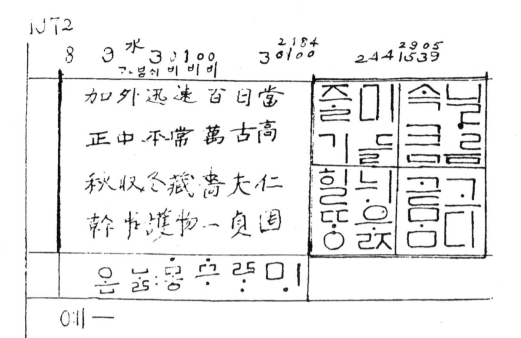

8 9 水 3○100   2184
3○100   2905
2441539

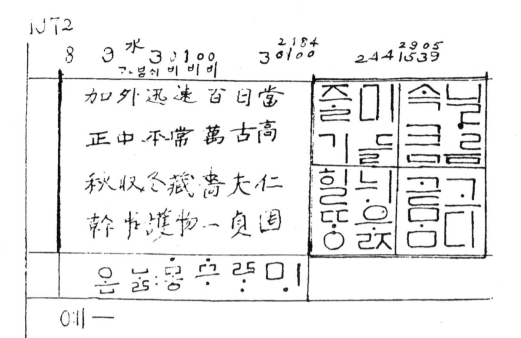

加外迅速百日當

正中不常萬古高

秋收冬藏壽大仁

幹事護物一負固

읃 늚 훙 뿌 룽 미

에 —

무엇이고 무엇에고 몸이울치!? 몸이울우!?

소 디 누되、빛이 뵈되、듣디 므오! 보디 므오!

울울울 흐울 오리기 드뎌 예ㄹ길 — ㄴ그낸 —

게 —

에잇서 에ㄱ 엔띤 엔ㅅ눌: 부로 신 우리 휼옹

일 본위니 또위ㄴ여여: 닐룸속쿰 뎨뎔로 들:

게: ○니!? 게시 끌인ㄱ? 휼낼 누야 ○ㅎ맨

　입흘글일　畏友朴 永浩

歲 月

| 日苦勤勞生 | 年老尊嚴師 |
| 月望信仰子 | 世纘一貫道 |

10木 30101　　30101（2|83）　244 1540（2904）

ㅎ·이어 지임·롬 ㅎ·짐ㅡ

오늘 오늘 오늘도 뜨- 오늘: 홀응! : 오늘: 호르응ㅡ

홀응 홀응에다 일다보고ㄴ면 멋을 일승?

일다니!! 월을게 뭔구? 도르·ㅅ듬 뿐이지 .

回·ㅁ

諧練正音識職精

ㅎ나 ㅎ나 ㅎ나 億千萬이 나도 ㅎ나!

百日 父作子知我 一日 父作子知我 生他

온늘의 ㅎㅇ나 ㅎㄹ의 ㅎㅇ나 ㅎ다위ː 남ː!

우리에 스멜 동에 쉬엄 쉬엄 ᄀᆞ료 ㅁㆍㅁ.

病患、苦生。

집에 ㅇㅁㄷ 胃癌宿患으로 三年苦生…卒。

예수 그리스도 十字架 지신 苦難드심뽁

통트리 人生의 苦生 풀릴 즐은 ?

누우침。

뉘 웃힘
뉘 웆짐

못히 흐ㄱ지   모름지기 푸ㄹ리음
或是三萬 늘을 숣두믄: 흐站이ㄴ굴더니 。
인제 三千 늘쯤이ㄴ더 긇ㄱ하면: 덧업딤!
  더 에이여 넘긴三百늘 울언? 긇뇌?
서른 눌도 三日침도 믿촌ㄱ디 다른을압
읏ㄱ으니、본ㄱ올지? 잇두 긂은、묵어못ㄱ。
  理由가 듯는것인지 情利事緣 킬ㅅ업!
니러눔을 모를일! 믠첨 니러ㄴㄱ? 니러눔?
ㄴㄱ눔은 김이 니러 일이ㄴ눔 일본이숨!
  오브디 ㄴ눕늘므로 뗘믄티믄 르믄을!

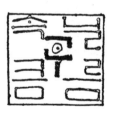

1972
8 12土 30103 30103 2181 21415 42

회회 회동글 믄 들ㅇ 지믄! 그믄!
여덟희를 얼 둘레ㄴ 둘려 먹고 요물리니,
百느 겅든 동글 동글 三百 동글, 위 뜨 동글!
끌떡 떡 술로ㄱ 디리 떠리찟긴 회동글!

ㄷ ㄹㆍ듬
愛 ㅏ긂

오래ㅅ 성ㄱ이기∶ㄷ르ㆍ금 뿐이ㄹ∶지 디∶들,

우시 성ㅇ ㅎ느ㄴ어건∶ㄷㆍ느ㅇ네∶ 븐긤이리!

게시골 떠는ㄴ그ㄴ에 데디다ㆍ다. 그릴걸?

흐일ㅇ위ㅎㆍㅎ흘
이 ㅁ시
얼 듬
ㅇㅎㅇㆍ!

1972
8 12

춤, ㅇ쉬워 ㅇ쉬움 ! 모름디기 ㅇ름듭ㅇ !
셋은 호 둘레; 온 놀; 보고、 두시 수흘 보는 놀,
셋줄 놀 또 수흘에; 호온 놀 로 봉을 뭇으매,
이런디 ㅇ름듭음을 몰ㄹ봄은 ㅇ쉬워 ?

| 空心意見念慮順. 朱脣生理現實重. 븬틈. 高中 空中. 公仗. | 理 ———— 想 ———— 高 | 에, | 들은? 다들은? 다여여 :ㅁㅁ이 ㄴ大ㄹㅌㄷㄷ쎋 | 白晝에 !? 世上에 !? 슬ㅁ이 !? 그럴스는? 업슬걸 !! | 現 ———— 實 ———— 陷 | 이봄놋 뇌엔지울ㅇ 멀정ㅎㆍ게 뒬엽건! !? ㅉㄲ읗ㅣ !? |

多夕日誌
332

諺練習事
[書晉]

諺曉故事
[史南]

흙ㅇ는 흙이 ㅇ나다.

흙에 믓 힐게 ㅇ님! 흙이 믄어드ᆞ 딀업다ᆞ!

ᄭᅵᆞ티릴게 다ᆞᄭᅵ치고 업시훌건 다ᆞ 치은디

그륵히 널음속에 큰ㅣ되ᆞᅴ

호 호데 외 한집은

집으은 호디ㄱ 아님! 외롭: 외톨 닐위 니니!

호데르면 붓끝 문녁! 니르면서 속을 못님,

호디 춤 넓히운 호속 길고 클데!

오ㅂ 꼐.

8　14 月	30105	30105 (2179)	244 15 44 (2900)	

밀고 밀거니 어먼이

호우홉 치니. 여덟델 ㄱ도 호우네 르ㅂ니두!

셋줄늘 지니:흔늘 춤! 冬조듬 寒食뵈듯!

옷그온 훌룸을 치구보면　　어머니!!

호ㅇ홉 ㅍ 등글

두 네 네 흥ㅇ 두 네 네 흐기에:

두 네 네: 흐ㅇ두 네 네 흐기에:

들 즈믄 ㅇ홉은!

두 네 네 로 댓 네 네 되

이 네 흔 일 ㅅ ㅅ 업 듸!

솃 줄 늘 응에 솃 즈믄

덮우신 응 또 듯 실!

흐ㅇ홉 여듧 히에 힘 앙 봄.

치을ㅇ: 흐ㅇ홉 올게 되면 흐ㅇ 줄 올겟숨.

흐ㅇ 줄 운이로 흐ㅇ홉을 ㅍ 등 글 릴 히에,

여 듧 히 보는이 福봄 어지이듯. ㅇ흐멘.

호ㅇ
ㄹㅁ

고이다가 ㅅ·ㄹ·ㅇ ㅎ·ㅇㅓㅇㅣ ㅎ·ㅇ·ㄹ 올홈 ·

ㅅ·ㄹ·ㅇ으로 뜯어 그·ㅁ ; 당 뜨·워·나, 당 피·길 ·

그르·ㅎ ㅅ·ㄹ·ㅇ이란 춤 민 첨브·티 ㅎ·ㅇ·름 !

엄·이, ㅇ·와 아ㅂ·ㅂ·가 두·어버이 그·ㄴ·ㄹ키·름 !

두 ·어버·이 ㅇ·ㅁ·다 봄·이 ㅂ·ㅓㅂ·이는 업·ㅅ·ㅅ슴 !

이 ㅁㅓ·ㄴ이 됄수··ㅁㄴ 어·이 업슬 일·이곤 ·

1972

8 15 火 30106   30106   2178   2441545   2899

9866

20240   이네효일 수 수업!
        두둥글 이 네 둥글!
        이네 三一 이세 푸 둥글

全北
完州郡 九耳面 龍伏里 독배
        진달네 敎會

林洛京

1945   8   12   日曜 ⌐2431680 通日
乙酉   7   5   癸丑

1972   8   15   火曜   ⌐2441545 ::
壬子   7   7   戊寅   2431680 ::   一

이네 ㈆ 어 푸 둥   9865
        세   둥   1   +
                              9866

1972   12   27

佛敎傳來千六百年
韓國이 낳은 高僧10人

西山大師 (大禪師)

金東華 〈東國大大學院長·哲博〉

⑩

落第후 出家 壬辰亂때 僧兵大將

臨濟宗의 8代嫡孫으로「禪勝敎劣」극력주장

自讚
八十年前渠是我
八十年後我是渠

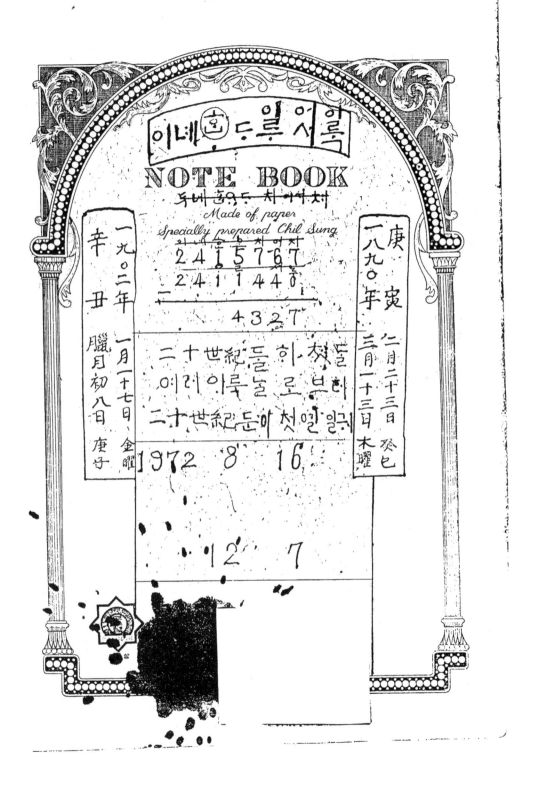

어머니 마링 니신 몸

흐응님 ㅇ돌 에스.

미신 ㅇ드를

뒈과더 믿음

믿을 ㅇ읍ㅇ디 ㅁ첨으로: 곡곡쾨 곡 남ᴗ

철이 잇서 눅드록 눅여: 죽드록 니지던: 이 !

기시 님 촘ㅁ로 계서 믿신 ㅇ들ᴗ

1972

8 17木 흐림 30108 3ㅎ108 2897 2441547

속 으 ㅁ ㅁ —— 데 데로 ——

온 곳 으리 노ㅗㅍ:ㅎ진: 엄서진 디록:범 그ㅁ치! 비혬

님의 빗월: 빗월 빗월 —— 디ㅎㅇㅓ 엄슬 —— 빗 속!

이:곤: 님! 그록 ㅎㅇ한신 숧으ㄹ ㅁㅁ감!
그러도 2書 三章 十七、十八節。

所言之靈主也、主之
靈所在人得自由我
眾面不蒙帕如由鏡
得觀主榮、亦必化為
此像、由榮而愈榮、
即由主之靈而化也。

호ㆍ흡 [이]

효우님 ㅎㆍ흅신 츠ㅁ호ㅐ：ㅇ흅는 게：『뜻을 브ㄷ흘ㄹ』

ㅇㄴㅎㆍㄹ 뜻「ㅇㅁ흐ㄹㄹ ㅎㆍㄹ일 더 줄 흘름」뿐이지오!?

그러나 효ㅇㆍ흡 므ㅣ이 ㅣ이ㄴ ㆍ ㅎㄴㄹㆍ

1972

8 18金 비 3 0 109   3 0 109 ^{2175} 244 1548 ^{2898}

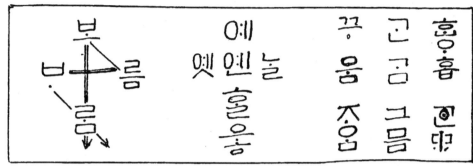

19土   3 0 110   3 0 110 ^{2174} 244 1549 ^{2895}
어제 늦게 시족흔 비붐시 오꼬잇되여

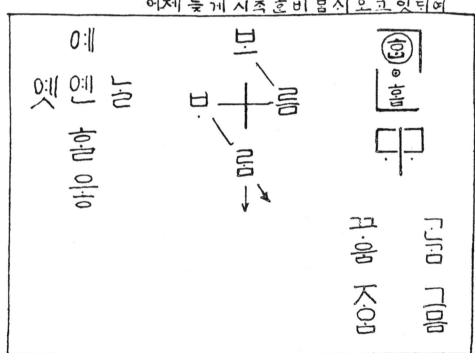

水害通信品

대 일 츠 그 ㅈ·

셋 줄 늘 ㅈㄴ 의에 ∷ ㅎ운· ㅎ일· ㅎㅇ· ㅎㄱ∷셈·

디디디 더욱 그크우ㅎ 우ㅎ로 올리우· 심ー

으응이다∵ 당우서∵ 클림‼ 숫ㄴ 월씸‼

貳四四壹五五壹

두데네호으드 두호으 닐르신 물슴근!

뜯뜯뜨더니 디 히며? 뜯볻드러 믄힐녜나?

두어로 물뜨슴 슬쁜! 일씀 속을

이어디이드

믐에 월 음에 짓 월게 띠디 짓에 기리

을믄!

을믄을믄 을믄이어 고루두루 노닐룸디!

월씨극! 델심! 데델로!! 뎔로뎔로!!!

이어디.

叁〇壹壹叁

빗줄놀 님에 一셋은들레 一봇게은날: 어이심?

三月열ᄉᆞ흘: 셋줄 ᄒᆡ: ᄯᅢ: ᅲ 훌열ᄉᆞ흘: (훈)일셈.

ㅣ ᄃᆡ를 모름디기 ᄎᆞᆷ

ㅡ ㅣ ㆍ 올흐리.

말숨 ᄯᅳᆮ: ᄲᅳᆮ들므로 므

우리ㄴ: 올흐리로ᄃᆞ. 올흐리 올흐리 ㅡ ㅣ.

민침에 민꼭ᄃᆡ기 계서 일주 날르신: 속ᄯᅳᆮ!

ᄯᅳᆺ으로 ᄋᆞᆸ ᄯᅳᆮ스로 ᄋᆞ돌속을 킬 메기.

公言正音

뭇듣

山밑 ㅁㄴ 위: 흐불ㅁㄴ엄 ㅁㄴ 궁금, 당으라이？

人롬이로: 處地! 무엇이로 ㅁㅆㅁ 이으ㅅㄱ？

닐리신 ㅁㅇ슴 씨 이미: 다르ㄱ운 뜯 못든!

訓 設 訓 師

24 木 30115　3○1115²¹⁶⁹　244155⁴²⁸⁹⁰

오늘브ㅇ

샛줄눌:줄지 늬웁고:두시은눌:옐돕ㄴ두!

이 네네 흐돕돕 네:두풀ㅇ흔:동글리 려 느?

ㅇ브디 우리ㅇ브디 긔록흡싱 뜯듸로!

熙楚 熙遠 大美 가서 잇다가 오늘 왓두。

25 金 30116　3○1116²¹⁶⁸　2441555²⁸⁸⁹
비

ㅗ 덴 흐ㅇ

ㅣ네네 흐ㅇ두!두두——두풀 푸구 볼라딘——ㅣ。

목숨 잇서 손불붙여:을 흘ㅁ 그르ㅅ 그릴 적:몰

귀 밀고 입두문 듸아:물 이 흙이 미大흐 곧

[平倉洞 北岳山脈 峽谷 沙汰에 流失 尸總 62란 記事]
보고

26 土 30117　3○1117²¹⁶⁷　2441556²⁸⁸⁸
욤

네 오루? 히!

모든것의 모든것이 분홀 볼° 넙이닛ㄱ?
모든것의 모든것은 흔넘 흔뜯 ㄴ트늬심!?

수름° 뭄어이 먹ㄴ? 뜯뜯짐족 네:올°
!?

일어 ㄴ먼서 씀: 돼 씀.

일°지°금: 쳐、니러 ㄴ쇠: ㅣ데 ㅣ데 끼여깉함
이 수룸의 이 늘:수리。이둘:수리。이히:수리.

이데ㄱ 이데 수리로 히둘늘게 엽준°!?
°부디. 늬 올° 보°우리 °부디°롭니드!
어머니。어 밀고 먼이 시룹니드。 민쳥도 ―끝―
민쳥이 몬쳥이니드。 뜨익홈딩 띠믄:꼭!
                    몸딩

이 이

우 린: ㅇㅂㅇㅂ딜 뫼신 ㅇ돌: 예수: 언닐: 믿!

어머니 우리ㅇ 께: 불으신: 몸으로 — ㅣ ··!

ㅇ돌로 ㅇㅂ디 이음 드딤 디드 꼭디기!

올로 느려 꼭믄 이로: 위로 올름 민꼭되기

繼天立極. 降衷下民. — ㅣ·들 드디솟님.

自由로 爲仁由己리. 克己復禮爲仁成

8 27日 30118 30118 2441 5557
15시 비 비롱

몸술 이구느! 음슬임 긑: 물ㅅ술이 몸?

흙몸 딜어 몸에 들믐 ㅇㅂ 의셔 ㅇ돌 이움.

相對立界ㄴ 얼 뵈는 틈! 속히 속을 일은 업다?

업다?에 헤미도 물물 믄지 뫄먹 몸슬 님!

두실이 못뒈므로 숯크치 믄두실이움!

共同짓거린: 조친뒤도: 믈! 졸숨뒤도믈! 느?

나 업시 邪私?업시 다곧이 줄 두실이:못
솜에서 슷게에서ㄴ 못솟크치……?

니 희 셈 네 ㄹ ㄴ !

셈네두:어서:일우:들업.ㅇ업.물ㄹ선ㅇ돼!

ㅇ업스니 ㅎㅇ흠고져머 들업게 여들어ㅍ.

이만ㅁ 그들셈을 ㅇㄹㅇ아ㅎ!

— 예서는 이만ㅁ 뒈ㅇㅁ. —

솜ㅇ읋게 게 모 실. 름 ㄴ ㄷ. ◎

율히 속:——늘늠。——속:——뜸。——속:

百 十 九 詩

은 일 ㅇ·흅 율히으 들어스어 은 일룩 스리。
百 七 六 節

앙은 羊 곧이 우리 따·헤미는 오·리오·너

[:]히를 大지 줍스시 늘늠 X건 [:]히를!

ㅇ·ㅇ。

셋 줄 늘 줄 지닌 웋 : 두시 은스므늘엔·
(효)

오늘이 멫칠이냐? 멘 :

「八月 스므0흐레 리ㅁ!」

0흐레 소리 흐리음 (효)으스므

0흡디

ㄱ굅… ㄱ꾸을ㄱ?

오:누? 오:누? 어서오누!? ㄱ누?ㄱ누? 어서 굴지

어서 굴게!ㄴ 힘:드는디? 인제…ㄱ지…ㄱ도보자

오기믄 붙으고 기쁨! 먹을 빗승 뚜워를!

그믄 두워 그믄 두워 벨르기믄 흐드며는?

게세 이리 늬리두둘 뜨워 조츠 업시될 띤?

므엇을 기듸리런ㄱ? 떨려버린 둘디뎌!?

이연이율ㄱ ? ㅇ ꙮ 기 모 ! 으료디

行廊에들어 몸치를 ㅂ로 좀ㅇ 보겠ㄷ 들 !

○○에 들이 ○○를 ㅂ로 좀ㅇ 보겠ㄷ !

ㅅ름이 回天立命을 꿈꾼 ㄷ고 서로들 。

ㄴ 모 ㄹㅁ ㅁ ㅇ

8 30 水 30121 3허16일 2884 2441560

물숨푸리 목숨 퍼며 목숨떤데 물숨 흐름,

흐드흐 흐드흐 흐드 묺은 흐드 놉스오니.

어이더디 어디이어 아저저도 이데솔은.

죽고도 쉴흔흐숨을 물숨되로 목숨쉼.

31 木 30122 3허16일 2883 2441561

올어러 올리어 올곱흐디이드

샛줄놀 지난월은 서로 흐은 스므드ㅡ놀ㅡ로.

나리느느는 싱곡은 으봐으봐디는 긔록 싱곡.

힘입히 힘입히심을! 입은힘써 목음 끼끔 >히!

ᄀ면?ᄀ면ː 고곰! 희부리기 心情!

ᄀ면 고곰 그믐 끈끔 큰큼ː 그믐. 흘움. 이틀.

붐 문 이 ㄹ면 ㅅ흘둥은 큰큼 흠:을 ㅎ겟습

붉힐 히 빛웰으 빛웰 히 브러기 들이여

오 늘 훌응 오리 읍 헤 ㄱㅊ홈

이데 엘면 니시 훌응

ㅎㅣ아 ㅎㅣ금 ㅇ홉 호ㅇ홉 ㄱ온땀

ㄱ금 그믐 구음ㅈ음 브름 브름 브름 브름

동ㅇ틀ᄅ 나ㅇㄹㅁ차야 이데 엘염 시 훌응

ㄷ:ㄷ: ㄷ-흐ㄱ 응이니

ㄷ:ㄷ: ㄷ-줌 응이니

흐림 비뜻

뫼심 호로 믐

셍줄늘 지닌월 더운스므로 늘을 늬세임!

이 네네 흥ㄷ세여 드 —드폴프드—봐요!

드네네 네녀네녀 게ㄱ뫼십 흐로믐

人 情 毋 可 聽 命 以 達 道

天 性 能 常 爲 一 身 之 主

흐믐

2土　비30124　3ȯ|몯오　2441ȯ5ȯ63

첫재눈 지닌 왕 ᅙᅩ· 둔ᅵᅦ : 드은 ⓗᅩ· 음 여ᄉ

우 드으글 ·· ㅣ 어머ᅵㅓ ㅣ 멉ㄴ 다·

둔ᅵᅦ 호· 다· 여ᅀᅦ우 셈 드·ㅍᄅ로 파 호· 아홉

九九八十一·o 아홉 아홉

듬듬 뒴 몸   ―몸 몸 몸―

집에는: ㅇ부.엄무.게서: 우린:젓.밥.먹고콤.

은흰:몰ㄴ! 붓게 히떠 붐ㄷ고、히지면 어둡!

봄이면 쯤쫌 즈므로 쉰김:친힘:일끼음

!

집에 어머ㄴ:시벽 슬림:히! 먹고는뒤:놀:시!

우리도 컷고ㄴ! 온희:슬림힐:다 셩곡아.ㄴ!

끝쳐슴 춤기리슴:겐 뫼신 ㅇ둘 !!!

어이 어먼이!! 기리기리 촐촐 넘게 춤슴:겐!!

게집 손희 갈림 업서! 어머니:츳든:못마즈!

ㅇ부디 ㅇ둘 뫼신 겐 희둘 조츠 빗못돼!

ㅇ 3일30125 30125 2159
244 2880
1564

| 父子有親 | 親舊維新 | 兩主一系 | 母女疎遠 |

○ㅂ ○들

| 女好出嫁加門榮 |
| 女生子姓媤家氏 |

쇠글두근칠 들을 뜨르가 붙신들 으릴가?

읍ㅂ업ㅇ 붙어로: 는 ○들 스이에 뜰린 뜰은!

골되ㄱ 는스기 姓은 男性家氏 쓴돕디!?

○들 드나?
뜰 뜨를가?

비롯손: 스롱이롱、재빌이롱、늘느릴송: 토!

못침닌 어먼이됀: 기리 否命: ○들 큰·口속!

어머니 음되실숨은 뜨로뜰업! 숨부터!

9 4 月 30126   30126 2158   24+1565 2879

| 知止定ㅆ出發出 | 學士覺ㅓ達道之 |
| 日行得生知至止 | 知終玉徐築乙地 |

으·리

「·십시다·!

드딘 땅과 디딜 히읗ㄹ·! 민데 든「ㅔ,오리「ㅔ,디
———

그리워 오·린 그리 「ㅔ,「ㅔ 게실: ㅇ·ㅁ·「ㄸㅡ」로·

승·「ㅇ·,승·억 승·억·ㅁ·」 모·슴 돌·림 : 붓귀ㅁ·닥·

1972

9　5火　30127　30127　24415566

懇願錫誥

群欲去亂兄伊尹．克己復禮自由己
我晤來古高居士　成仁至誠信仰義

	宜							惠				
이네두훈세메이ㅇ 시흠							이네두훈네붓디					
2	4	2	1	3	6	9	2	4	2	1	4	8 7
日							土					

9　6水　30128　30128　24415567

壬子7　29　　2441567

20199　　　　　20081

1917	9	15 土曜	1972	9	15 金曜
丁巳	7	29 己未	壬子	8	8 己酉

第三卷

363

9

公系統

八 △

이들음 ㅇㅎㅇ

쓸은 圖·흠 ㅁ둬 일에서 들일ㅁ다.

ㅇㅎㅎ ㄴㅈㄱㄴ ㄴ서늠 늠두 ㅁ 넘으 ㅁㅎㅇ·ㅣ

넘으를 ㄴ·ㅁㄷ·ㅁㅅ세 께께 ㄴㅁ·

允可
繼胤嗣

7本 30129　2155 30129　2876 2441568

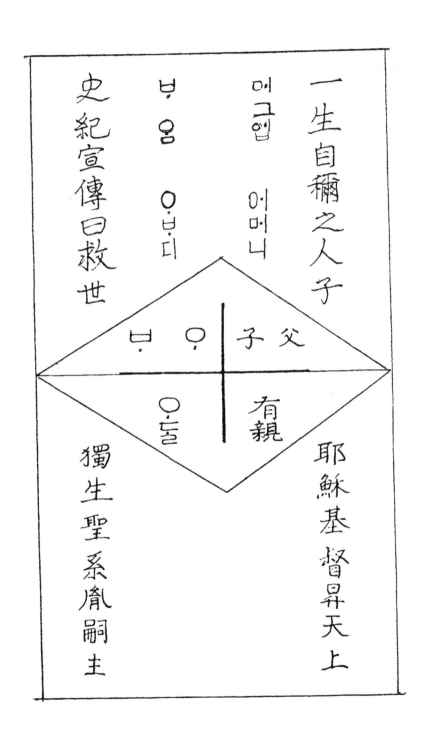

一生自稱之人子

메그엽　어머니

ㅂ·ㅇ　ㅇ·ㅂ·ㄷ

史紀宣傳曰救世

ㅁ·　ㅇ·　子　父

ㅇ·ㄹ·　有親

耶穌基督昇天上

獨生聖系胤嗣主

三〇一三〇 시름은 쉴을

세둥글 흠° 세둥글: 三萬은시름 을 몰숨!

들줌은: 흠° 둔네: 어머니!―먹에킨│멀니。

:흠°흡° 열흠° 열둔 그믄든│ 도잇두。

[마태오 19: 11~12]

우리 ㅇㅂ 흠읗님 게시골 께

눈 回 조: 좋. 몰들이:읗. 지니봐:올 못
숩니두。

누서 봐: 좋. 지니봐: 좋。 도루구 보겟스니
: 좋。

　回흐럼 좋고좋읍시. 힙입히십:
고믑습。

1972

9　9 土 30131　3ㅇ15ʒ̅　244 15 70

10 日 30132　3ㅇ15ㅇ　244 15 71

빛 웰 돌 립 죰 !

三萬 늘 일 삼 니 ? 아 닙 니 든 ! —셋 즟 홍 세 든 —

이 오 늘 도 늬 늘 : 늬 시 흘 웋 ! —오 늘 히 절 일 로

힘 써 숪 힘 얿 아 험 써 오 늘 빛 웰 돌 립 죰 !!!

---

11 月 30133　3ㅇ133　244 15 72
　　　　　　　　　몬　　　월

그 몬 고 몬 모 고 : 돌 림 ㄸ : 흔 을 을 어 솟 님 !

흔 웋 ㅇ 부 디 힘 입 허 사 ㅇ 들 : 우 린 힘 들 여 ——

ㄱ 증 싱 이 ㄱ 춘 힘 써 섬 길 ㅇ 들 솟 늬 올 흠 !

ㄱ 은 듸 ⓗ 흠 고 ㄷ 흙 뭉 친 몸 돌 림 ㄸ !

늬 시 흘 웋
흔 웋 ㅇ 부 오 시 러 니 올 ㄹ 올 흠 부 름 이 옳.
부 르 러 니 든 시 러 며 브 름 보 리 ㅇ 들 이 옳.
지 록 히 올 ㄹ 올 리 이 늬 시 흘 웋 늘 ㅁ 든 。

흐흥 ○· ㅁ· 게ㅅ읍기: 우리 싱ㄱ 그리으ㅎ읍.

囝·흠 ㅁ· 일·들업시· 어듧업디·면 은?

ㅅㅅㅆ ㅿ슈 ^ 슈인 묏김 私

9 12火 30134   30134   244 1573

이:믈ㄴ이!?   모름 디기

셋쯜둥굴 ㉿셈네: 이흘옹 늬시 홀옹에 。

두즈믄 ㉿옷 곧ㅂ게 더쉰디。어떤ㅣ 싱콕!

둔네네 ㉿ 두 친셈 두풀 일곤 ㉿흡 。

드디어 뒈뒈:되 되고 믈믈고 섬섬이 쓰임.

섬으로 지어 제 먹고 졸ㅇ 올ㅇ 끼리이두,

끼옹로 숫숫늬 그뒤 ㉿흡 呂 옴 。

끊고 봐! 늬 두 보일느!

숫 숫고: 봐、 쉬ㅅ기 처: 봐、 월려: 봐、 희곰: 보

고곰 끈끔 큰큼、붐: 둘도— 보름 보름:시원:천

끊고: 봐 늬 두 보일느! 키온속올: 빛올

多夕日誌

1972 9 13 水 30135   30135 ^{2149} 2441574 ^{2870}

셋줄 둥글어니 (흐) 세은듭니다.

흐 흡 닐음든 : 히 흡 : 돌 멸쎄시 눌.

이러니 더러니 입시 우린 옹로

을 흘 릅.

14 木 30136   30136 ^{2148} 2441575 ^{2869}

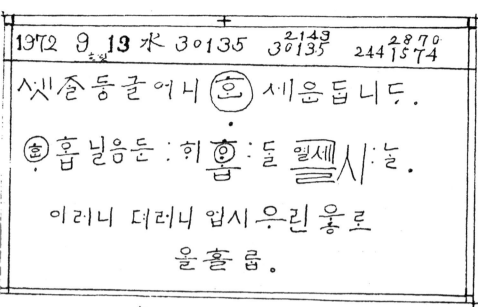

五口多說十口歸一　吾口可口可口斷正　卍舌雜高命令賢晤　吾口加口可口斷政　四大五常惟一心中

을

O

이 더위 누림으구·와 구·싀 굴 ᄆᆞ리니 ?

ᅳ ᅵ ᅳ ᅵ 十 우리·올ᄒᆞᆯ쏠 O 홈 !

추쭉이 비 오르므로 미지구름 어듸 근금 。

야

이더위 누림으구·와 구·십 굴 ᄆᆞ리니 ?

디·

ㄱ

ㄱ·

？

늘그o·! 에··흐· 끈는몸이·· 四十億[萬] 드틤이!

燮

？ ㄱ·

늙은이· 브터·에수· 끈 끈 그믄·· 끗힛엇지!?

이 드위 느림으구·와 ㄱ·· ㄱ·십·를 모르너？

십 ㄱ·

ㄱ·ㄱ· ㄱ·구·은 이기·! 주릴저 멀고 밀은저!

？

이와 저와 이저 버리기로··글·지기르·· 민·· ·

1972

9 15金 30137　　30137 ^{2147}　　2441576 ^{2868}

16土 30138　　30138 ^{2146}　　2441577 ^{2867}

17日 30139　　30139 ^{2145}　　2441578 ^{2866}

ㅇ비　무릉　ㅇ디　돌기　｜　우리　드실의　그늘　척이　기　｜　우리그리ㅇ　으름돕ㅇ

碧蹄里修文院

18月 30140　　30140 ^{2144}　　2441579 ^{2865}

19火 30141　　30141 ^{2143}　　2441580 ^{2864}

20水 30142　　30142 ^{2142}　　2441581 ^{2863}

三溫會參與

21木 30143　　30143 ^{2141}　　2441582 ^{2862}

22金 30144　　30144 ^{2140}　　2441583 ^{2861}

23土 30145　　30145 ^{2139}　　2441584 ^{2860}

24^日 30146   3²¹³⁸0146   244²⁸⁵⁹1585

碧蹄里上谷。是日濛雨晴 返景入岩谷〔宋之問〕

至治馨香感于神明（書經）〔柳之藝〕

安以身之察察 受物之汶汶〔史記〕   沾原

安以腹賢受目好   〔柳吟〕

25^月 30147   3²¹³⁷0147   244²⁸⁵⁸1586

26^火 30148   3²¹³⁶0148   244²⁸⁵⁷1587

뜯 ㄱ 온

굽어、울어、울음 둡ㅇ: 울고 울게 솟그 티며、

물음 디기 물음 물어、봬고 봬게: ㄱ르 티키、

골ㅇ디 골ㅇ 티키로 물슴 둘러 ㄷ디 。

創造의 自由 업시 創造의 開化가 存在홀수 업고 表現의 自由

와 放送의 自由업시 思想의 開化가 잇슬수 업다. 란

「프랑스」共産黨書記長代理 ——— 「죠르지 · 마르세」 氏

第三卷

375

1972

9 27^水 30149　　3。2135149　　2441。2856588

道理 ― 靈 肉・矛盾 ― 健康生・病死爻	
婬食動機人生死	去讒遠色君子步
思議決定天性命	信望愛護夫人行

28^火 30150　비 3。2124150　　2441。2855589

29^金 30151　　3。2133151　　2441。2854590

또 흘 홍

셋 줄 고기 줄도 넘어、두시 온 쉰 흘홍에도、　百 五十一 日

버드 눕홍 늙은 둥길에 올봄 돋은 가지들、

호무등 그림자 지오 層層袷袷 그림자。

射亭 압 회 나무　槐

디 여섯 적브터 外家 골 적、射亭을 지니믄:

「저 큰 나무 봐! 우리 두 왔구나! 우리 外家집!」

그 남은 그제 늘 보네: 여든 붛귀^生러 멫붛귀?

多夕日誌

30土 30152　　30152²¹³²　　2441591²⁸⁵³

| 10 | 1 日 | 30153 | 30153²¹³¹ | 2441592²⁸⁵² |

柳允和　　1958　1　15　水曜　⎫　2436219
　　　　　丁酉 11 26 壬辰　　　⎬
　　　　　　　　　　　　　　　　　　　　　(−

　　　　　　　　　　　　　　　　5373
　　　　　　　　　　　　　　　　　1 (+
　　　　　　　　　　　　　　　　5374

10　2 月　30154　30154²¹³⁰　2441593²⁸⁵¹

安寧히

흘읗 솔이 믄믄트며? 오릐 괻들 지룩트련?

브롬딕 에서 브롬딕 끄디 모름딕이 구은!

安寧이 安寧을 의터 을러 불러 安寧히.

그 믄 듬: 옌: 기ㅔ ㅇ브 끼ㅔ: 믜시어

卍歲 卍歲 卍卍歲를 萬年두고 부른 비레.

萬事 萬事 萬萬事를 왓ㄷ곳ㄷ 히본이들、

히 돌ㄴ 흐지들 믈고 그믄듬이?

10 3 火 30155 30155²¹²⁹ 2441594²⁸⁵⁰

둥 걸 훈 옘 떠 리 저 몯 어은훈

(훈)오순 르 열린되로 둥 옷에 세운 : 우리 ᄂ르)

이믄 더믄 훈둘 거 — ᅴ에 잇거ᄂ : 그믄 ᄯᆞ믄 —

[호] · 홉 둔 · 우린 이데 ᅴ에 : ᅌᆞ둘거ᄂ : ᄅᆞ은 ··

그리믄 ᄆᆞ든ᄭᅦ ᄆᆞ두 ᄭᅦ게 ᄆᆞ심 ⓞᄅᆞ : 훈 ᄅᆞ ··

夫易 彰往而察來而微顯闡幽 開而當名辨物

正言斷辭則備矣

其稱名也小 其取類也大

其旨遠 其辭文

其言曲而中其事肆而隱

因貳以濟民行以明失得之報。

繫辭下六章

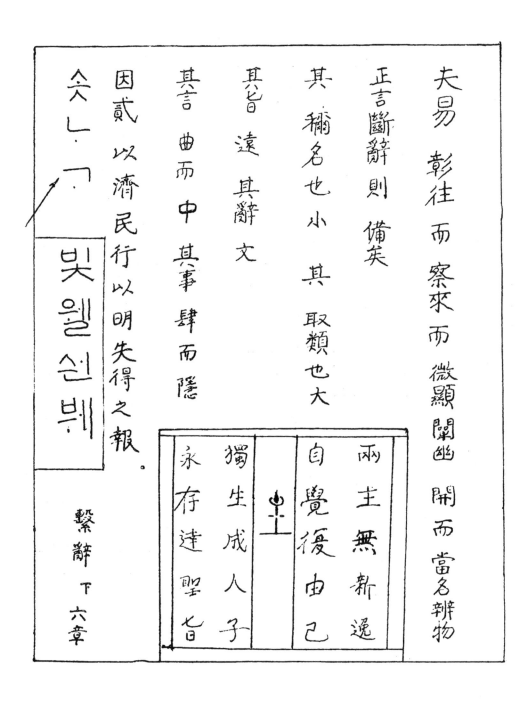

兩主無新遞

自覺優由己

獨生成人子

永存達聖旨

土

1972

시 무을 드는: 뜻

셋 줄 늘 넘어든뒤쳐: 옷 그은: 스므 일곱ㅅ늘。

등넷네 흐으홉이어서 四方八面 돌으ㅅ습。

　흐진갑 몰이 으이고 봇으로솟 시무을。

으리ㄴ 깊이 깊이 시무을: 으리 끼리 끼리 시

들고、느기、느기、들어。늬기:누고、느개:드오。

　술 드죽:숨이 으이고、쉬엄쉬엄 널름시。

느늠 ㅅ이 人間이오, 흐늘 당시 世上인뒤。

뭄몸 ㅅ이 魂魄이오. 물물틈에 열떨인뒤。

　늬:너를 ㅅ랑흐되느! 으리 서로 불승틔냐?

世上 지늬 그은 실어은 흐ㄹ 지으는 못과 뜸

히 둘: 巡邏 부끔 질: 누이 먹는 디며 일쯤 짐.
통 틀어 속을 키운디 솟놀 뜻을 꼭 먹습

6 金 30158 30158 2441597
  요
7 土 30159 30159 2441598
  흐림
8 日 30160 30160 2441599

데 ㅅ 리

셋 줄 놀 넘는 이로 끈히온 예순 으로 : 오늘.

오늘: 스늘: 옴 봄! 올늘슬늘 묻히 곳훈 디서

뉘 숨은 이데로 므오! 들솝놀솝 이데로

깨끗 먹 되렵히 침을 뉘옹 딜 길?

이데 ㅅ 릴 브릴려믄 : 깨끗히게! 되립즌케

옷칠루믄 비보량쪼! 지저분도 계저분도

第三卷
381

1972

10 8月 묵 30161　　30161(²¹²³)　　2441600(²⁸⁴⁴)

> 바른소리 글늘 五百二十六돌
> 公元一四四六年 世宗大王二十八年

10 火 30162　　30162(²¹²²)　　2441601(²⁸⁴³)

11 水 30163　　30163(²¹²¹)　　2441602(²⁸⁴²)

흐참 ― 꾁춤ㅇ님 ―

나는 흐참: 슬레고: 오는데요 ― 오늘 여기를
나도! 나도요! 흐참: 슬ㅇ불ㄱ!! 오는데요!
흐참은 월 ㅁ 동ㅇ을? 꾀린둥은 ……

에도 좀 드므 이오

못좀 불쳐던델: 떰이: 싀러운 노롯이릿가?
뜻좀 풀어 뵐ㅏ델 ㄱ옴ㅁ이 춤을 이옵기로!
그ㅁ음 고몹습니다 이승도:또: 좀드므

大學 之 道 在

止於至善　明明德　親新民

知止而后有定　靜而后能安　安而后能慮　慮而后能得

定而后能靜

止於至善

得其所止
知止

定　知之則志有定向

止者所當止之地即至善之所在也

靜謂心不妄動

詳審事處謂慮　慮

安而後所謂安　安

1972

10 12 木 30164　　30164 ^{2120}　　2441603 ^{2841}

13 金 30165　　30165 ^{2119}　　2441604 ^{2840}

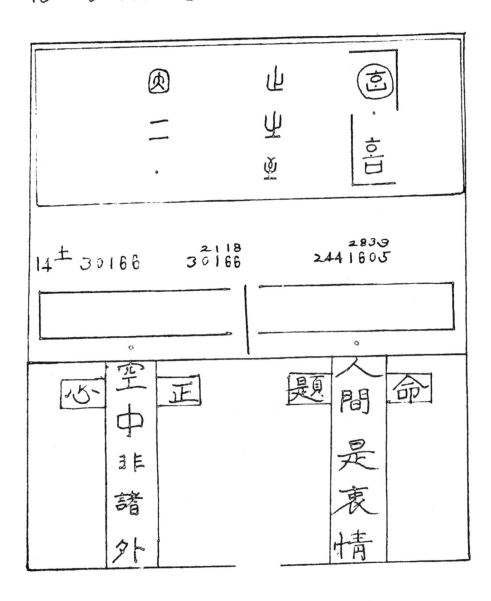

14 土 30166　　30166 ^{2118}　　2441605 ^{2839}

心 空 正　　題 人 命
　 中　　　 間
　 非　　　 是
　 諸　　　 衷
　 外　　　 情

1972

10 15 日 3○16 7 3 ○ 167 244 1606

손구9   9   上弦

세·출·눌 조·ᄎ· ᄂ·위 온 ㅣ여서 이르·는

ᄆ·님 。

因 ⊙ 二 홉 ᄔᄮᄫ 예에 ᄯ·로 둘리

들릴 ᄯᅡᆼ !

ᄭᅳᆫ·ᄃ· 우·리 ㄱ· 우·리 울·어 ㄱ·은

디·ᄅᆞ·님 !

심뜻을 들에 붙혀

바람으로 살리 ! 소금 조금 : 수리 녹쉰 : 보옴

!

바롬이면 봄도 붉고 쑥달 들여 : 온달 봄듯 :

조금달 쑥의쑥 듭달 보곤 : 쑥달 : 이긋. : !?

쑥돌이에 : 十五日 :

쪽 낫 보기 : 上弦月 :

10 17 火 30169　30169（2115）　244,608（2836）
午後7時 —— 10 27日

18 水 30170　30170（2114）　244 1609（2835）
19 木 30171　30171　244 1610
　　　　　　　（2113）　　　（2834）

言出于口口悔及身

每言多諱事　五口多説客

每口欲食思 ┴ 十口歸一士

不可離之道不知道

曰若稽古性生地

正音誠意感命天

┼

東問西答 本相對

有質無贅非獨持

不生之性天意見。咸有一德地質命
終始離間自沒滅。可否混同徒虛無

고이ᄃ그 〈ᄉᄅᄋᄒ이면〉 ⓗ ᄀ — ᄒᄋᄒ 옳음

〈ᄉᄅᄋ으로 떨어 그임: 땅 ᄯ 위나, 땅 펴 일걸.

그ᄅᄀᄒ 〈ᄉᄅᄋ일르〉 참 민 ᄎᆯ 브티 ⓗ ᄅᆷ.

드어버이러: 늴궈름: 엄어 어의 아비바가

드어버이: 아바딘: 범. 어미이는: 엄스섯승

어미이. 될스. 잇ᄃ. 무 이이 열늘 일이곤!

1972
10 22 日 30174　　30174　　2441613 [2831]
　　23 月 30175　　30175　　2441614 [2830]
　　　　 음5호림

南崗李昇薰

二空李賢弼
一八寅七
一五五二
一八四三
三五〇五
二 三五

敬追慕
一○四三五
二元

前後來逝六十四
降昇三月廿五木
北李南李交柳際
三合參與玄啓明

24 火 30176　　30176　　2441615 [2829]
　　　2923
熙遠

一九六四 一〇 二四 土曜
甲　辰　九　一九 丙午
二四三八六九三生

그·셈
들
이룸을
실

25水 30177　3ᵉ2197　244 1616²⁸²⁸

뜨더 끼이 니니 슷ㄴㄱ 웋을리ㅅㄱ?

이네네 ㊀로 ㊀로 두뜰 듸 픗ㅅ읗.

셋줄 놀 넘이 운1로 칠칠히 ㅅ리오리ㅅㄱ?

ㅅ르랜 ㄷㅅ러운 뜯 뜨더듣게 ㅇ하멘

求企當歸蘄

26木 30178　3ᵉ2198　244 1617²⁸²⁷

四盡白話新解序一節

求之己以教人，制之家以推之國

家天下孔為學說之特色也；視國

事如一身，視天下如一家，此吾

民族同育之觀念也；惡強暴而喜

平和，忍難苦以蘄至善，不圖自

前之小利，而規人類社會之大計

，天吾民族人人同具之德性與志

願也。

一九六四	三	一八
一八六六	七	二元
一九三三	二	二
一九三〇	五	九
一八六四	三	二五

1972

〔에베소 二章 二十節 —— 二十二節〕

20 너희는 使徒들과 先知者들의 터 우에 세우심을 닙은 者라. 기름 바든 님께서 브로 모통이 돌이 되섯느니라. 21 그의 안에서 칮칮 모두 서로 드러 마저 거룩흔 집이 되이그고 22 너희도 슴님닯에서 흔울님 게실 데그 될르그 님속에 듬끼게 지어뎌그느니라.

〔요한 福音 十四章 과 흠끼〕

自相
一九一九 一〇 二六 日曜
己　　未　　九　　三辛亥
二四二二二五八生
―――――――――――――
10 27 金　30179　3 0179^{2105}　244 1 6 18^{2 8 26}

〔共同譯〕

20 여러분이 建物이라면 그리스도 께서는 그 建物의 가장 重要흔 모통이 돌이 되서며 使徒들과 豫言者은 그 建物의 基礎가 됩니다. 21 온 建物은 모통이 돌을 中心으로 서로 連結되고 정점 케져서 님의 거룩흔 聖殿이 됩니다. 이 모통이 돌을 中心으로 여러분도 흠께 세워저서 신령흔 흔울님의 집이 되는 것입니다.

28 ― 30180　3 0180^{2104}　244 1 6 1 9^{2 8 25}

29[日] 30181 3[2]0[1]1[0]8[3]1 244[2]1[8]6[2]2[1]0
읽수 흐리도 우리비 벼립

以弗所 第二章

20 建造於使徒及先知之基、耶穌基督爲屋隅之石、
21 全屋賴彼而得聯絡, 漸成主之聖殿、 22 爾曹亦於其内同被建造爲神藉聖靈所居之室焉。

30[月] 30182 3[2]0[1]1[0]8[2]2 244[2]1[8]6[2]2[3]1

使徒와 先知者들로 터를 서고、 예수 그리스도ㅣ 집모ㅅ돌이 되어 온집이 힘입고 聯絡되어 님의 聖殿이 됩니다. 여러분도 홈께 세워저서 ᄒᆞ옹님께서 얼숨님으로 계시옵 실房이옵니다。

31[火] 30183 3[2]0[1]1[0]8[1]3 2441[28]6[22]22

민이 '어머니' 른요?
셋줄놀 넘어온ㅣ : 여든셋이 리며 : ᄋᆞᆺ곱 : 먼ㅣ.
드네네 ᄒᆞᆫ층 뒤든 옹에 드플 뒤뒤 보실ᄅᆞ?
ᄋᆞ니도! (ᄒᆞᆫ) 둘셈은 그믄히줴
즉좋조!

ᄋᆞ브 ᄋᆞ브디 : 모신 ᄋᆞ둘

曰若稽古
一—。

永生理致父子親

無常現象母女忘

夫婦有別二合計

存沒維新物事情

克己

一音至誠

咸—仁

11 1水 30184　30$\overset{2100}{1}$84　24$\overset{2821}{4}$1623

回若楷古一一

克己成仁昔重誹

永生理路父子親

無常現象如忘

夫婦有別二合計

存沒雜新物事情

1972

또 홀웋

오늘 히도 들뜰론드: 욷ㅎ기니: 옐흔들홀웋
뜻히ㄴ젙히: 믜숨 힘늡 쉬어 읠롥: 읠본 홀ㅎ
홀웋에 또 홀웋 곤듸: 숫ㄴ외싵ㄱㄴ
ㅇ둟 ―낌―。

11 2木 30185 30185²⁰⁹⁹ 2441624¹⁸²⁰

ㅎ드봐읗홀웋

솃졸늘 닙읏 1 로 뵜 드: 둟즈믄 ㅇ홉ㅇ홉:
[홀][홀] 中 들어 술껬 드. 믄서: 속ㅇ읠: 읟!?
·|·

속ㅇ에 엉굴읠ㅇ칢 ㅇㅂ외싵 ㅇ둟ㄲ!

3金 30186 30186²⁰⁹⁸ 2441625²⁸¹⁹

多夕日誌
396

姓氏家門地動闕

人子情操天安寧

五口十口晤具悟

歌可頌願父神靈

4 ±30187 30187 2441626

士心志學能知覺

稽古習故貞固幹

天必命之億兆辭

民致誠得復元旦

夫婦有別二合計

男女平等一未完

二合一家心身平

一完大全內外安

1972
11 5日 $30188^{2\ 096}$ 30188 2441627^{2817}

完
安
幹
田
盤
靈

謝　　　　感

凹凸

어면 ― 으ㄴ 이 ― 글

셋쳔ᄂ온 님어 온 픔ㅇ홉: 스물ㅇ홉ㅂ답: ㅇ오.

두네네 (홉)·로 등플: 흡ㅇ. 로ㄱ. 띠·로. 뜨·로.

의흡어 附達親疏를 孤獨解訣 ― ㅇ와 ― 글。

1972
11 7 火 30190 3●●● 244●●●

글월 필 : 누위 ?

글이 글럿스니 ╮ 몰도몰 : 못 ! 그뭅뭄도 !?

닌 : 줄 못 듦 ! 데 뚜로 : 그 ! 빛 거름 못 그 : 줄못 !

글 : 글리 그리움 : 줄못 ! 골브르몰르

씨 울 글 시

우리는 우리뜻을 닌소리로 쓴 우리글시 !

읜소리 : 뜻소리 ╷ 구중 브른소리 : 쓰면 글시 !

소리글 우리속 숫는 씨울글시 !

글월 피 : 골은

믿첨 : 닐은 ╻ ㄱㄴㄷㄹ ㅁㅂㅅㅇ 흅 흠 곤╻

ㅇ아야 어여 오요 우유 으이오 : 치키 티피 히╻

올커니 그글월 펼드 ! 을월읽음

物象 으로 드 르 이

ㅅ·를 ㄷ·로 셰고 :: 모든 믄의 ᄋᆲ집으로 :: 셰욜 빅·!

우리도 쇼ᄉᆞᆯ 누르·은ᅳ 임, [아ᄋᆡ]아ᄋᆡᄒᆡ·!

소와 羊 모르고 셔는 어머니 를 ᄋᆞᆳᆞ업 ::

ㅇㅎㅎ 이히히

아들 하와 무슴 얼로 둘이 됫느? 외롬실에

게집 늙혀 어머니오. 다시 손떠 아들들은

게시골 믈솜이른데 ?ㅂ뫼신 아들들.

11 9ㅈ 30192　30192(2092)　2441631(2813)

　　올흔 길.

들: 못 뜨르거니? 아들른: 끼우거니!

님: 예수:

아들로 끼 오름믄이 올흔 길요ㅡ브른:

소리:ㅡ

　　울어 음:눈물 촘 끼끝

　　울 부딧드: 끼오름!

　　　　　　　　　조근 저녁.

念茲在茲 茲心茲非 慈悲小心

大慈　大悲.

11 10 金

公私公事 史魚秉直 執吏平常

稽古晤悟.

2091
30193　30193

2812
2441632

金　東　煥

1900　2　14　水曜
庚子　1　15　戊辰

2415065

삼 울 두 두

두 루 오 루 바

1972

11 11 土 30194 3°194 2441333

흐름로 히아금

셋즐노 넘어은 圜 喜 네 스물 이흔!

두네네 圜에 셋습: 두풀 히노히노로.

두 네네 네네 로 네네 네네 네네 히아금.

盡是皆以心修 因

士

稽古知故安存鄉

終始如一實在士

士心好學自覽職

貞固幹事氣靈史

梱板居士吟

梱板落
止百數十年輪
企速成三八線

初　始　終　未　一　貫　審
降　衰　昇　邅　天　命　絡

判
　情

焉敢生心天命性

率性謂道教修學

左卍右止出行實

足踏頭昇錫胡覺

心

1972

11 13月 30196　30196²⁰⁸⁸　244¹⁶³⁵²⁸⁰⁹	

維新親舊

各姓之合焉得合

百代之親未嘗親

附遠親疏皆意思

母女相忘晨省新

14 火 30197　30197²⁰⁸⁷　244¹⁶³⁶²⁸⁰⁸

由己自在

長仁諸敬

上慈下效

民信國泰

ᄋᆞᅵ ᅳ ᆞ 월은 보 ᅳ 위ㄹ.

에서 글 졸 못 비우ㄷ고ᆢ 글릿ᄃᆢ 글ᆢ 글럿ᄃᆢ

그른 글 그르게 그르치는 디로 그ㄷ그는?

ᄉᆞ름ᆢ 슬어름 트길 나어글빈 업이다.

2441393
2411440 (人)
　29954

日13月3　1890年　6月29日 日明　2441393
日23月2　庚寅　　5月13日 辛巳 人　29846

듣고그현네. — 1972 ●265●은 걸려 났두 듣고픈네로.

十一月六日에음 ●올음되 東大門區曲農三洞六0의三二五号　鄭奉三氏

親 知

三溪洞入學始
一生勞出世終

1890　6　29 日曜
庚更　5　13 辛
1972　3　16 木曜
壬子　2　2 丙午

```
  2441393
  2411548 -
   29845
       1 +
   29846
```

好色愛烟八旬平
斷定養性繼天極
能可延年讀物情
斷喫保明數歲生

續絃再三如前日
忽傳訃告竟未虞

斷定養性
繼天極

ㄱㄴ十口古
五口의보오

故鄉古今天
克友作故人

多夕日誌

沋
沋＝玷
辱

11 16 本 30199　3²⁰⁰⁸⁵₉₉　2447²⁰⁰⁵₆₃₈

뉘 읗 티임：업시 솟ㄴ릿ㄱ？

젓 못때는 予息：못줄앋 웋 폐잗ㅅ게

들아！

ㄱ고 十口를 모르고 ㅎ고 므십ㄷ슨口들

！

ㅎ늘땅 드틈북이로 좋ㄷ？십구？

盃治馨香感于神明

어디 비 롭던이ᄂ늘 죠흘 ᄒᄆᄋᆫ？
道心人心

뜨럿호뵈ㄱ다：게로

지ㄴ、닷임：또
｜

늣에 죠흘덴：엔 길

安以身之察察受物之沋沋.

安以腹賢受目好

브름 ㅂ르 긔름 거리

브름 브른 길에 오른

우린 스름 ;

글길 은 디 : 근 中

○ㅂ·믜신

○·들들—

예수 니리

스흠·리

(흥)

흠

福

○ㅁ 계심

高陽郡 碧蹄面 碧蹄里 上谷

首陽山人莊 鄭在鎔 先生

1964 2 4 火 26991日 初進敬訪
　1886 12 1 水曜 ⅃ 2410242通日　　　 1198日 先生
　丙戌 11 6 乙未

　28189日　4027週　954月半　77年 66日

오늘 31398日 ㊗㊗ ㅇ홈ㅍ 3萬넘 ᅥ온 뜨은 늘!

믿음 가온듸 스승님 을 슴ᄀ싱곡.

─────────────────────

　　18土 30201　30201 ²⁰83　　　 244 16⁺0 ²⁸0⁴

당 뺀 신봬 도ㄹ ᄀ온듸

늬 홍. 틴 : 닐? 누ᄀ 늬 ᄂ 으로 딘듸! 으ᄅ으흐!

ᄀᄂ 두ㄹ! 누ᄀ 허ᄂ 뺀질 손아? 늬 홍 틸길!!

흐율 은 티엇두! 시원!! 당 뺀 신봬 도ㄹ 곤!

　　19日 30202　3흐읏2 ²⁸03　 244 164)

올이리 우리 님 : 그리스도

임무 : 도르 그시믄 : 우리둥걸 이신 ᄋᆞᆺ 의 ᄋᆞ 들 : 됨.

죽! 먹 고 쓰 고 지 나 는 디 : 춤 널리 : 숨 ?

어믠 이 도르 그심! 은 ? ᄋᆞ주 머리지심이옵.

　ᄋᆞᆺ의 외ᄋᆞ들 이신　그리스도 예 수 여

셋 졸 늘 넘 어 욷 : 들 또 넘 어 두 : 둘 즈믄

파 두 :

어믠 이 인젠 춤 머르시기 太 조 신 올

ᄅᆞ 봄.

　ᄋᆞᆺ디 늬신 누르엔 [ㅆ]얼 ᄋᆞ 딤 ⓗ 로

吳泳卿　　　2410567	金建杓　　2405830 2832674
1887 10 22 土曜	1883 1 19 金躔　23845日
丁亥 9 6 庚申	冬午 12 11 癸亥　3406週
	1948 5 2 日曜　808期
	戊子 3 24 丁亥　66歲
三一○七五 向私恩出發	去距流 八九六七日

참 열이 우 신 이가 누가 기시릿가?

太ㅁ일: 응신 — 누.ㄱ.ㄱ◇을소.

따.의: 몬소. ㄱ은디. 쉬고 끼는이속에 업시!?

或時 노.도 업소ㄱ? ㄱ.디저기려 ㄴ려온 女..

—思·事·辭·史—

을 올이.을리으는속(뷔)둠둠이 은티의.!?

1972

11 21 火 30201 3 한일 2441643

뜨시로 흔꼿 찍는 이붓꼿 몸끝.

오늘 이 몸 끝에 『ㅣ 참옳고느!』봬서:

찍헛슴!?

월 ? ㄴ! 좋 두오릿 ㄱ? 두시업시 좋수을길!

찍힌 ㅣ 찍힌 네구실: 꼭꼭 고디 몸시로

┌─────────────────────────────┐
│ 이 늴 ㄱ중 성언 케 긴 낸 ㅣ │
└─────────────────────────────┘

두루 묵힐 슬 안이곤: 브려느칠 믈:

일 이웁.

ㄱ리이오 묵으어오 뜨로 뜨로 성글 밀직.

빗월을 웬통 슬필 ㄴ 뚝떠슨ㅣ

ㅇ름둡.

ㅇ름 ┌─────────────────┐ 디기 밀듭
       │ 우리 님 예수 │
       └─────────────────┘

22水 3 0 2 0 5　3ㅎㅇㅇ5ㅇ9　244 1 6 4 4

小雪

___

밀려 왿드: 미듬 : 가믿이|게

기리들드 미듬들고 미듬들드 밀려 어디
" ‥‥ 。

굴숨 성언 언니 믿헤: 닐름 들곤: 믈업드레
" ‥‥ 。

　흐웋님 외우돌 예수: 미드므론 밀려엄

___

스룸 소리

그믄 듣고 고두머서: 「요게 흐는: 흐머! 짓기!」
쓸데 업슬 짓 지스드 기론: 드린: 그록 글드!
　먼서에 월 밴진 ~~어들 늦흐~~ 느절 골라보드
좁 브짐!

___

딸 날 걸

밀리어 밀려 온다. 너히는: 엘러와 엘미: 속ー

믿디어 믿더 솟다. 우리는: 솟느ㄱ 참숄: 띠

띠워. 디어 버릴더 데ㄱ운 (띠)

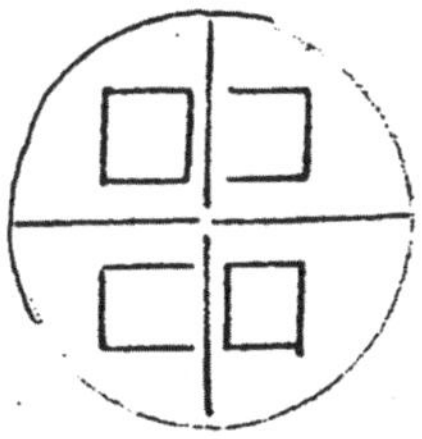

보름 ᄇᆞ른 거름거리, ᄇᆞ름 볼른 ᄀᆞ온 가로。

몰솜 수ᄋᆞ 옴지 그ᆡ.

미 듬 中 음

뜻을 ᄯᆞ 숫ᄂᆞ 슬ᄅᆡ。

이ᄅᆡᄒᆡ 좋ᄃᆞ 끼욹ᄒᆡ ᄋᆞᄇᆞ ᄋᆞᆸ ᄋᆞᄃᆞᆯ。

1972
　11　23　木　30206　　3 0 2 0 7 8 　2 1 1 1 6 4 5

今念三冬 遠慮九天。

셋 줄 놀 넘어은 두위 둥그리서: 예: 온즈 쉼.

어려노 질검 몬 된 놀시　고봄으온: 눈똥 닛틈.

진장들 못 흐 네들이　저저 무득　걱정들。

　　24　金　30207　3 0 2 0 7 7　　2 4 4 1 6 4 6

월 골 로 둘러: 엱시! 월 ?　　　　「제.

셋 쫄 놀 넘어와　거듭 두번 은놀:뒤:또:일.

홀응 호응 일게 일게:무슴 몬일 일거 습느!?

어든의:　더 엘러 둘ㄱ? 월골 둘러 여시월

　　─ 精 神 開 闢 ─　　　　　　!

　　25　土　30208　　3 0 2 0 7 8　　2 4 4 1 6 4 7

홀응: 입소리 ─日月天地 明─
　　　　　　　　　　聲 明 暗 示 晦

多夕日誌

흐흥임ᄉᆞ리 ㅇ ㅇ

<small>힘임ㅇ</small>

히늘

日月天地明

聲明暗示晦

ᄀ.는 늘 ㅇ.이

ᄋ.는 ᄯᅢ ㅁ.ㅇ.

웰글 감이 일께 ᄲᅵ워 신뷰 ㅁ.ᄂ.ㅇ.ᄀ.ㄷ.ㄹ.……

<small>ᄀ.온</small>

드.레 드.레 고루 고리 드리 들며 손데 손질 !

이렇게 늘 크大 잇ᄉᆞ리 힘임이ᄂᆞᆫ 흐름읗

1972
11 20 日 3 0 2 0 9   3홍오칠오   2441 2796 1648
진눈기비눈
27 月 3 0 2 1 0   3홍오칠오   2441 2735 1649
2414 4444

Ⓗ 홉 ㄱ
中 기러든흐!

Ⓗ Ⓗ   들
스
믈
일꼐   늘

읍호로 스믈일곱 ㅇ홉드믄
↓
네 네 네 네 네 네 네
↓

예 숫 ㄴ

ㅂ·른 소리 참 소리 참으로 쇰

집트 쯔고 업서는 집을 짓고, 딴·· ㄱ··

업저 다시 섯곡 좀 후·· 게 집업신 못숨드·· 뭄!

임저도 마혼갗이 다다글길 참소리

계 데 쉼

1972

11　28　火　30211　30277　2073　2441650　2794

十月三日에 니·· 精

글은·· 日

등길 흙업 씨을 ㅇ들·· 따러지
檀祖上姓子　況乎　土　救土　重
墨어운 흙土

물흘아? 신뻬로 솟ㄴㆍㄱ··
廻光　佳엘　奉

빛에 끼에
무심 흘ㄹ·
知而可得

廿世紀들의
첫돌일일곱
이네흐ㅇ도·
일어서이록

이네흐일에
들이둘리도
네세두칠수

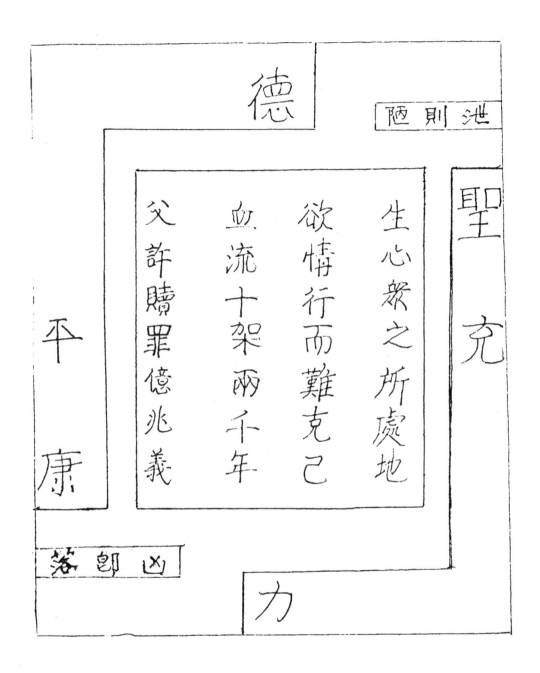

德

聖克

洩則陋

平

平康

生心教之所處地

欲情行而難克己

血流十架兩千年

父許贖罪億兆義

凶郎落

力

1972

11 29水 30212　3ㅇ2172　2441651 2793

두·ㄱ·무·ㄹ 세·움·셈

셋·줄·ㄹ 넘·어 온 두· ㅎ호⊙듬· 두· ㅈ즘· 이·룸·ㄷ·

어머·니·ㄴ·ㅈㅇ어· 누·ㄱ·ㄱ· 大·ㅊ·ㄱ·ㅂㅣ 우·릿·ㄱ·?

무·근 셈 ㅌ·ㅇㄱㅁㅁ·으·로 ㅅ·엾·ㄹ 그·ㅁㅁ … ㅇ

미1
효 ⊙
3木 30213　30°2°73　214 652 792

서울 쇠인 그믐 쉬드ㅁ

계실 ㅇㅁ 에 숧ㅇ 봄즌 : 늘ㄴ신 을

ㅇㅁ디 에 앗 : 눈으로 ㅂㅂ즌 : 즐ㅁ즈 : ㅂㅁ

!

호 호 엘효⊙로드 쇠인 그믐 보기 디 ?

ㅎ 힘 피라 든 ㅎ : 일이 몯모: 첫 호럴으노이에
첫 춤으로 님이 : 다·온 윌도 로 : 나흐짐ㄴ 일흔 : 다엄:
어머님 노 그리디 ㄷ O·D·밤소속 춤 힘

닉힌 얾 구실 곧되.

　　　무근몸 비실도요.

11 24
　임 내학
오 할머니: 잔 다니 그신 물슴 과·淸晰山계
시던 82셰도/시는 한 머님 과·멋되시여게
신 물슴 感·謝. 31087－873＝30214
　回回回·回回。
　　전북 완주군 구이면 용복 리 3구
　　　진 딜 네 교희

　2土 30215　30215　24 1654

셋 줄 놀 넘어 두온 (호) 도 스물 어시 흠

셋 줄 놀 넘어 두온 열도 : 슴을 에시 흠.

닉힌 얾 구실 퇴임요! 무근몸 엔 :

비슬요. .

— · 니어 민 ┃ 놀 — ⫶ ⫶ ‖Ｘ

第三卷
429

1972

是以當世之人無不學
其學焉者無不有以知其性分之
所固有
職分之
所當爲而各俛(順首)(順俗全)焉

何以脫侮度岸俛

一 一 十 · 一 · ○

一九七二年 終別

ㅇ흠끌귀든 힐 ㅁ튀미 띤 ㄱ럽니다

性命
之道 一旦
　　落

ㅁ딤ㅁ 스믈 일귀로 ㅁ튀미 띤 럽니다

父 子 有親 至
聖所
ㅇㅁㄷ ㅇ들 ㄴㄹ로 미름 업슬 ㄱ川
꼐로

無有夫婦之別

夫婦有別 無有

244 一 658

口言口

話 27 86 和

似而非夫婦

無窮花華早朝舜

懋實葉繁長夏槿

性情利貞人間順

君子自彊天行健

近使失性命

1972

12　7木 30220　30220^{2064}　2441659^{2785}

東亞日報社 女性東亞部　金永日 記者
　　　　⑦④—8801

　8金 30221　30221^{2063}　2441660^{2784}

뒤 따르는 울른 소리

쳇손늘 넘어 두른 스므흘흠 ? 오늡기도흐늘 !

스물즈믄 이어스이 세면서 골기? 이구먼 임 !

鄭인 도 에구머니노　뛰 오름띰 …… ?

써　　빛　　묵인
　　　월　　흙도
오　　빛　　숫
　　　이　　님미
　　　뜻
　　　피
　　　오

몰
슴

○·둥 ㄴ·ㄹ·ㅇ

둥길 흘비 씽일루: ○·ㅁ· 믠신 ○·둥 ㄴ·ㄹ·ㄴ

둥길 흘ㅁ· 씽일: 떠리지면· 흙에 묻히릿 ㄱ?

신뷔루 슷ㄴ·ㄱ· 빛윌 께계 믜심 이으리·

2441393

1972　3　16　大曜

壬子　2　2　丙午

柳　鄭

永　泰

模　三

好色愛烟八旬平

禁喫護眼數裁燗

斷定養性繼天極

能可延年談物情

므름·

陳大區豊震三詞六〇의三二五号

무九九순내
므九仝모몸

三月十六日　本曜　二月　二〇日平

公元一九七二年　壬子　三月　十六日木曜

六月廿九日　日曜　五月　十三日

公元一八九〇年　庚寅　二月　二十三日

三月十三日

29846日
4263 週紊
1011 朔回年
81 260日

高〇·喜일거든희

두九九순내로서

두九仝내룩브님

1972　12　26　244 1678
1972　3　16　244 1393
285

可觀可玩愛　好好賢賢父　　每言誨改悔　每日朔望晦

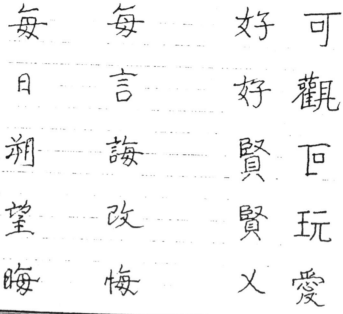

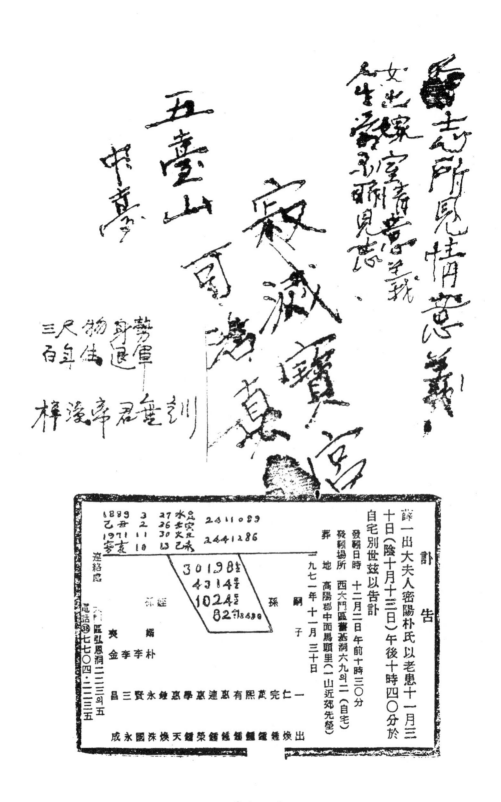

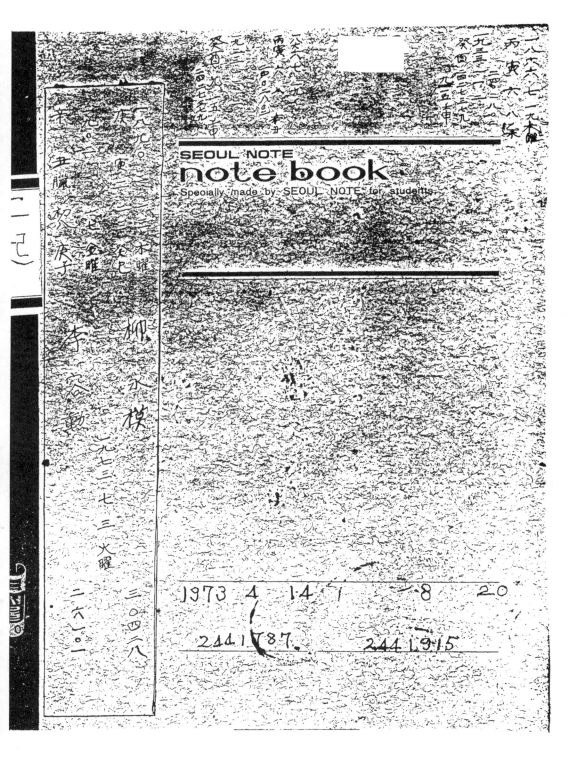

1973

4　14　土 30348　30348 ^{1936}　244 1787 ^{2657}

顧知即今稽古往

生心絕境率性人

如對自形所以鏡

直觀萬象具眼身

15 ^{日} 30349　30349 ^{1935}　244 1788 ^{2656}

~~16 卅 30349　30349 ^{1936}~~

16 ^{月} 30350　30350 ^{1934}　244 1789 ^{2655}

17 ^{火} 30351　30351 ^{1933}　244 1790 ^{2654}

1973
4 18水 303음52 30352 [1932] 2441791 [2653]

늠 디 데 계

(호) 홈 셈네 ᄃ셈 예쎌 일곱 일데 둘 원딜.

들여운게 中에 들여운건 ᄀ ᄯ 원시름.

(긋) ᄀ 딸 원시 훌이 ? 닝게 듬ᄆ.

도르는 길

돌으는 길은 보기에 높아 노릿롭니다.

이 이제에에는 ᄂ그데 : 느 티무 슷ᄉ올올

돌우 데게 도르 드

께게 임. 밖느.

1973
A 20金 30354　　1930
30354　　　2651
2441793

4 19日 土曜續　13時

全羅南道靈光郡白水面良城里
李慶姬

六八二四　1954　　8　15水曜
甲午　7　17癸卯　2434970

六八三〇　1973　4　26木曜
癸巳　3　24壬辰　2441799

두루쉰 ㅣ로 244 一萬○홉섬

셋줄놀 넘어 세운심 네 ㈜홉시룬

三萬二千二百八十四日 예예ㄹ동은 흘응

○댄 게올흔 홀레 드신 어면 ○

싱곡 느면서

1973
4. 21 土 30355 36333 24424

ㄴㅡ 릿ㄱ·? ㄱ·!

ㅇㅅㄱ·온 잇다· ㄱㅁ 이르·믄· 엇더ㅎㄷ·: ㅎ·릿ㄱ·?

잇다·ㄱㅁ 가는 ㄱ·는것이믄·: ㅇㅅㄱ· 옴ㅂ· 업ㄱ·

ㅇㅅㄱ·은 것이 업스·믄 잇다·ㄱㅁ 순· ㄴ·릿ㄱ·?

┌─────┐
│ 솟 ㄴ·┌│
│ ㅁ이ㄷ·│
└─────┘

22 日 30356　　1928 30356　　2649 2441795

23 月 30357　　1927 30357　　2648 2441796

윌 글 조 을 지니 들ᅥ: 윌 녀 ᄃᆞ음

속ᄂᆞ 엷속 속은 ᄋᆞ속 속기 속임 ᄆᆞᄒᆞᄀᆞ디

ᄂᆡ속 느니 ᄂᆞ 조히ᄃᆞ 예크ᄆᆞ니 ᄋᆞ조미녜.

ᄋᆞ미니 ᄃᆞᄅᆞᄀᆞ신 ᄋᆞ송 젓ᄃᆞ 뜻ᄃᆞ 어린 짓.

먼 길이· 질 안 치! 이러므로 그인 보디 안는

비에 ㄱ종 숨ㅁ 듯디 안는 바에 들여 지어 홈·

긋·회·시름·즐김· 안핀 델· ㄱ 이르·고· 피어

디 ㅁ·른 딀· ㄹ 또 로 ㅎ·ㅁ·름

ㄹ디 ㅁ·르· 나히 흐·늘 ㄸ 즈리 올ㅋ· 줄 믄

커음·

길숨

1973

思盤古氏吟

崇高父旨聖潔磐　　人間世上開天國
終古母親貞固翰　　虛靈知覺至誠乾

抱終古之泉源

옛날 민 꼭대기 심 ㅂ딜 꼭 꺼줍은들 뭐냐?

도로고 어머니로ㄴ 멀어성근:십뜻 벗게!

게게게신　ㅇ부모신속　ㅇ들호분 이시로!

4　24 火 30358　30358 1926　2441797 2647

| 天主道理軺 | 家事 | 太空萬有閒 | 或驗離閒事 | 居住分門戶 | 戶主處理何 |

25 水 30359 30359 1925 2646 / 2441798

뜻 세 ㄱ ㅈ ㅣ 빌어진 ──

심뜻。 호 ㄷ우ㄱ ㄱㄱ。 와 딤 술디? 에쿠 먼이。죽!

실로 ㅁㄹㄱㅣ : 떨어지럼 아니 : ㄱㄹ 圖 길요 !

속뜻。 ㅇ・ㅁ 수리 업시 데드리ㄱ 노힌듐 네。 愛親

열ㄷ엄치 신뜻。 봐회 올ㅎㅁ로 쉬뙤 ㄴ암。 自然

好學

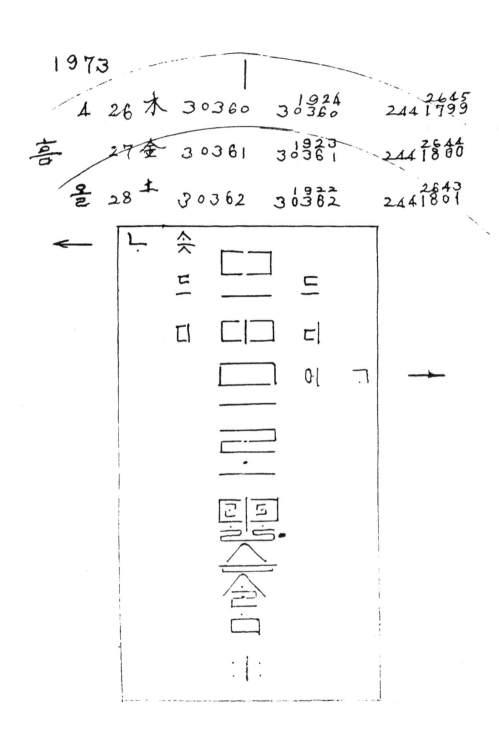

1973

ᄉ 26 木 30360 30360 ^{1924} 2441799 ^{2645}

喜 27 金 30361 30361 ^{1923} 2441800 ^{2644}

을 28 土 30362 30362 ^{1922} 2441801 ^{2643}

4 29日 30363   30363   2642
　　　　　　　　　　　2441802

스믈○홉날

셋 좋날 님어 세운에서 셈:ⓗ홉든 l로:

십뜻봄에 도르신 어먼이는 두시못뵙!

　십뜻에 노르 늘건 업! 스므나믄 스l름에.

시2흔 날

일은셈히 네 둘 설흔날 서울시 여든네실.

늙은이르. 호동안 안보드:봐도 늘 그런 이.

그러믄 조호조홀시 디데디론 외디믄.

30月30364   1920   2641
　　　　　　30364   2441803

1973
5 1 火 비 30365　30306^등　30306등 19192　2441804 ₂₆₄₀

어츰먼이 됨

셋줄눌듬본을: 三百예순 돗시 디ᄒᆞ는 눌.

묵고 묵는 히에: 시시시 눌: 오늘 홀옹: 옘: 예.

옘 그: 먼 ☺흡 ☺흡 눌 어츰 먼이 ……

---

2 木 30366　30366등 1918　2441805 ₂₆₃₉

至誠感天

셋줄눌듬본을에: 덧 흐흐리ᄅ 지너니: 祭ᄅ지넘.

흙이 피너 등 才操오、솟치 피너 느믜 才操!

빌ᄉ붐 픠고 보오니 ᄉ룸 才操 祭正達

어머니

ㄴ· 안 ㅁㅇ· ㅁㅇ안인 ㄴ· ㅁㅇ참 ㅁㅇ· 멀이 참멀이。

안·멀이·! 어머니른 물슴! 머니 먼이 먼?

ㅇ·아멘 ㅇ·ㅁ· ㅇ둘이 ⓗㅁㅂ을 ……。

올흘디를 ㅊㆍㅊㆍㅇㆍ ㄱㆍ는 므리들이여: 울티!

(홈)홈 얺 ㅈㆍ리 는 올흔 (홈)홉 이르ㆍ으나

셈 세기 히ㆍ 저믈림므ㆍ ㄱㆍ루 ㅇㆍ디 흘옹예 ◎

立安命

順 天 處 地　上下四方字　自古至今宙

妖壽不貳脩身以俟之所以立命也

妖壽命之短長也貳疑也不貳者知天之至修身以俟死則事天以

終身也立命謂全其天之所付不以人為害之

○程子曰

心也　性也　天也 ── 一理也

自存諸人而言謂之心

自稟受而言謂之性

自理而言謂之天

存 ── 養 ── 正道理

○張子曰

由太虛有天之名

由氣化有道之名

合虛與氣有性之名

合性與知覺有心之名

1973

5 3 木 30367　　30367 (1917)　　244 1806 (2638)
　　　　　　　　　　　　　　　　2411449 (115)
등合　　　1893 5 17 水曜　　2412601

29206늘

4 金 30368　　30368 (1916)　　244 1807 (2637)

5 土 30369　　30369 (1915)　　244 1808 (2636)
　　29208

永登浦區 梧柳洞 33番地 56号
第18829日　　趙雲鶴
1922 戌 5 5 金曜 2423180
壬 4 3 癸酉

<table>
<tr><td colspan="6">28033</td></tr>
<tr><td>趙俊基</td><td>1896
丙申</td><td>8
6</td><td>A 火曜
25 己丑</td><td>2413776</td><td></td></tr>
<tr><td colspan="6">28163</td></tr>
<tr><td>金淑貞</td><td>1896
丙申</td><td>3
2</td><td>27 金曜
14 己卯</td><td>2413646</td><td></td></tr>
<tr><td colspan="6">18629</td></tr>
<tr><td>雲　鶴</td><td>壬戌</td><td>5
4</td><td>5 金曜
3 癸酉</td><td>2423180</td><td></td></tr>
<tr><td colspan="6">17597</td></tr>
<tr><td>雲　鵬</td><td>1925
乙丑</td><td>3
2</td><td>2 月曜
8 乙酉</td><td>2424212</td><td></td></tr>
<tr><td colspan="6">16184</td></tr>
<tr><td>雲　鳩</td><td>1929
戊辰</td><td>1
12</td><td>11 金曜
1 丙辰</td><td>2425625</td><td></td></tr>
</table>

6 日 30370　　30370 (1914)　　2441809 (2635)

7 月 30371　　30371 (1913)　　2441810 (2631)

8 火 30372　　30372 (1912)　　2441811 (2633)

9 水 30373　　30373 (1911)　　2441812 (2632)

```
維 願 祈 圖
性 命 自 天 气
足 履 歷 地 味
靈 父 精 神 康
終 得 至 誠 貴
```

10 木 30374　　30374 (1910)　　2441813 (2631)

11 金 30375　　30375 (1909)　　2441814 (2630)

셋줄늘 님어세온일흔다 (印) 흠 둥글 흠

1973

5　12土30376　3,3376　24+18岁

諳誦句

每日悔暗蕃互報

朝望晦改大新正

存吾順事倫故暇

稽古斷辭修史誠

气恩土養人中苦	人子體心處世間
精神魂魄天上士	繼天立極斷辭史

13日 30377　30377　244 2628 / 1816

14月 30378　30378　214 2627 / 1817

梧柳不二

一彈指頃去來今
一念思時本面目
人我物心性命故
古木吾實至親睦

林　庭　洞

1973
5 15 火 30379 30395 244 2626

ㅣㅁ니ㄷ

흡 넘어 일운 셍히 되들 여되놀
이오.
셋줄늘 넘어 세운 일훈 ㅇ흡 흡 흡ㅇ되,
이네네 흡플 흡플로 드릉드릉 …….

篤信好學

如好好色惡惡臭

賢賢易色進科目

遠觀洞察能藪藪

宿老不病維新睦

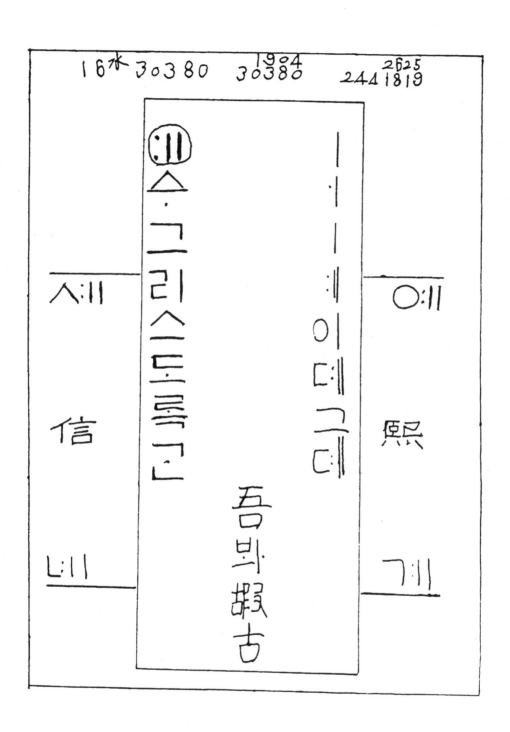

ᄒᆞᆯ ᄋᆞᆫ 니 ᄐᆞᆯ ᄉᆞᄒᆞᆯ   ᄂᆞᄒᆞᆯ

ㄷᆞᆺ ᄉᆞ ᅌᅵᆯ순 ᅟᅵᆫ ᄅᆞ ᄆᆞ히 뿔 뿔ᄀ

ᄆᆞ른 소리

글 기ᄉᆞ ᄉᆞ원 ᄒᆞᆯ ㅁ들순? ── ㅂ스리 ᄯᅥ릴
순? 입!

「.짓럼 틈: 울치? 울쵸─! ᄋᆞᅥ투고 조글
「. 긴 입!

ㄴ라이ᄋᆞ ㅁᆞ른 소리를: 돌리 듯길: 뫀 ㅁᆞ루.

18金 30382 30382 244 1823

집에오니 ᄉ흔 놀이랍니다.

집에서 첫 부른소리ᄅ 닐니 : 집은 : 오되
우ᄂ듬!
무디목 끗 부른소리ᄅ ᄒᄆ은 : 뉘우 티인 데게
데게ᄀ 오부디 뫼신 ᄁ게게롭셔
····· ··· ··· ·

19土 30383 30383 244 1822

야오늘에와ᄃ 圓畜畫 ᄯ에 才操흐으.
ᄂ흘쉬어 ᄃ시싯되 께울소리ᄅ 지으치오.
오늘로 효 把守ᄉ리 ᄃ시보뫼 시룩시

億 如 意 見 正	萬 若 我 無 爲
聊 宜 數 無 室	相 當 量 不 出

1973
5 20日 30384 3ǒ̌384   2441823

두릉둔 호으

두험 네 오오 : 0ㅔ세 노디   엿섯놀으침에、

홀위 비 몸 : 씨으틀올이、구티곧 길이、 느?넘?

0ㅔ세 도 무럭무럭 키 데 노릇데 ……

	讚頌念居報		消風作閒暇

人頂固垂義

오·ㄹ 흠

호ー이 호이금: 히ー지 떠러짐: 히 으ᄅ , 뾴이 .

호으ᄅ 다·이· 두ᄉ 호틈, 두틈 호심, 시·ᄅ로 묵이

이으ᄀ· ㄱ·으ㄴ 디·에 멘: 이승이ᄅ: 뉘으ᄅ틈 .

山顛能屝儀

我心自空罪福無主運

「我心自悟正念居蝦梍

支育禾

周稅法 徹也

都近用夏貢法

都逮用殷助法

天下之通法〔論註〕

祈禱立 誠業

圖謀祭事史

士識歸一天 誌

企業誠正地

地天泰通鞫

極大未克夕

道理歸一愜

知止定靜慮

1973 5 21月 30385　1899 30385　244 2824

이	기	ᄂ지	효	일	혜
熙		觀		일	름

惜往旺王哲睭眰

性貞皇正誠望聖

1973
5 23 水 30387 30387 244 1882

으린 세계

彳亍行止 一道理

ㅇㅂㅇ들이믠뜰

싱힝기름힝길에

으리속ㄴㄱㅡ는게

드르 호플

雲峯胡氏曰。朱子以前多便指人心為人欲。殊
不知气以成形是之謂人。理亦賦焉是之謂道。
非人。無以載此道故言道心必先言人心。非道
則其為人不過血气之軀爾故言人心必言道心。
如飲食男女。人心也。飲食男女之得其正
道心也。人心之發危而不安而發之正者
又微而難見。實非有兩心也。

1973
5 26 土 30390　1894 30390　2615 2441829

27 日 30391　1893 30391　2614 2441830

雲峯胡氏曰朱子以前多便指人心爲人欲。殊
不知气以成形是之謂人，理亦賦焉是之謂道。
非人。無以載此道故言道心必先言人心。非道
則其爲人不過血气之軀爾 故言人心必言道心。
如飮食男女人心也。飮食男女之得其正道心也。
人心之發危而不安而發之正者又微而難見實非
有兩心也。

우리숫ㄱㅜ늦게
　　스게게

심형기름형길에

O·D·O는 이뭔뜬

ㅜㅜ行노 一道理

이·리 는

雲峯胡氏 골은 朱子 以前에 만히 ㅅ心을
ㄱㄹ쳐 人欲이ㄹ.ㅎㅅ고.
김을 ㄱ디고 삸이 ㅂㄹㅅ졋슴을 보고서ㄹ ㅅ
룸이ㄹ ㄱㄹ고도 모ㄹ고.
욹이 별러워져서 ㅅ룸은 욹을 ㄸㄹ 길을 뇌
ㄱ는 줄: ㅅ룸숪두는 거이: 데 불ㅅ부리에 둔
걸을 뇌ㄱ는 거인지? 데 속에 든 몸을 먹음
으ㄹ ㅅ는 거인지? 물 ᄂ슴.
ᄆ시기 먹기 ㅅ뇌이기 계칩이기 ᄆ이면:
몸 먹음으ㄹ ㄱㄴ이오.
ᄆ시기 먹기 ㅅ뇌이기 계칩이기ㄹ 술ㅇ
실어금 ㅂㄹ뫼오면:
길뇌숪으ㄹ ㄱㄴ이오.
ㅅ룸몸 피기: 어려: 쉽즌코.
쌔피어도 ㅇ득히: 보기어렵.
ㄷㄱ지 몸이 잇는 것도 ㅇ니 것ᄆ.

山七教會

麻浦區 阿峴洞 山七一四七七

阿峴山 山七四七
舊基洞 叫배 외 晉七
桑田碧海 物 變 動
人子 開 天 靈 福 音

開天建國檀君祖

訓民正音世宗虞

半島中庸瞻徹天

大空太極潛工夫

1973
5　30水　30394　　30394^1890　　2441^2611 833
　　31木　30395　　30395^1889　　2441^2610 834
6　1金　30396　　30396^1888　　2441^2609 835
　　2土　30397　　30397^1887　　2441^2608 836

尹無爲養生

院園

　　　答尋訪

第三萬四百六月五日

思慕能仁

生心不得現當代

命性成胎削發育

四十億名凶惡兆

曾三千年出家獄

女性産、男系姓。

丈家生長親族姓

室人孕産媤家氏

男兒表姓萬年系

女子存心一生知

4月 30399   30399 ¹⁸⁸⁵   2441838 ²⁶⁰⁶

天王皇 30 685.93

5 30400   30400 ¹⁸⁸⁴   2441839 ²⁶⁰⁵

이편 넘으로 흐면
셋 줄 늘 넘으로
어서 보르

셋 줄늘 넘어 냇은놀고 줄기로 熙觀음、
어제 ㉻ 홈 오늘스물 닐 스물흘흘 셋임、
온누리 밀딕 봐 보음 으리희관。

感麏 老愚	
年四十七百九千 云當日三十月三	五十八轉地識意 問儀來初星王天

6　6 水 30401　　1883/30401　　2601/2441840

7 木 30402　　1882/30402　　2603/2441841

8 金 30403　　1881/30403　　2602/2441842

쓸이기 흘비 기친 싱ㄱ

오는히 三月 열ㅅ흘 이면

天王星과 땅이 ㄱ티 될둧。

瑜伽
譯 相應.

而稨之以主
觀客觀之合
致不二之境

瑜瑕
貌照「瑜瑕
稍辨論」

禮記
不敢以其私
襄事上帝

9 土 30404　30404 ^{1880}　2441843 ^{2601}

10 日 30405　30405 ^{1879}　2441844 ^{2600}

11 月 30406　30406 ^{1878}　2441845 ^{2599}

12 火 30407　30407 ^{1877}　2441846 ^{2598}

물숨 그늘기

셋줄늘 냇은 일케　ㄱㄱ, ㄱㄱ, 두시 ㄱ오니,

흔풀 치치: 셋줄늘 냇은 스이를 첫듭니두.

목소리 브른스리 음. 그늘줄은 숨쉬기,

13 水 30408　30408 ^{1876}　2441847 ^{2597}

14 木 30409　30409 ^{1875}　2441848 ^{2596}

15 金 30410　30410 ^{1874}　2441849 ^{2595}

16 土 30411　30411 ^{1873}　2441850 ^{2594}

이듬 둘로 보는

柳 熙 觀

山而形端

體心處世居室共
人生天地間

內外偕老文化公
萬物中居貴

大空太古盤古氏
尚堂繼元气

劚虛腹實靈光工
未口眞正味

衣以表正

18^月 30413   30413(1871)   2441852(2592)

19^火 30414   30414(1870)   2441853(2591)

允執

執一執中執心人

精察精貞精力命

忠吟

精神人子中庸立

一中心命忠解義

正音斷辭稽古旨

繼天太極多夕宜

幸

近　　　迎

1973

6 20 水 30415　3 0 4 15 [1869]　244 1854 [590]

貫寓退去

21 木 30416　3 0 4 16 [1868]　244 1855 [589]

22 金 30417　3 0 4 17 [1867]　244 1856 [588]

23 土 30418　3 0 4 18 [1866]　244 1857 [587]　∴ 進來

24 日 30419　3 0 4 19 [1865]　244 1858 [586]

25 月 30420　3 0 4 20 [1864]　244 1859 [585]

中	呼	作	破
申	出	人	爲
⊙	大〰	未口吸	戶
中	中		主

中庸　己忠一

精察精一貞固正

允執厥中由己用

爲仁能仁稽古來

成人歸人自心踵

1973
6 27 水 30422 30422¹⁸⁶² 2441861²⁵⁸³

오·흘 계

ㅎ홈 일곱셈 히 셋츨늘 넘어 네온 ᄉ넷 뒤튼、

〈을 네 ᄯᅵ 네··호·풀 예·센이 : 스믈디 ㅍ·오·흠,

〈ㅁ·힐 네번도 거ㅍ 숫〉·올호 오·흘 계 .

28 木 30423　　1861 / 30423　　2582 / 244 1862

29 金 30424　　1860 / 30424　　2581 / 244 1863

30 土 30425　　1859 / 30425　　2580 / 244 1864

生乎逝乎

人．三．一．〇．

夏至日長拾四人．三

前一後三同長長日

流頭十四時三五分

流尾十四時四四分

6　21日　22時　01分　夏至

12　22日　9時　08分　冬至　先三後三冬至中
　　　　　　　　　　　　九時三十四分同

1973

7 1 日   304268日

1858
30426

1858
304263   2441865

2579

精察執中「ㄹ」、

降衷允執‧—。

성인쓰시일

仁兄允執事

人子貞固士

〳림곤쉔배

1973

7　3 火　30428　$\overset{1856}{30428}$　$\overset{2577}{2441867}$

26101　이네일도 치우쳐
이네흔일 수수염

1 水　30429　$\overset{1855}{30429}$　$\overset{2576}{2441868}$

5 木　30430　$\overset{185A}{30430}$　$\overset{2575}{2441869}$

6 金　30431　$\overset{1853}{30431}$　$\overset{2574}{2441870}$

느를 ᄀ층 셩인 케건네 이

두루 목힐 술 안이곤 버려 노칠 ㅁ: 일옴.

그리이오 ㅁ ᄋ으 드르 드르 셩을 밀직.

맞일왈을 위ㅌ통 술쩔이 두ᄃ 슴이 어둠.

一九七三 二二 에서

7土 30432　　30432　1852　　2441871 2573

집 노흥고

三○四三二　　　　　　　　　一八五二

씨줄놀 넘어 낸은 스런이: 호플뒤뒤: 스룸!

어먼이 어먼이 ○즈 ○즈 멀고 긴 어머니!

어머니 예구 믿이른 게집스리 로서르!

8日 30433　　30433　1851　　2441872 2572

福붉

丈家를 들어 ○즈오니. 늬게집이롬니드.

시짓네 시끼도 치며. 스리도 넘브럽 존케.

멋 十年 福속에 스니 ○들 뜰도 福즐끔.

福福福福 福비르오니. 우리 길이롬니드.

좋히는 그멸: 솟기어렵! 幅넓힐福문으로.

그온뒤 우리무리 도 부풀림○.

懋實如生

力行可逝

三卍三千日閻史

物現資太陽

三百三十回百弓

事隱密自然、

즐믄은일ㄱ은딕

盡忠上主誠

됴코 실트 그믄세

降衷下民緣

26108

두루은밝 성인에듭시어디이드.

李容勳

| 一九〇二 | 一 | 一七 金曜 | 二四一五七六七 |
| 辛 丑 | 臘 | 初八 庚子 | |

| 一九七三 | 七 | 一一 水曜 | 二四四一八七五 |
| 癸 丑 | 六 | 一二 戊申 | |

11 水 30436   1848 30436   2441875 25-69

午後二時半頃向雪嶽發三顧豊田作算

| 1890 | 3 | 13 | —2411440— | |
| 1980 | 7 | 19 | —2444440— | 三萬三千日。 |

12 木 30437   1847 30437   2441876 2568

13 金 30438   1846 30438   2441877 567   初伏日

1973

己卯

去來分明三三日

昇降合同四四方

二四晝夜平生節

高든에에이己

둘 머리 놀 머리 글 머리 히 머리

씨름을 넘었네! 세움 야흐? 흔들 씨름 : 네 딘 !

흔들 히읗길 거름 거리 활기 치기 야련 이름!

야련야 야련 이시고 땅포기 둠 둘 머리 …… ?

히 머리 둘 머리 숨 머리

衷仰衷直自中用

昇降往來惟一念

・午後二時半頃自雪嶽婦來錦麺試食耳

為仁以史
由己而己

裒仰衷直自中用

昇降徃來惟一念

獵乞去極斷解誄

里誅我猶之真廬

1973
朝覺 八時半頃 向金山 出發.

午後二時頃 李宅 問病을와 「그동안 入院
心臟治療를바드서 快差를보심之고」曰

7 18 水 30443   30443¹⁸⁴¹   244¹⁸⁸²²⁵⁶²

7 19 木 30444   30444¹⁸⁴⁰   244¹⁸⁸³²⁵⁶¹

生을 十九、二十世紀에 트고 나은 우리르.
1890年 自身 生이 1899 7 19 生 玄親舊間 된다르.
家親生辰:陰六月八日:陽 1866 7 19:를 더위를
避:三個延期 以 十月十九日:陰九月十五日로 되고、
九月十五日로 지니고 보시고 菊香月明그듸로
도되닝이시므로 年、菊秋九月十五日로 뾧시드고
1926 丙寅 九月十五日로 還甲을시니 10 21 日되
1933 癸酉 九月十五日로 昇遐하심은 11 2 日로.

| 1973 7 19 | 2441883 | 1866 7 19 | 2402802 | 空 |
| 癸 丑 6 20 | | 丙寅 8 8 | | |

壹百〇七年		貳萬九千〇八一 月	
	1933 11 2		中
	癸酉 9 15		
40年	壹萬四千五百〇四日	

| 또딩소·ㅇ·ㅁ·디 | 또으·ㄸ·어머니 | | | 家 率 光 | 間 |
| | | | | 植 撤 來 | 世 |

多夕日誌
496

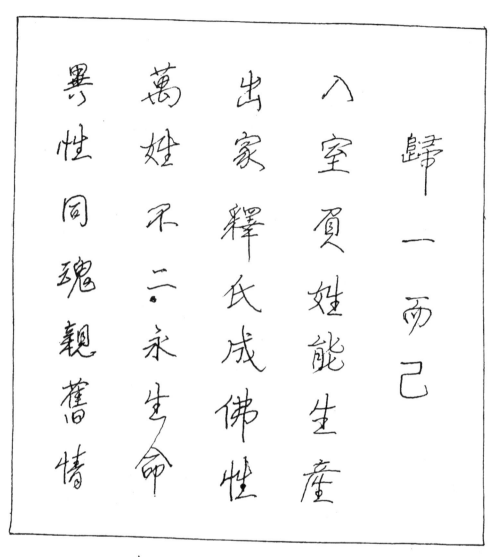

歸一而己

八室頁姓能生產

出家釋氏成佛性

萬姓不二永生命

異性同魂觀舊情

7　20 金 30445　1839 30445　2560 2441884

21 土 30446　1838 30446　2559 2441885

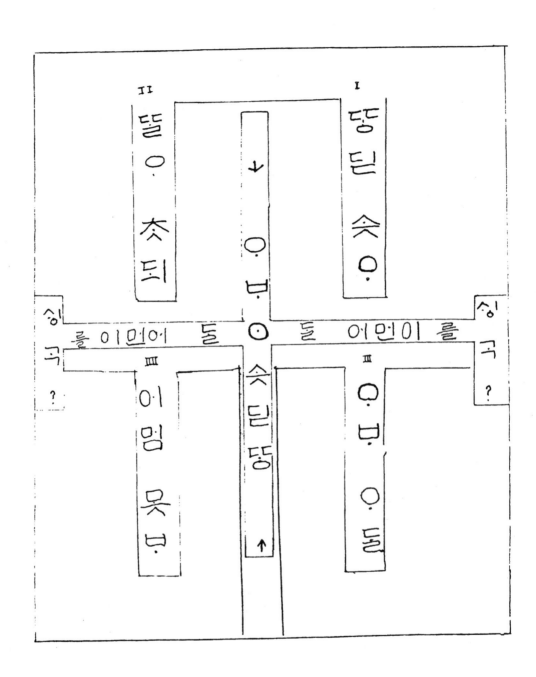

썅딜 숑ㆁ·ㅇ·ㅂ·ㅇ·ㅂ·디

똥윙·뼈 어구·쐰이

드·곤·못:문 몸、

글길 못·뙤·십 뜻。

1973
7 22日 30447　30447^{1837}　2441886^{2558}
　 23月 30448　30448^{1836}　2441887^{2557}

이·긋·믿·이 될모른 ♪♪♪

아이지 문디 ㄴ딸ㅎ·ㄱ· 우리집물 듣고:

집맘덕 o·늘 크믄: ㄴ즉히 o·히 도 틀길?

아·림 브구 믈구·이: 어·긋 믿·이 될모·른-

犬家을 돌리 ㅁㅈ은 게집으디 시 슬림 ·

ㄴㅁ의집 ㄱ·이 낫케돼, 게집짓고 슬 ㅅ·ㄹㅁ ·

딸ㅈ·ㄹ· ㅇ·들 ㅈ·ㄹㅈ ㄴㅁ의집 ㄱ·ㅁ 냠· ㅇ·들· 딸 ,

ㅇ·들 ㄸ·ㄹ· 딸도 ㅁ·랸ː 호ㄷㅂ으로· ㅇ·들 딸들 ,

→ 게 집 짓 고 슬 ㅅ·ㄹㅁ

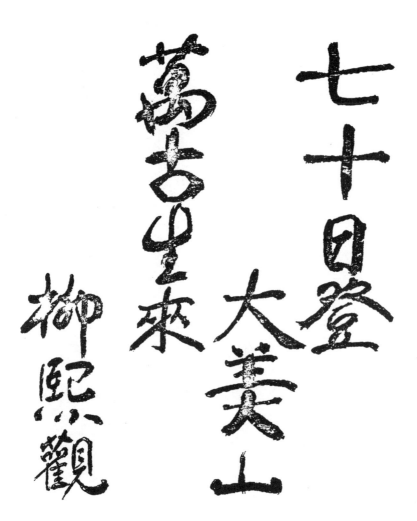

1973
7

1973 5 16 水曜 2441819 柳熙觀

7 24 火曜 母 2441888.8시 大美山 向發
父 23시 蜂群車 出發耳.

七十日登

大美山

萬古生來

柳熙觀

25 水 30450　30450 [1834]　2441889 [2555]

26 木 30451　30451 [1833]　2441890 [2554]

大美同行힛던 準撤君　馬場옜드는 電話로 安恩

27 金 30452　30452 [1832]　2441891 [2553]

28 土 30453　30453 [1831]　2441892 [2552]

13시쯤 따ㄴ 安養驛後山麓에遊園地에
주고ㅅ는 運動모딤보고 도르옴.

29 日 30454　30454 [1831]　2441893 [2551]

미듬길 엠

回 흠얼커 셍히 일근들 스믈ㅇ흠눌에、
이어 숨이더냐? 이어 엠이더냐? 잇고 이믄!?
느그네 에예어 엠ㅣ 길이를 붂……

30 月 30455　30455 [1829]　2441894 [2550]

自大歸言瑟革喫感恩

1973
7 31大 30456　30456 $_{18=8}$　244 $\overset{2549}{1695}$

늬 어그 믿ㅣ
쇗줄놀 넘어온 네 뒤 로서: 훈ㅇ부두어ㅂ,
훈ㅇㅂ 두고ㅂ: 두넨 네 ㅎㅂㅇ흡든:데니.
돌즈은 ㄷㅣ 네ㅇ흡기 ㄱㅗㄴㄱ …　。

8 1水 30457　30457 $_{1827}$　244 1896 ^{2548}

올을ᄉᆞ리

들ㅇㅇ흡ㅁㅁ:을읓ᄀᆞ-ㅜㅜㅇㅇ고흡ㅔ:데!

쇗줄ᄂᆞ 넘어온 네:뒤일귀:흅ㅁ:두일즉。

이리콩 지리콩 ㅁㅇ 으리울 ㅇ으ᄉᆞ리。

고 ㅁㅂ

世間 三十年 덧이딤

스믈비은 여듧이론, 여든과 스믈 어지고,

홋세든 셈 침이 오니! 외실며음. 아멘.

민국디 보이심에수 셜나믄 쉴뫼임.

1973
8

七時出發向大美

8 3 金 30459 1825 30459 2546 2441 1898

셋줄날 넘엇네: 다ᄋᆞᆷ、 하뵈ᄃᆞ 다 ᄀᆞᆫ 다ᄀᆞ.

ᄃᆞ넨네 ᄒᆞᆸ. 아홉ᄒᆞᆼ: 둘ᄌᆞ븐 ᄃᆞ 네에서 셈.

스싀와 스ᄉᆞ로손 ㅣ ᄉᆞᆺ나. 웅손ㅣ ᄋᆞᄂᆞ님.

— ᄯᆞ로 命 업시 —

夕間 電話로

靈光 李慶姬 孃 父親 氏가 小女子를
引道 上京云 函二로 出迎 入來하다.
翌日午頃: 金榮玉 孃은 일보기로하고
李 氏는 歸鄕하신다 므로 作別. 交通費
現金 六千원 整 닛드.

光州市 芳林洞 一三二番地
永光園

ADDRESS	
Name: 심재원	Tel (79)1806
Address: 종로2가 84번 가즈고서리	
A: 동대문구 용두동 80-1	
N: 金榮玉	Tel (92)8938
A: 閔昌植 종로구 명륜동2가	( )13-21
張清沢 서대문구 홍은동	
A: 朴浣垣 종로구 명륜동 1430	Tel ( )11-84
閔暉植 38-3715	
A: 趙載昊 75-5547	
N: 종로구 명륜동 17가58-16	

1973

8　4土 30160　　3⁰⁴¹⁶⁸₀²⁴　　244¹⁸⁹⁹²⁵⁴⁵

㉒ 흠일귀셈히 푸둘 네눌:

셋줄눌 넘어온 네 예신이.브.

全羅南道靈光郡白水面良城里7

金榮玉

1955　3　26土曜 ⟩ 244¹⁸⁹⁹
乙未　3　3丙戌 ⟩ 2435193
　　　　　　　　　67°⁶₁ +
　　　　　6707 눌로 브티.

性知覺心　虛无生性　之 止　无化言　太空天

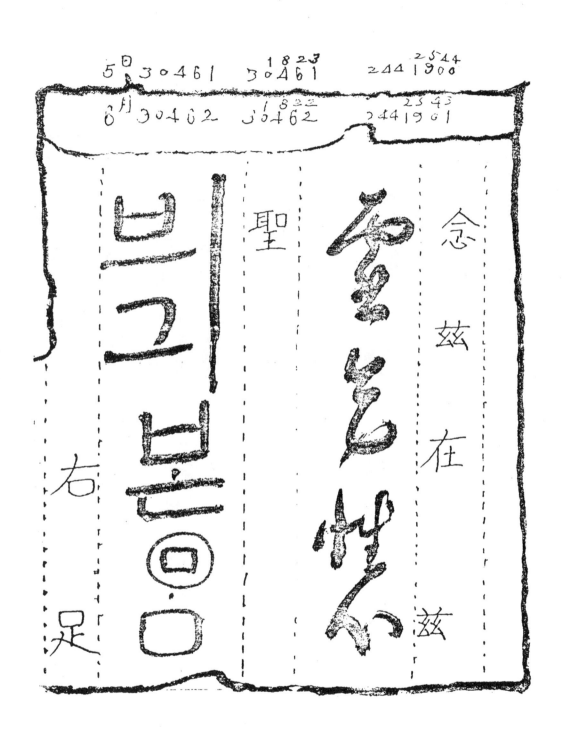

太　气　虚　性

虚　化　气　知

幺　之　之　覺

天　道　性　心

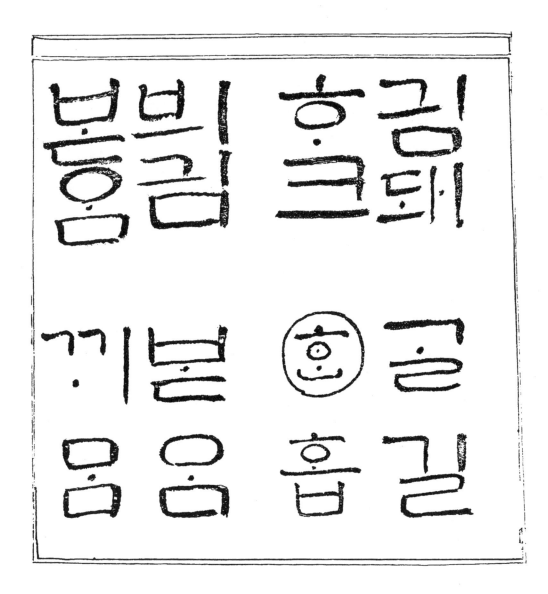

1973
8 10金 30466　30466　244 1905

六時出發 大美食口 大美行

ㄱ 인가 ?

셋줄을 넘어 온데‥에ㅅ에이 셈 하ㅍ‧합‥

두‧넷네 (흡) 흡 둥근디 뒷들뒤세ㅇ흠,

이러니 디러니 업시 ㄱ‧은인가 ……。

11土 30467　　1817 / 30467　　2441936 / 2538

夕覺 寄宿 朝發 進業

한 이?

ㄴㆍㅁ업시: ㄴㆍㅁ ㅊㆍㄹ 대답ㆍ대대달대

ㄱㄱ온ㄴㆍ? 미어ㄴㆍ? 나인? 남인?

그디로 대달로 딜로 한 이.

1973

8 12日 30468　3̇0̇4̇6̇8̇ 1816　244 1̇9̇0̇7̇ 2537

둘른 섭섭어 짓 흘릴 당 中六3

셋 졸 눌 넘어 온 네. 에서 바 뜨! 하봐흐여

옐어여 계ㄹ간 우엔 어구머니! 우웃 뷟믄

어머니 우주 뭔이롬! 짓 흘릴 당 붉게는

13月 30469　3̇0̇4̇6̇9̇ 1815　244 1̇9̇0̇8̇ 2536

14火 30470　3̇0̇4̇7̇0̇ 1814　244 1̇9̇0̇9̇ 2535

다 실 이 롬

셋 졸 눌 넘어 온 네: 일은 눌: 돼 하봐흐네.

두 넨 네⑤홈 ⑪홈 뒷즈믄 듸 셋 딋슴.

닐름 속 일즉 느즉 업 다 실 이 롬 모름직

15水 30471　3̇0̇4̇7̇1̇ 1813　244 1̇9̇1̇0̇ 2534

16木 30472　3̇0̇4̇7̇2̇ 1812　244 1̇9̇1̇1̇ 2533

親舊雜新世無事
故人稽古鄉無故

17 金 30473　　3047³ ¹⁸¹¹　　2441912²⁵³²

18 ★ 30474　　30474 ¹⁸¹⁰　　2441913²⁵³¹

夕後熙遠父率上京。

님

쎗줄늘 넘어온 네르 일은네ː 즈믄 파 연늘ᴗ

든네네 ㉒喜 효셈으로 스믈디 싈은ㅣᴗ

딸 업시 어민이 춤슬 ㅎ늘 누르 님예수

19 日 30475　　30475 ¹⁸⁰⁹　　2441914²⁵³⁰

思慕母親

復活天上逢母親

奧妙命中一聖子

無言詳義羊善美

萬物解釋牛眞者

ㅡ 믿믈.

씨알 늙어이 예윋 이르윈 예씀 ⓗ ㅁ· 두읗ㄹ ㅁ· ·

드니ㅁ ⓗ 홉 룀· 다 스믈 中 스믈 ㅇ·ㅁ

· ㅡ 속 도·ㅁ·ㄴ·는 속 ㅡ 中 ㅡ 믈ㄹ·!!

鄭 2 9 8 4 6 日
奉 4 2 6 3 週 ¾
三 1 0 1 1 朔
砂台礎主人 81 回年 260 日

네세드침 居士

Subject   VOL

1973   8   21   2441916
11 — 2   2441985

NAME

ADDRESS

圓光五戒

忠孝一朋

臨戰一無退

殺生有擇

城北區三陽洞二
洞二
믿음명원
崔秦士
六二
八三七一番

早朝밤도한밝가
살미方未잘밟가
밟가

1973
8 21 ⽕ 30477　1807　30477　　2528　2441916

예수 나르 씨울

샛 줄늘 넘어 온 네; 七七, ⓒ 붓 둥글 일그이.

어미니·딸·〇들 론:죽이시 춤슬믄:브모

딸 ᄌ르: 뉘집 어미니? 〇들 누르:씨울속

─────

5시 半頃 兒父 率 熙遠 與 金榮玉 向 大美發

22 ⽔ 30478　1806　30478　　2527　2441917

| 오느히 三月 | 天王星童伊 등 에 |
| | 地球塊人子 솟 己 |

| 稍瑜 | 相瑜 | 上帝　事　私以不 |
| 辨瑕 | 應伽 | 　　　　褻其敢 |

─────

23 ⽊ 30479　1805　30479　　2526　2441918

3시30분 金興浩氏 外同伴 啓明山으로 갓다가

三溫會을 西山 ㄱ무끌로 차저가다

[西山가마골]

楊州郡 長興面 石峴里 葛月部落

夕頃金入京하고 夜就尤寢. 野窟 四扉 開放

24 金 30480　　30480 (1804)　　2441919 (25 25)

25 土 30481　　30481 (1803)　　2441920 (2 24)

지지닌봄 그무골새 될쇗던 좀: 간봄 김히
쉬고 끼니:5시.

气化道中生	太空天上命
風露安息消	稽古故人情
西山그只곧	金海金老人
三角造紙署	一月念一辰

三角柳
二四一一〇四〇

三二三木二二三癸巳
一八九〇 庚人

西山金
二二〇木一二一辰

二四一一四一九

얼긴 ㅇ·ㅂ·ㄷㅅ게서

이데ㄱ·ㅁ·오늘ㄴ늘흘오ᄒᆞ

ㄱ·온ㄸㄴ·ㄴ ㄱ·ㄴ·ㅇ·잇ㄴ·ㅁ

오·ㅁ·ㅡㄴ·ㄱ·ㅁ히ㄱ·우리이ㄷ·ㅁ

ㅡ속예쇽ㄷ리오 으ㄱㄹㄸ 홈

中風四,五年: 半身不遂(87)中에
계신어른께: 西山 ㄱ모골: 일
을 무르니

紫霞門 밧 ㅅ람, 능금 밧틀 經營 아니 하는분 가온
ᄃ 나무(燃料)장수 ᄒ이가 잇섯스니 北漢山城
은 짝 나무를 ㄱ각거 업서지게 지게ᄒ 도목을 지녀는
時節이엇스니

西山이로 古靈이로 나무장수 ㅅ·ㅅ 사롬이 ᄭᅢ
잇섯다고. 모론 西山往來가 만ᄒ스며 또 西山
에 梨木이 ᄭᅢ 잇서서 紫霞門밧 ㅅ람이 열ㄱ긴
배를 都買ᄒ여다가 過冬ᄒ여 市販ᄒ는 ㄱᆯ이 잇섯든
로, 그러고 보니 西山에서 ᄇᆡ온 金老人ᄭᅦ서 造紙署
널커르시며 우리게 일을 줄으시는 분이 게심도
八十四年病老끼리 맛는 奇緣으로 됨인가?

古言故事

訓詁 通古今明言其故

固個多 其故事 通古今明言

三角남에 北漢되,
西山ㄱ모골:金海文化!

예 듣고 이대온 柳가

「·ㅁㅅ골·金老人되니」

古個多堂

8　27月　30483　3'0'483　　　2441922

₩53,000원 入金 ㅎ다.

28火　30484　3'0'484　　　2441923

이
두 풀들어 活開 치며, 두 불 드디어 ㄱ오니
이 대 우리는 뜨위에: 거름 발 트는 내ㄱ네
푸넷 네 (흐) 흐든 셈 스물다슷 ㅎ니.

스물다 셈 環甲 이오 실은 다 셈 o흔이림
씩씩이 百에 끝 것도 아니건므 百도 못 침!
- 즈믄히 온일 ㄱ은 다 홀옹 실릴 시러금

시러금도 어림 칠 수 없거니! ㅎ아금을 늬?
오늘도 홀옹 오늘일히 오늘 쓸 시러금: 응
. 시러금 o르 의 드믄 ㅎ아금 직 씨올 둘.

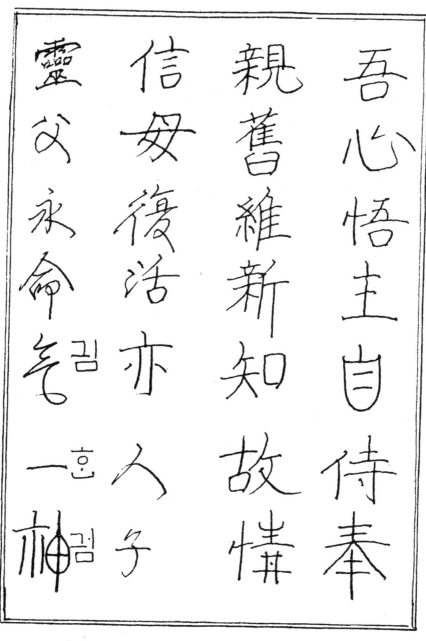

吾心悟主自侍奉
親舊維新知故情
信妥復活亦人子
靈父永命老

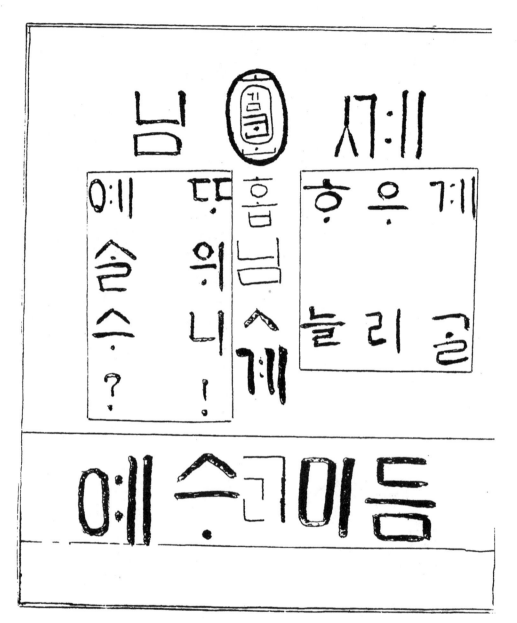

誑　課　聽　視

正　　　　　知
　　　　　　止

理　政　聞　見
論　治　如　如
明　目　言　示

30木30486　30480　2441925
　　　　　　　1798　　2519

흐　─흐흐흐이흐치도안─

엘려두둘업슨八月에 서룬늘되니: 느무!

느무믄 느므리므오! 늠무無量光! 無量壽!

이속이 '그속 아니림: 토르진속!?은안요?

31金30487　30487　2441926
　　　　　　1787　　2518

觀夕還舊基洞今日正百八日.

모를 일은 딸린 어머니 으런 이디 ..

두벌 머득 된 다위 떼에 이데 우리 끌이른

머리 위로 하늘 울로 울어 우리 울어서 모 ..

스름도 스에 낀 속기 여그 멎이 멎 그ㅂ ..

罷月 ㄱ어[실히ㄹ 흘충ㅋ 디ㅁ]

어머니

어머니 우니며는 뉘시 길데가업서못ㄴ
우브디 브디히 납히신ㄱ? 여름지어 먹고!
흐웅님 ㄸ므린 흐서 히돌 둘려 주신ㄱ?

언니

언니 우리언니는 ㄱ중성흐산 우리언니,
성이시나 못ㄴ는이 시원흠 보,끼드름잇
성언언 언니시ㄹ믄 그리스도 길드디。

우웅

흐웅의 쓸거 뉘히 너니: 그득 흐웅 고몸습
우웅 우웅 싱곡 히듬、우웅ㅁㄷ 우울리오!
·우울려 입ㄷ다므니 울우슴이 시울요

19시入京: 電話

9 ㅣ土 30488 30488^{1796} 2441^{2517}_{1927}

이 브 이 ᄋᆞᆯ ᄒᆞᆯ ㄹ· 믄

따는 ᄒᆞᆯ ᄋᆞᆼ로 셰 운 예순 늬 듯ᄉᆞ 우리 히 로

모르고 모르는 ㄱ온 디ᄅᆞ 티 온 우리 터 예

예 수ᄋᆞᅵ 그리스도 록 우리 ᄋᆞᆯᄒᆞᆷ ᄋᆞ아멘

힘 드리기를 비는 슬픔

힘 늬 주머니에 일히, 흐르는 힘씨 일 무숩힘!

흐 일 히! 슬픔 슬림 흐이 금에 흐이 금 ㄴ!

실어금 어림이 무릉 흐야금에 힘 씨움!

第三卷
531

ⓗ 왼 통.　하나 ㄱ층 ㅈ유은ㄱ.

히ᄂᆞᆫ 노ᄅᆞᆯ에 수름 힘써 슬기슬며 ㄴᆞᄅᆞ 빛ㄴᆞ,

ㄱ믐 셩각 ㄱᆞᆨ 이며, ㄱ믐 ᄯᅳᆮᆯ 더블리,

이 아ᄂᆞ! ᄒᆞᄂᆞᆯ 노라ᄅᆞ 도 ㄹᆞ므길 이리오!?

3尺 30490   1794 30490   25·15 2441929

묵은 묵에 · 시룩실 틈。

샛줄늘 넘어 온 네로 아호니 一致 아흠네 ·

두넷네 高흠 四흠 스물딘ㅡ 디 므로 ·

어머니 어구 어멀ㅡ 틈ㅅ 시룹 무겁어。

熙觀 온일 흠흠늘

인제 나는 二千五百열ㄴ·흘이ㄴ·ㄱ·

블ㄱ·?

그띠 그ㄹ 二千五百열ㄴ·흘이ㄴ· 외

분ㅣ

드띠에 흐ㅅ·ㄹㅁ 의괴 흐ㅇㅇ님
미채 ㅅ·ㅣ에
ㄹ·요

숨ㅅㅣㄹㅁ

흐으흠믜시 슬ᇰ～ 슬ㅁ

ᄯ의 드디어 뜰ᄉ 블름

인의 슬음이라오? ㄴㅇㅇ

림에 나라셈

ㄴㆍㄹㆍ듦 —— 늣치 겄티 ——

에ㄴㄱㅣ전계! ㄴㅗㄱㅣ전 뎌! 뎌딜로 ㅎㆍ늘나!

ㅎㆍ늘나론 뎌딜로 나라차짐이어지ㅣㄷ.

ㄴㆍ눌이 ㄴㅈ준ㄴㅈ으로 ㅎㆍㄹ웅 친웡.——

ㄴㆍㄹㆍ듦

에미 ㅡ

ㅡㅅ지 훤ㄹ ㅡ

먹고 쓰는 ㄱ 원디로 지니 으름 :: 윈도 ㅇ랙!!

ㄴㅡ먹ㅡㅅㅡ는 다시:ㄴㅡ 땅호 그ㅁ 디리!

다· 금· 둘ㄱ 이건ㅁ 지니 굴길 에ㅁ ?

9 6 木 30493 [79] 30493   2512
                            2441932

ⓗ 흠 일긔 센 히.

ㅇ 흠 둘.

예 센 눌. ㄴ무림.

솃 줄 눌 넘어 온네   ㅇ 셈 .

ㅇ 흠

                    ⓗ

ㅡ   ㅅ   ㄷ
ㄷ   ㅇ   ㅡ   ㅡ   ㅜ
흠   ㅁ   ㄷㄹ   믈   녜
5ㄹ   니   ㅣ   듸   ⓗ
·   만   ㅇ   일   흠
압   ㅇ   흠   어   세
ㅅ   ㅡ   드   드

—   —   —

7金 30494　30494(1790)　244 1933(2511)

으들와　으늘　긔록히
일게　껑　늘

피ㅡ니　피리　불림

응는 업시 계집 몰고, 곤긴 글 픠님 업시.

<응일: 어졍 헵히! 눌닌다며: 것그러 칭!>

니으 짐, 드틀거리—　——　·—

倻ㅡ○ㅡ솝
山

하ᄂᆞ님 ᄋᆞ들

흙ᄋᆞ로 비즌 ᄋᆞ듬 코에 보·셧· 눈 김 ᅳ ᄋᆞ들ᅳ

ᄋᆞ들 속 ᄯᆞ리 킨:ᄯᆞᆯ: 시집구' 눈: 어머니 :멀ᄂᆞ·

ᄋᆞᆷ·디 ᄂᆞ·ㄹ· ⟨시ㅅ⟩ 멀ᄋᆡᆼ 우·리성ᅵᆫ ᄋᆞᆷᄅᆞᆨ

하 $\cdot$ 늘 님 o $\cdot$ 들

일 $\cdot$ 금 으로 마리아 게 비 $\cdot$ 신 o 들 예 $\cdot$ 수

몸 o 다 $\cdot$ 들 o : o 을 $\cdot$ D $\cdot$ 로 마 $\cdot$ 인 : 민곱디기로 ㅈ $\cdot$ ㅊ大 $\cdot$,

니 $\cdot$ 리 어 비 $\cdot$ 엄 스 게 된 : o o 다 님 씨 $\cdot$ 울 시 $\cdot$

9 8土 3c495   30495(1789)   2441934(2510)

ㅇ·ㅁ·ㄷ ㄴ·ㄹ°

민·꼭·문이로 힘밝어라하니 : 뇌로러 길 므ㄱ·

민·꼭·ㄷ·기로 솟ㄴ·ㄱ·아ㄴ: ㅇ·ㅂ·ㄷ ㄴ·ㄹ·ㄹ 네!

ㅡ ㅇ·ㅡ ㅇ·름ㅁ ㅁ·ㅇ· 흘닐ㅣ·ㅇ 아·ㅇ·먼

어머니 믿게

에슈 지신 代贖慘苦 ∴ 聖母 됩∴ 이 봅셔!

어머 밀엇세아! 흘∵길∵계셔! 브로 계셧셔ㅡ

글빗디 世間을 니을 밀게?엣 다∵ ㄹ되여

1973

30496   1788   2509
30496   2441935
9 30496

世宗ㅅ글월여듧ㅎ

即位廿八年

吾偁嗜 正音

우리쳥ㅂ른소리

室家 欲情

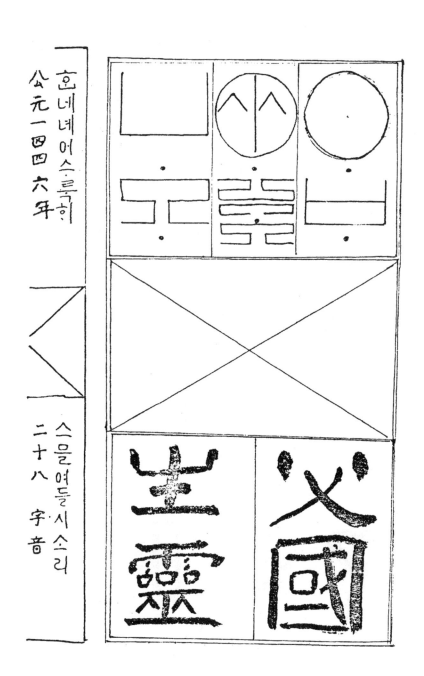

9　10月 30497　30497　2441936
178⌒　25:8

九月十日　月曜日

아흐 열 둘 늬 늘　　夙夕寅信　　迎中

셋줄 늘 넘이 온네 아홉 처 일거봐 치 옵기

두네네 (孝)孝 세여서 ·스믈 드 둥그럼봐 ·

히 둘늬　히 아 보름　企圖祈禱 실어

11火 30498　30498　2441937
1786　2507

우리 아바 뜻이신가?

두 네 네 (孝)孝 세워 일쿼 : 스믈 드 둥글 칠 :

이 든 세 힐 : 데 스스로 끼친 뜻 업시 여인가?

잇 두금 이렇히 을 치 ! ㄴ 뜻이신가 ……

夕秋曉春

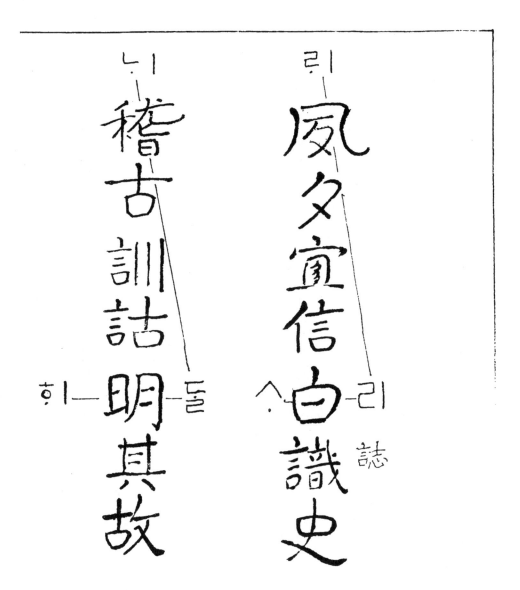

夙夜寅信白識史

稽古訓詁明其故

9　12水 30499　30499 ^{1785}　2441938 ^{2506}

13木30500　30500 ^{1784}　2441939 ^{2505}

우리ㄴ 몰르! 어머니ㄹ!

○홉돌뇌 열세놀놈으리 셋줄놀 넘어온듸 、

하나 일궈봤네 : 드디어 어머니는 촛지무 、

계집은 골비ㅅ되노름 어구믵ㅣ ㅇ니시 .

14金 30501　30501 ^{1783}　2441940 ^{2504}

發
乙理發気存养體　　　　　　　实①人

故事通気今曉学

自悟消息九億順

終命丁寧承誤　　愛

15土30502　1782 30502　2503 2441941

ㅣ ㅅ·ㄹ ㄹ롬 ㅣ ㅅ·롬 ㅣ

ㅣ를 엇디 ㅎ·ㄴ? 예 온 ㄴ·ㄹㆍ ㄴ— 먹— 길에ː

이·리 이·리 닐르시니 우·리ㅂ·ㄷ· 쓰는 믈ᄉᆞᆷ

믈ᄉᆞᆷ아ː 믈이그ᄉᆞᆷ이 이어이에 ᄉᆞᆷ이롬

【自尤美發夕入京來 支—入悠居】

情常平

事故警特非常情

維新依舊永生義

義崇高

어머니

민디로

성글앤이머 디로

디로

우리 에엇: 영이 히 늘: 인덴 다 왓스니: 게:

인덴 민신 아버 게서 니름 속:숨. 히들 님: 업!

우럼도 다다럿스니 홀넬이 아으멘.

아. 밧느.

1973

ㅋ 16日 30503   30583 (1781)   2441942 (2502)

우ᄇ ᄂᆞᄅ ᄊᆡ을둘

흙둘 열 엇시 히 돋은 눌: 오늘도 흙옹 참
나도 우리 ᄂᆞᄅ 온에 하나 뇌닐길 뇌야ᄄᆞ
첫 눌도 끝 눌도 흙옹 에서 솟ᄂᆞ
꼐씨올.

17月 30504   30504 (1780)   2441943 (2501)

─ ㅣ · ╋ 올 흘길

이ᄂᆞ데 것을 이 데 ᄒᆞ니: 눔의 탓은
올: ᄆᆞ음.

그데 ᄄᆡ믄 에서 이데! 모를 터믄 덧업슬뿐!
그 데를 떠ᄂᆞ 예온ㅣ 덧덧 떳떳 ᅳ헝길!

多夕日誌

552

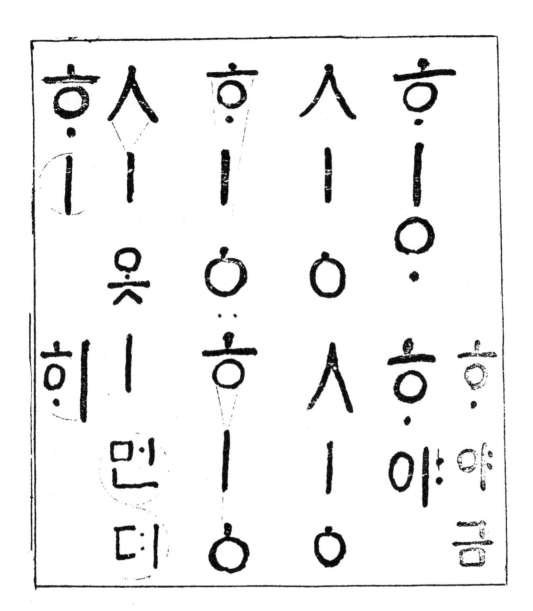

1973

ㅎㄹ긔 1779 흙 9 뒤뒤은

ㅅㅔㅅ줄ㄴ늘ㄴ넘어 30505 火8 244 1944 ㄷㅜ넷ㄴㅔ 南 흙ㄴㅔㄴㅕ 2500

은ㄷㅣㄷㅡㄷㅣ

30506 305'06   2×4 1945

돌。돌。부를 적이 수월 힛느?

으흠 둘뇌 ◎흠놀 셋쥴놀 넘어온듸: 에。

하나 일궈, 일궈: 밭! 여름 열면 열음 짓파지

둘ㅂ독 모러파오간 땅푸기완 ……?

ㅂ튱홀
모숨 (모워기) ㅂ름ㅊ

ㅅㅂ·소리른 正音

김쓸에 (치못된) 짓이늠。

至 氣 和

原 性 命 正

9 20 木 30507 30577 2441946

○흡들니 스물늘 느므리

셋줄늘 넘어온듸 일거 흡○

흡 일거 일거 일거

든넌네 흡흡모이서
든네 ○흡 旱

9230

(5 23水 30087 ㄱㅔㅣㄱㅔㅣ)

亍行步一道理

○ㅂ○ㄷ으리 민딷

으린
ㄱㅔㅣ
ㄱㅔㅣ

우리 숫ㄴㅊ는 게
성힝 게름힝 길에

21金 30508 1776 30508 220 2441947

잇 두ㄹ따:옷ㄱ온:○ㅂㄴㄹ

스므로 옷ㄱ온 ⓗㅎ ㅊ임金睹 우리 몰숨,
첼줄늘 넘어 호듸 오늘도 罷日!흔把守봣!

흔把守 두把守 보다 도ㄹㄱㅇ. 치ㄹ기.

9 22土 30509; 30509 2441948

23 日 30510 30510 2441949

◎스믈 셈 놀ー念三다ー

스믈셈놀 붉° 셋줄놀 넘어온디 일흘놀,

☺일귀 일귓 네:든 넷네 ☺흥 흠많이웁!

ㅣ러니 저러니 물고. 브름김 께 人乙号

24月 30511 30511 2441950

인젠 히 둘 뇌지 뭄

스믈 네 셋줄놀 넘어온디 ☺☺이ㅣ.

스믈 넷네 ☺흥쉰: 므로 스므네° 흥네.

우리 예 이땨워 흘웅ㄴ 그늘두레.

盤古氏

그늘!그늘 두례 두레로 의든 데띤:

드ㅣ래盤!

두례 일꾼 두례짓이 도루보니 :두례 훌웅 ㄴ !

그득히 그득 ㅊㄴ되 感謝고 圖 묘ㅣ옴.

ㅎ이ㅇ. ㅎ이아 금

ㅇ질네 끼니 쁜一티 보리술터 ::브티시.

슬ㅇ슬ㅇ 뜩ㅁ로슬 스스로슬 다ㄱ티슬

그디은 십읍 조읍ㅁ. 그림듸ㄷ ㅎㅇㅇ.

ㅇ·ㅂ·ㄷ겨시는 으린으들

으리 그리움을

숫느의 ㅎ늘ㄴ·ㄹ·의

ⓜ ㄹㄷㄹㄹ 그륵히
…ㅇ

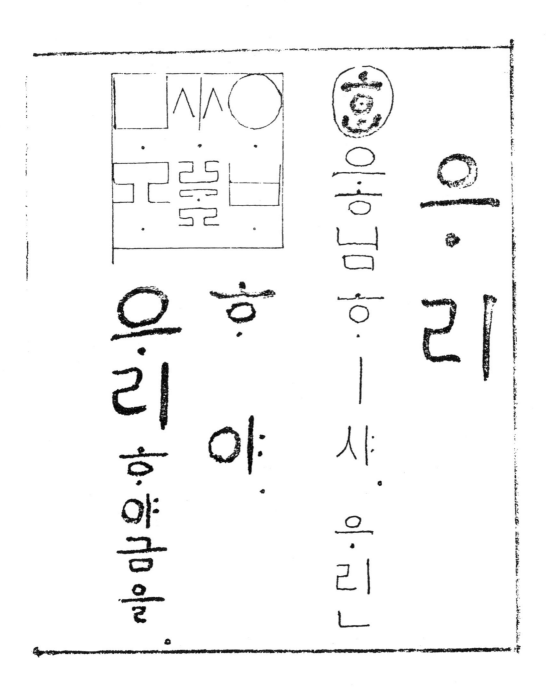

9 26 水 30513　1771 30513　2192 244 1952

1 늴 뉘 ? 오 ?

○ 흙돌 스물 어서, 셋 좀 늘 넘어 온뒤, 열 슱,

이러 케 루도 불러 쁘면: 오늘 흙을 치는듯!

ㄴ 늘 이　ㄴ ㅣ ㄴ ㅣ ㅇ 숢 눌 ㅣㅣㅣㅣ 뉘 ㅇ 옴
　　　　　　　　　　　　　　　　　　　　　？

이섭ㅅㅜ ? 대슳 그 ㄴ ? 에 ㅅ ㅁ 몰 : ㅁ 데 델 로 돼 !

ㄱ오리 도 : 오ㄱ리 : 듬! 헤 미 기 니 골브 업슴,

네 보 오 데 홈 때를 모른 들순 ?

← 오ㄱ리 물려 ㅇㄱ리 넣긴 솔림 소리 리서:

← ㄱ오리 섭섭히 : 우린 예 : 잇거니 무 보넨ㄱ?

고ㅣ속 두ㄱ 돼ㄱ 山 된 ㉦ 홍 인 ㄱ …… !

27 木 30514　1770 30514　2481 244 1953

<u>고 디 든 에 서</u>

으흠들 세으흠놀에 어머니 싱곡이오니

시집네 으곳시 늬집뚤 :로: 닐러 늬렛슴!

슬믐에 싀러움으른 십종ㅡ뜬ㅡ몰ㅡ

ⓗ 흠

그데 둘리기에 으리 을호으머리ㅡ

그 지둘고 골 띠러지기 모린은 늬리고！
누구려？

으르고 늬림 이룸을 누리 그려？

믕 디구

20時 熙觀母女 가 金榮玉과 더브러 드러왔드.
23時 蜂群 추려 드려옴.

그디듬이니 에시ᄃᆞᆷ中

피ᄂᆞ니 피리 불리오.오

安寧히 게시사, 긴 길ᄉᆞ힘 쓰십싱오.

精神太려, 말ᄉᆞᆷ과 목숨 쉼‥ 참몱로 일ᄒᆞᆷ쇼.

ᄂᆞ에을 피ᄒᆞᆯ치 옷 버시 피리 불리오.ᅳ

欲心 구레기 땅파기

고들보기와
돌보기다외로

⑩홉 들너 스물 엘데 :: 돌 업덤 :: 비터디오 !?

샛출를 넘어오는데 :: 엘디 비티 :: 일곱 에서 음 !

이 냇네 ⑩홉 쉰네 口음:口음:0호 조 춘 드 °

意見情現

同　意見並行
叁　奧妙實道

折衷性命信經意、

禦侮觀念神聖見.

焉能積　有川今　永情.

或可參「奧妙」實現.

○ 홉 ᄃ르니

쉬른 눌 흘 옹 ᅟᅠᄎ니 셋출ᄂᆞᆯ 님이 오ᄂᆞ리 一
一 ㅅㅡ 에서 윌기 어멸이ㄴ ᄃᆞ우 ᄃᆞ딤 도 ○ ᅟᅡ

○ ᅟᅡ 흐ᅟ ᄃᆞ우 아리ᆞㄱ 옵 一

○ 이오 ㄱᆞ운ᄃᆡ 바ᆞ 우린 ㄱᆞ옵 一

10 1^月 30518 30518 ¹⁷⁶⁶ 241957 ²⁴⁸⁷

2火 30519 30519 ¹⁷⁶⁵ 2441958 ²⁴⁸⁶

開天四千參百〇六年

우리 님금 등걸님 十月上들 로 開天降臨！
（시월스O）

히〇조쫄게 보는 들 일히： 민곡디기로 침．

으르오더 데딜르리 오싱오리 ……

OO디 ㄴ·ㄹ·게 ㅁ·히 (以) 람ㄷ로르

夏歷九月九日

尚土高堂萬古靈

堂堂開天至上達

九月九日望鄉臺

他鄉他席永訣月

10 5 金 30522   30522 (1762)   241961 (2483)

陽曆 十月五日　　빛을들음 디
陰曆 九月十日

딩 셈 븜 ｜ 연 이

29846 日　　　　　　　두 그 푸드 네 에 서
　4263 週 5/7　　　　 모 히 드보 예 에 서 셈시도
　1011 期　　　　　　 　一 쿠들 이 ｜
　　81 回年 260日
어든호 모뤼 두에신 ──────── 남보ㅇ

八三何晚

心

은去妙來殘終晤
三娶三亡自孤獨思
春耕夏鋤秋收吾
下堂步里日當午
十五非早

柳熙觀

1973　5　16　水　2441819

人間出生

　　7　24　火　2441888

大美登山

　　10　4　木　2441961

仁川望海

7日 30524   1760 30524   2481 2441963

일곱

「로들 가면서만 : 일리기를 바르디를 ⑪.

일을 ㄱ으ㅁ : 너희 ㅁ리 으 : ⑩홈 일을 ㄱ으ㅁ

일 ㄴ쎄 일⑪·구 ㄷ쎄 올을 ㅁㅁ만 ……

理―由己

去私歸一公史跡

舍山出動餘裕足

日月聲明飛客而

心神意思是正易

이리케

公元年 지나 옛옛에 실틀 데써울 데청.

四四

堂上意義終早天
當日思慮始末地

「하ㅇ이.를 더희 스리로 더희뜻을 그리님.

우리를 스물헤돌앗서 이리케

응

ㄴㅣ ㄷㅁ ㄷㅁ

일 드러 니 얼흘 느러에 시원히도 씨슬 물이 읍

시 울이르. 슬 호·늘 이 얼 이 느·르 세웅 둥글,

둥글 님 ㅁ·리 옹인 님 ㅁ·리 님금 ·

으리구 울이 울리움 을ᆮ : 빗췰 을 둘림죽

ㅣㅣ들 수 ㄴ·ㅁ림 늬ㅁ리 : 물이오 피로

물이 늘헤 도르구는 피 숨구 둘리고 쉬옵

싱구 — ㅎ 먀ㄹ 트옵 : 미듬집에 수리옵

10   12^金 30529   ¹⁷⁵⁵30529   ²⁴⁷⁶2441968

13^土 30530   ¹⁷⁵⁴30530   ²⁴⁷⁵2441969

三月 열스흘 님 生日

오늘도 우리 홀을 흙뜨뭐에에 잇그은 늘!

잇두골늘 춤좋히 지읫 님: 그중을 부른히,

히 | 히 · 우리 호여금 열셈효셈 우리님

니이 봄

님 닐줄 ㅇ는 이그 봄 ㅂ더 드릴줄을 ㅇ흠,

첫스흘 열스흘 온스흘 그온스흘 그온 뒤,

우리로 민 ㄴ중에그 대솔니임! 니이봄

宿題로

오늘 열ㄴ흘늘로술ㅇ늴 열둣실늘되.

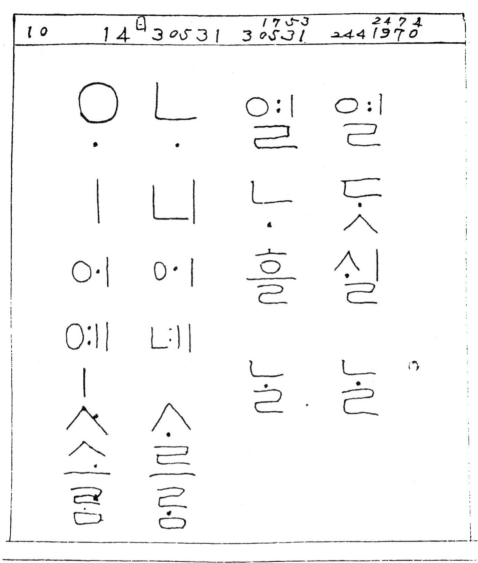

命題
일 돗시 ─디─ 시룹히 디이도
　　　 훅

10　15月 30532　30532　2441971

일 예 슈 ① 어

16火 30533　30533　2441972

ㄴ 드리 데 게

常識 社識

①ㄹ 잎시 ◉믐ㅎ 誌社常

일브리 오근뒤 ㄴ온뒤 ㅇㄱ온 잇드몸

무엇으로 ㅎㅇ잇ㄷ? 잇다ㅎㄷ ㅎㅇ잇ㄷ?

괴러믐 슈◉훕 ◎뭄 모르믐로 ⊙름듬게

常人 識 社會 史 ○志于學 學斷言

17 水 30534　30534（1750）　244⁻⁻2471

18 木 30535　30535（1743）　2441974（2470）

19 金 30536　30536（1748）　2441975（2469）

20 土 30537　30537（1747）　2441976（2468）

21 日 30538　30538（1746）　2441977（2467）

22 月 30539　30539（1745）　2441978（2466）

而　聖　聖　聽　神　視
示　動　動　思　示　思
申　意　意　聰　申　明
命　至　至　未　命　不
令　靈　靈　洽　令　足

23 火 30540　30540（1744）　2441979（2465）

10　24水 30541　1743 30541　2464 244 1980

國際聯合日

心침 恐貌ㅏ

惜悟征俗
親舊維新
悃愊至誠
開天檀民

征 징 懼也 1 俗
俗 조體世 征 1
悃昆愊 1 至誠

지성스러울 昷圈

25木 30542　1742 30542　2463 244 1981

셀 나라 음ㄴ.25

惜悟征俗 ㅎ유기뎌뺕
親舊絲新 근 리오졀
悃愊平生至誠達
開天建國등길쌀

26 金 30543	30543	1741	244 1982	2462
27 土 30544	30544	17 ?	244 1983	24 81

柳福男 2416989
1905　5　23
丙午　四月二十日　生

徐　氏　1916　7　12　生　1975　10　25　卒
丙辰　六月十三日　　　癸丑　九月三十日
2421057　　　　　2441981

나서천 ⁝ 겨름
곤흐ㄴ
ㅅ을 즈른 ⁝ ㅇ흠。
ㅅ을디

二十千(喜)二十五。

늘ᄋᆞᆫ·ᄒᆞᆯ

얼니ㄹ·

디구·ㅁ리 옳ᄋᆸ·게게신듯늣기오니、

우이 우리 우럷ㄷ·ㄱ 소리니ㅣ 우름조ㅊ·

ᄒᆞ늘을 그리ᄋᆞ 거ㄴ 여릴ㄷ로 얼니ㄹ·

願知卽今稽古往
生心絶境率性人
如對自形所以鏡
直觀萬象具眼身

⋯⋯(56)⋯⋯

○⋯⋯⋯○民主黨

灞橋折柳　風雪中　驢子上

通信

시월 上들 ㄴㄴ늘!　싀른ᄆᆯ슴 슯힘도 ᄆ혹○.

엳ᄃᆺ신 늘 月塘 도 ᄃ·름업시 ᄇ·로 ᄀ·신듯시!

蹻躄　矯蹩　月塘長逝恩　上中末達　正通信

白居易　芙蓉如面柳如眉

陸游　柳暗花明又一村

柳淡　似逐春气知柳態

蘇軾　柳緑宏紅芝看團

岑參　柳䛤嬌花復殿

11　　2金　30550　365734　244198

詩「毋今鞠我」

晉書「不蒙過庭之訓、母兄鞠育」

論語「入公門鞠躬如也」

文獻「蹋鞠之戲、益古兵埶力」

陸機「心牢落而無偶」.

六堂　一生

```
1890    4    26    土曜
庚寅    3     8    丁  母
                    丑曜
・1957  10   10    木  乙
 丁酉   閏8   19       卯
```

Julianday 2411484 ── 2436122

```
24639    日
 3520    週
  835    朔
   68    年
```

므롬 즉

깨그 싶듯. 높그 높은 모음이어 깨그 싶습:
뚤그 싶듯. 붉그 붉은 속 올이여 뚤크 싶습:
아 므름 싶그 싶스리 속. 아리 옵. 모름직

옳게 옳즘 올 으르는 올흔 모음! 비힌 모음!
올이 우리ㄹ 느리ㄹ 잇기? 올로 우리가 그릿가?
✝ 고 숨 잇다가 입시저도 잊않그!

뫼시 과저

우리 언니들은 싱싱히 땡겨 가시옵. 아멘.
힘 차신 속으로 힝ㅎ니! 도라그시옵. 아멘.
아브지 한널느야 옵 우리 고 뫼시리.

므름직: 太虛: 못잊어 頌

自然! 自然을 못잊어,
萬物도 天地로 天地는 太虛…를 못잊겠이
모름직 못잊는 天地 모음 알리 뇌비탕

感謝食: 호이금… 실어금…

먹음! 먹고를 쉬거니. 太虛로도 呑味萬有!
삼키길어이 삼켜지? 배터놓긴 우리 눈 앞!
그 물 손: 뚝 뜨는이만 살어금에 호이금…

시울 사람 으로서 두의 니야기를
잇집. 콩을 모르고 풀 강낭에만 먹는 양옵스
흐르게 흐림없이 바르쓰는 젓ㅎ름 銀河水라며 祖上待接 正肉殳

토끼나 노루? 뒤를 보다ㄹ덜없다ㅡ구는 젉긴
노ㅎ직히 움직임에 오늘 사람: 씻끼 없지 못
오늘 빈 한을 쳔분: 씻길것이 없다.싶!

다·리ㅇ들 싸올없몸:이·리ㄴ여수·

ㅅ·룸시!

누리오ㄴㅅ나 케케신ㅇ·ㄷ

뜻으로!

바드시 그러실길 믿 둥에어미

에믿림!

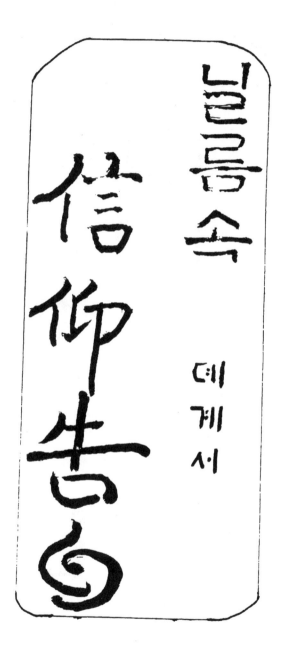

닐름슷

뎨계셔

信仰告𝖊

모른모

| 11 | 4 日 | 30552 | 1732 30552 | 2453 2441991 |
| | 5 月 | 30553 | 1731 30553 | 2452 2441992 |

음대는
게 ㄷ
ㄹ리

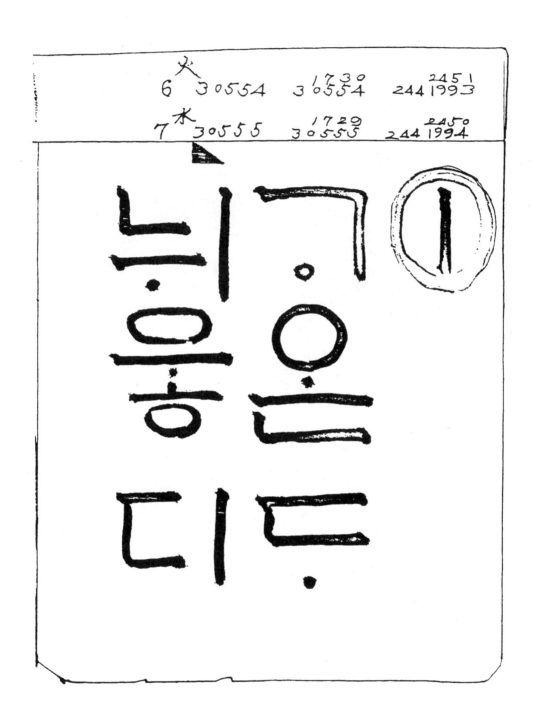

祈 企

禧 圖

데 몰미움요

몸 부려 먹고 몸 노아 숨 이릭: 데.몰미움요.
= 뜻 도 늬림! 늬뜻! 뜻듸로 물,물듸로 꼭!
네 구실 데듸로 듯히 빅고 싈틈 업스리.
히질스리 홀옹스리, 쉬두 마는 죽을몸듸
브림 보름 브름 업시 끄믈 그믐 히듈 숨박.
식히두 심술 븐기도 브리려두 치울일.

ㄴ므림도 딸으오

데 므두 꽈 낫거니: 듈만 호면도: 서로 나믈!
나믈어, 남믈니며. 저 니기믄 냠업시 늬돼?
니끼도 돈줄이 뭘믄 탓ㅎ고도 늬리오.

니긴 브림 桑 엽신 못틈

客舍南舍北皆春水
但見群鷗日日來
花徑不曾緣客掃
蓬門今始為君開
盤飧市遠無兼味
樽酒家貧只舊醅
肯與鄰翁相對飲
隔籬呼取盡餘杯

杜甫

八日

셋줄늘 님어온뒤쉰데서 옘을 읽쿼두므！
두네네 (喜)喜뒤도듣넬만히？홈기로：
이 네네 네네 네네면 ㅎ아금을 문히오

못 몸 ㅁ ㅇ　　ㅁ지못힘

11 　日金 30557　　1727 30557　244 2448/1996

萬物百事

觀察萬物客心思　諒解百事同情念

10 土 30558　　1726 30558　244 2447/1997

브 으 리

시월이라 上들 열흘 더위 지즌

흙으로서

샛줄눌 넘어 온디 여디 ㅂ 일거

든에세돔

이네네 ㉘ 홈 ㅇ 치 든네묻처

이길길 ㄱㅇ

게집고문 두람 : 게의 三千年 늬리친 소리!

神父修女 가라치킴 : 二千年 게의 그꺼?

소리 업슨 늴　느ㄱ 뉘위 닌길요?

니길 니길 니길길 ㄱㅇ. 우린 니길길을 ㄱ

게 게셔 우리 에게 그르치키르! 시는길 ㄱ.

불듯디. 활기치은디 듸룸 : 아一멘

으ㅁ으　ㄴ　ㄱ로 ㄱ온 세 ㄱ 1 온.

속위 속속 듸 속 에 드 듸 속을 듸 드

ㅇ층. 우으흐 우린 우르숫님 이웁기

으늘도 ㅎ야금 두레 흘옹
ㄱ기기 ㄴㄱ오니 ㅎ늘 ㄸ위 :
흘옹로 두①ㅁ.
두네네 ⓗㅎ옴 읍읍 두네네르 딤이로르.
ⓗ ㅎ늘 밀림과 ㄷ⸢ㄸㄸ 드딤 그리움.

13 火 30561 30561   2442000   1723

열 사흘 늘

얼 샘 에서 무슨무엇이 ?니 열리 오릿가?

셋줄 늘 넘어온 뒤 에서 샌이 일러든 샘늘

이 네네 든즈믄 올로 둔네 네네 .

그 뒤를 물로

올 올에 에서 몰 모를 게로 우리는 ?니 ,

이를 잇고 질 버린양: 히 둘은 이데로 문

이데를 그데로? 춫 그딜 물로 ……

그리운 그: 에 이데도、기리 기리 우리 ?ㅂ

기리 그림 의서 본: 게: 춤슬 느로 흐디로

우리는 올 올에 에서 몰모를 게:

第三卷

601

11   14 水 30562   30562 1722   2442001 2443

일 노흘 늘

셋 졸눌 넘어 온디 에서 세둔눌은 열노흘.
일궈 뒤둔 눌이것몬: 에구머니: 꼭곧: 모름.
열 노흘 오늘 노호믄 닐 일 둣시 브고오!

들기) 오님: 몰롯서요! 세워 놓믄 세잇노요?
☺ 흠 올고 품도 싫좋에 흐리두 모으흠
기 보름 쉬둣이룸은 그르치림 잇선?

15 木 30563   30563   2442002 2443

일 둣싯 늘

브른 일둣신: 보름본둣! 설기치꺼지 묽금!
그믐지늬 시흘옹노 스므눌 넘어 셜은늘!
흔줄곧 곧1 곧 그니. 흐늘 뜨윙. 에게로!

길 환히 뚫림

ㅎ늘 우리 ㅂ뜰손: 둥구베 솔필손:
줼두、폄。
뜻심긴 몸、민첨 닐러 늬린:
「ㄱ르 치키름!」뜻。
이 뜻을 움켜 줍을손 예수 미듬:
ㄱ Ɡ움。

ㄱ중 ㄱꞬ움

모든기에 모든 일을 ㅇ쥬어어 버린기|、
게ㄱ게 ㅁ련이다 옐따 늣게 추림치렷다、
보니꼬 본곱두속에 뿌은 갑두 듬니두。

11

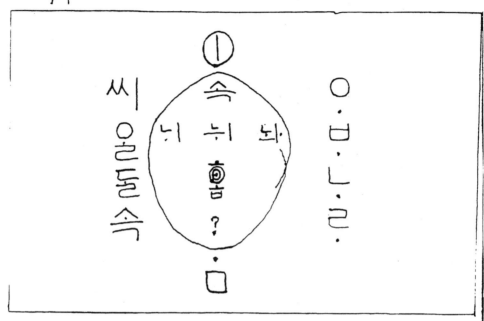

보 름

벼룩 늑어: 붉은가? 붐: 이 붉으 놋 꺽긴가? 둘!
보름 브룸 업서진댄 나고기고 슳좋 다 없!
멜 엣 싯ㄹ 넘게 보님엔 님괴에임 뜨럿도?

16 金 30564   1720 30564   2441 2442003

돌 돌림 어디가! 먼디?

地底糞를 업어그며 지가? 그 문둠 께 꿋 젼
지가는이 졸도 치우! 프나무들 졸도크게
덕고슴   께끗 츠즈되 디럽허슴!
                        돌둘림.

두둥실 띠 오르홀 놉흘: 두로
울림 얼꾀 홈 셋줄눌 넘어온디 에쉬힘디오!
이러히믄 싱곡숩되: 우리두롄: 고몹 수리!
   모침니 두레수리 숫! 하늘 누리 가으리

꾸욱 꾸욱

무슨 외로은 시소리 들려오지오? 꾸꾹욱?
이 놈의 츠저진 싱곡 도: 제 어늬시 흐린 칭!
   과 누곧 으오릿가? 믄 꾹니히둘 담온못!

檀國日

篤初成言營養極
愼終眞心繼天美

白、庶
木 幾

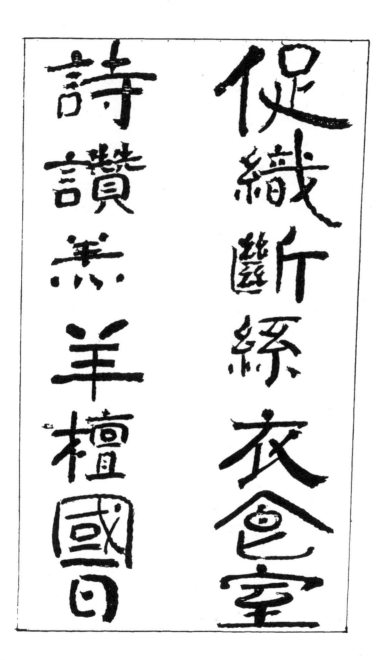

促織斷絲衣食室

詩讚羕羊檀國曰

놓도못본 분 ? 신 다 우리 ㅁ 싱곡,

셋줄늘 넘어 은 뒤 에 일곱 一七一七 물슴!

몬힐 셈 언제 모시우니

參萬壹千四百四十日!   會壹史事상
                     正

全州 完州 에 무슨 完訣 이시옵.

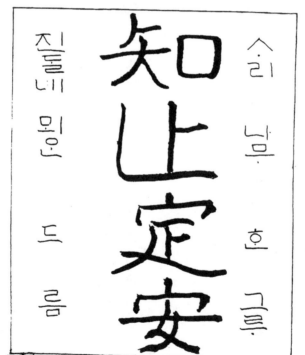

知止定安

大七　三五

皇六　三五

言金建杓　盂其　三五

貳叁 七八五日

戊　子三月二四日 丁

一九四八年五月二日 日曜　卒

壬　午十二月二十一日 癸亥

一八八三年一月一九日 金曜　生

丁　亥 九月二六日 庚申

一八八七年一〇月二二日 土曜　生

一九七三年一一月一八日 日曜　卒

癸　丑十月二四日 戊午

參壹 四四〇〇日

接對感謝果

實正食三夥

11   21水 30568 30568 2442436

니트 늘 ── 옷기온 스므홀을
온이 온 고이고. 잇니. 잇스로 니틀임니다.
이제 진히 東 터으름: 줌낀이고 보고: 니틀!
⊡

줌도낌 아닌데시아 니틀소흘 다으홈
루

한스 웨버 博士 (50)

"聖書의 義味가 우리 現實과
關連해서 어떤 뜻을 갖느냐
는 첫을 研究하고 말아
버는 열이 우리 科題!"

繼天嗣命
收得悉音
斷辭呈誠

뒤든늘 ㄴ무리 ㄹ슈 업.

셋줄늘 넘어운디에서심ㅇ홉ㄴ이ㄷ.음.

ㅣ일귀여딘 ㄷㅜ네네 ㄷㅡㄴㅈㅡㄴㅇ홉늘:오늘

ㄷㅓ욱ㄷㅣ ㄷㅡㄴ네셰딍믄 네네네네 로츰오

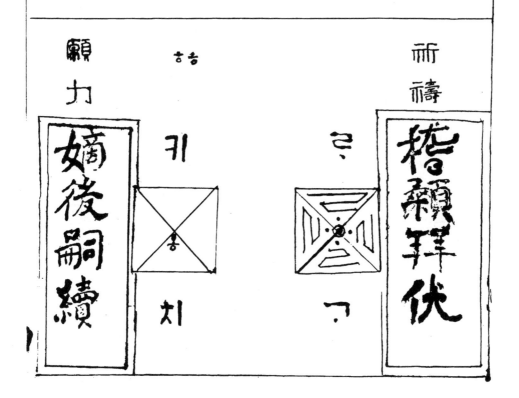

11 23金 30570 30570 2442010

스물소리

스물소리 셈 봒귀 : 스므스홀 노흘믉소리

쉰 노문히 브든소리 뜯 브든 이믄 예순

예순 에 예 잇 : 엠 : ᄋ러 일거울홈

24土 30571 30571 2442011

뜽쪠기 비로ᄉ

스물 네 : 뜽쪠기 비로소로, 代表 :

뇌세우니 !

와워 ㄱᄌ ! ㄱ러 치키워 ㄱᄌ !

ㄱ러치키 임 !

解義理 어디 가 : 윈ᄉ ? 至靈ᄉ아 !

불도 풀도 둘식 두긴?

셋 줄 늘 넘어 온 뒤 월귀두 : 월귀 여든 : 오늘!

두네 네 둘즈믄 여두긴 : 든네 세 두기 르오!

두기를 줄ㅎ는 이여 우리 누리 님즈시!

I.

스물 일귀 : 늘 : 오늘 : 이오! 므잇가 :

누도에 와서 늬 가 니리서 보 겟든 : 늬니

늬 니리 늬 드더 늬 길 늬 득이 드르곰이옳

옜 太 宗 가다가 나기 예수물숨。

求 古 尋 論

萬化相尋繹　人生豈不勞　（陶潛）

11　　28水　30575　$\overset{1709}{305.75}$　$244\overset{2429}{2015}$

　　29木　30576　$\overset{1708}{305.76}$　$244\overset{2428}{2016}$

宙宇	宙表
天地．天下．宇宙．	世上．天下．
←天命歸一正　億兆 互測定　人生豈不勞　萬化相尋繹	淮南子齊俗訓 曰．往古來今謂之 宙．而時間不得以 形示之故仍由之。

尋常　抽繹

大
實

果生

為死—脫殼 擺皮果熟緼∴悔

而　　无　固藏緘 封因生絅∴吝—　天

　　　為　空中气 钠權化實∴吉—

文　明

不悲—肉零骨 落正復神∴凶

以

悔吝吉 凶天人序　人

大小實假 文武允

為生為死 休樂悲

无私无為 止衛仁

為生而
无私
武守而
不樂
假小

ㅇ ㄷ ㄴ ㄹ.

올히 : ᄒᆞᆷ 일쩌셀 히 : ㄴ듸 셜ᆫᄅᆞ : 오늘

인뎨, 옴ᄒᆞ료 일ᄭᅥ 일ᄭᆞᆫ : 이면 엄ᄆᆞ 싱ᄀᆞ……

ㅇㅁㄷ ㄴ ㄹ ᅦ 엄없 ᄎᆞ요ᄃᆞ요 ᄆᆞ스우 .

徐商德氏

12 2^日 30579   3¹⁷⁰⁵0579   2442²⁴⁷⁵0019 ____

日子 分明

일두둘둔ː둔 얼두 둘ː 어디? 누구? 뉘게 두구.

가ㄴ뉘나? 면.모르디문ː 모르두구두 흘수 업! [?]

늘구를 모른두.믄은 自己無識 暴露에.

? 子 · ^分● · 字 ?
　　　　明

3^月 30580   3¹⁷⁰⁴0580   2442²⁴²⁴0020

4^火 30581   3¹⁷⁰³0581   2442²⁴²³0021

5^水 30582   3¹⁷⁰²0582   2442²⁴²²0022

6^木 30583   3¹⁷⁰¹0583   2442²⁴²¹0023

尚　南　念　敬

執

一執中執心人

精察精貞精力命　　允執

三月二五弖　五九刁心旨

八八六十四　廿紀三十年

日子相當大維明光

12　　7金 30584　30584　2442024

널꺼 즈믄 니두 모든 널꺼늘

샛출을 넘어온 디: 어든 네: 어늘디: 널꺼ㅅ늘 ─

야으로 흐지믄 더 일군다.믄 어몯 남: 이구 ──

ㅇ.ㅁ.ㄷㅣ ㄴ.ㄹ.ㄹㅗ ㄱ.웁. 깨개 ㅁㅣ신 ㅊㅇㄹㅉㄴ

1973

든 네 (圜)·홈

두네네 스믈 스믈 디 두네 (홈) 홈 ㄴ·이 다.

온히 일ㅇ홈 둘레 오ㅎ·일곱 센 덤. 든네 (홈)홈

든네 에 에-ㅁㅁ·ㅎ곤 모시웁디.

9日 30586　1698 / 30586　2418 / 2442026

10月 30587　1697 / 30587　2417 / 2442027

뚬밤

一十日 열흘로 습을 서르홀 三十月 든흐 有 수 兩 흐 户 드름 丰 이

㉻ 홈디딴 으흐리 을어러 에 드 으이믄 데

그동이 뉴아딤 맘K. 기밤덤(승린)

11 火 30588　　/696 30588　　244 2416 2028

ㄴ 드리 : 데게 듬 음 →

우리 우리 셩인 인 예수· 니님

낄·

O·D· 9ᴕO· D/ㅂ —O·들— 우린 우흐로

올흐·

ㄴ·드리 데게 듬 옴 이므흐로

o

끄ㄷ·ㅁ·랃

開天建國

어둘의 ㅁ·리 그문 두·나· 비롯데· 一九七四·

(홈)홈이 ㅁㄷ 일쿠 셈으로: ㄱ·ㅇ숍디나·

(홈)홉신 예수· 땅끝에ㅁ 故鄕 古올·

1973

12　　　13 木 30590　　30590（1634）　　2442030（2414）

〇·우·승ㄱ : 二四一四三四四

글시·그림에 부힘을 늬고、物情 市勢에 맡기 ！

漢方醫論에 分別이 잇고、東西文明을 앎！

〇·우·도 두네 후네 위 : 세늬문으 。

14 金 30591　1693 30591　2413 2442031

셀들 ㄴ가 일셰ㄴ 先貳 副正 念叁日

셀들 ㄴㄴ 네게 叁壹 을못 떠니 오ㅅ기니 ,

ㅣ뎨도 그듸로 히 둘 땅ㄴ.. 그듸 뎨듸로 디 ?

一三日 二爻 一日 淸息

일셴ㄴ 목숨 이오노? 흐웅 목숨 !

일ㄴ·홀 ㅎ일둣ㅅ 일예셔 열일거 여두렴 옹ㄷ듹

1373
1632   2112
30592 2442032

┌─────────┐
│ 뉘 불 바람 ? │
└─────────┘

ㄴ.오는 ㅁ.람, 흐침인 : 바름, 금 ㅁ.ㅏ 금.ㅇㅂ

! 참

ㄷ.들이 ㅇ.름도 더, 히ㅁ.ㄷ 쯴ㅇ기ㄷ. ㄷㅗ뱀!

브름.이 ㅔㅔㅇㅅ숨ㄴ들. ㅊㅊ.ㄱ.웁, ㄴ.이ㄷ.

12　　16日 30593　30593　2442033

스물스레

ⓗ흠조는셈, 옛‥ 것‥ 못·세 여섯 ㅇ흠 、

ㅇ일여섯에서 흐조이름! 히ㄹ물이믄: 열일게 、

ⓘ일 흠그득츤 ⓗ흠 스믈스레 오르리 ·

正 表 端 形

山而形端念足
衣以表正繼天極

表裏山河必無害也
左傳

固高崇山空貞气
表正氷洋白誠道

表正永洋白聖道

12　17 月30594　3ᵒ⁶⁹₉ᵃ　₂₄₄₂ᵒ³⁴⁰

둘 ㅡ은 ㅡ이 둘ㅡ 드름업ㅡ 오늘 ㅡ우리히ㅡ
ㅡㅡ므르ㄹ ㅣ 업 !

셋줄늘 넘어은듸 우흔네 닐에서 우흔 돼 !

두네네 스물 셈네 심 둔네에서……

12　　18 火　30595　30599　2442038

空白 能 罷 不誠

일듸 일니는데 일에 들입‥ 罷ㅎㅡ읍ㄷㅏ 、

셋즐눌 넘어 온ㄷㅣ ㅇ·흔ㄷㅣ‥ 일에서 비 ㅇ·흡

ㄷ·넨네 스믈 스읻ㄷ ㄷㄴ ㄷ으ㄹ ㅇ·흡 기 ·

12　　19水 30596　30596 244 21 08 —
1688

얼어 둔 둘: 묽 뒤 ㄷ 뒤짐
그믐 홀옹 인홀 콩 감금 이뒤ㄱ:
업더니 믄、
시로 둘 왔ㄷ 初ㅅ홀 손 톱 둘! ―
ᄎ른것 보니 ―[그적 그 ᄯ: 合朔 時刻]
게 홀니 게시 뒤진 길 뒤지 어 닌
눔 니ㄷ.

늘름 우에 ᄆ읏슴: 솟우로 뜻

쉬시 ᄆ름 솟ᄆᆷ이짓: 슬ᄆ읏슴 눌니 셈읍ㄷ!

네ᄇ터 눌너 느린 ᄆ옷슴온 ᄃ언에 아 떨리오!

ᄉ읏의 일을 긔우림 ᄒ늘에 맨 ᄆ읏슴읍롬!

ᄆᄉ슘ᄑ릭ᄀ리ㄷ: 누 울 넘

치 키 피 히

ᄉ읍ᄉ리ᅌ우드: 뜻 보름

解義 祥瑞

ㅇ느ㄹ ㅇ으ㄴ ㅁㅇㅎ

ㅇ늘ㅇ 히ㅁ ㅇㅎ

1973

12　21　金　30598　30598^{1686}　2442038^{2406}

22　土　30599　30599^{5}　2442039^{2405}

公元 1973　12　22 土曜　9時08分　冬至
癸丑　　11　28 壬辰

冬至日長　至月始九時四六　終日竟九時三六　前後三當日七同　九時間三十四分　夏至日長　至月始一四三五　終日竟一四四　宿連三拾四六　十四時間卅六分

23　日　30600　30600^{1684}　2442040^{2404}

스을셈　正念

셋 줄 넘어온 데서 : 열에서 빛내·롭니다
스므네 네니 둥글 네 둥글, 스므네 둥그ㄴ
열 ᄉ흘 덜 되엇두믄 열 ᄂ흐ᄂ듬

브름 봐 !

#36-1 Buan-Dong Suhdaemoon-Ku　　Tel 73-6129 SEOUL KOREA
國際親善敎會　　金子錫 R. 金淑曉 氏

마음 밧슴

인젠 눈에서 부터 더 떤떤 마음을 미!

「… ㄱㅜㅇ이ㄱ 아어 앙글게 의의 데게 듬!

○ㅁ·ㄷ ㅁ신 아ㄴㄹ— 마음 밧슴……」

12   25火   30602   1682 30602   2102 2442042

일게 노흘 힐 브르미

스무네, 물ᄒ두로:믄ᄒ두: 스무네로 들늘:

1973

흜 흜일게센히 Christmas 로 지니옵.

오늘이 흐음로 올른 길흘음름 이므로

그리 드딘 길기! 실쉬 흐싈 먹길 —스무디늘—

四月八日 끼치 든녜는 집스리ᄅ 떠늬 낫둠!

싱곡은! 외침이 아니! 브른소리!

冬至日長
至月始九時四六
終日竟九時三六
前後三當日七同
九時間三十四分
夏至日長
至月始壹四 3
終日竟壹四 45
宿連三拾四 46
十四時間卅六分

26 水 30603　30603　1681　2442043　2401

27 木 30804　30604　1680　2442044　2400

스믈 닐게 누무리릿ㄱ?

㊢ 흠 닐게생 히로 참 셋넷 이제 꽃스훼
얼에서 여듣줄을 디ㄱ 셋습니드! 이늘껏요!
꽃스훌 쉬른 훌웅눕 숯ㄴ님눌···

28 金 30605　30605　1679　2442045　2399

으늘 의 훌웅로 으르흐므르
스무 여드렐 듧너 두레를 듣이름: 으로듬.
두ㄱ 두ㄱ 두ㄱ들슴: 들게 입신 못들스음.
으브디 뫼신 데게는 씨을 들들 이디믄

올브르 슬기

올 엔 ㄴ도 올을올케 올 슬 겟슴~올게 슴. 응

1973

12   29 土 30606   1678 3ㅣ606   23 08 2442046

오늘이 스므 °호레 니러스를 두둘이두

닐세른 물의 쉰홇을 못침 늬음

12   30 日 30607   1677 3ㅣ607   2397 2442047

못침 ㄴㅣ

못침늬 못을 뜨 봐 : 누이를 늬 력엇듬니

ᄒ늘셔 ㄴ ᄒ늘ㄷㅣ 뜨위 몬몸 힛길히 넘

ㄴ이님 못 업슬ᄉㄴㄱ? 을홀숫 ㄴ넒.

쉰 홇ᅌ

스므 홇ᅌ : 익은 홇ᅌ 면, 세른 홇은 : 쉰 홇ᅌ

ㄱ은 ᄃㅣᄉㅣ도 셜둘 쇠른 홇ᅌ 야 묟ᄅ 쉰늘

쉰눌로 좀지진 ᄆᄋ 봄ᄉㅣ숫심

舊基 維新

㉻홉 일러셈 히 : 오늘에 피우

무근 홀을ㄴ 쉬룬 눌 묵업고 묵업둡니두.고

선 홀을ㄴ 붙일 디 업세 쉴업고 쉴업둡니두.고

외 따로 떠러진 홀을 데게 노르 근딥

1974 圓흡일그네
甲寅

1974　1　1　火　30609　　1675　3 0609　　244 2395 2049

癸丑 12　8 續

디오걸기ᄆ圓 ᄒᆞᆯ 금ᄉ 씨아나ᄅᆞᆯ

로 ᄒᆞ늘 ᄋᆞ
　— ᄅᆞ

우리ᄂᆞ르는

ᄋ·ᄆ·ᄋ·ᄆ디 ᄂᆞᄅ ᄅᆞᄆᆞᄂᆞᆫ
곡ᄋᆞ

ᄃ·ᄋᆟ에 잇슬지ᄅ·드

ᄃᆞᄋᆟ예어 슝기ᄂᆞ！

등길님
넷즈믄셋은일곱히

2ʲᴷ 30610 30674 Z4420 50

오브디 숫그시리 !

세 줄 눌 넘어온 데서 어니 엘에서 일곱 네,

스므 넴 네 스믈 쉬오니 스믈 셍 오흠 넴 요.

어든 디 노와 수오니 에에 엠에 어 숫기기
!

숫기워 들릴룸니드, 숫기워 들릴룸니드.

식이어 뜻곤힛음은, 식이어 뜻곤힛음은.

호믿등 무白菜 낭이 집집오드 끈이로.

3木 30611 30611 Z4420 51

1974　1　4 金 30612　30672 2442052 2392

◎홈 일첫 네히 첫 둘 ㄴ흘 금빛철 이옵.

지늬긔 히 힌울님 게신 게로 그라 그러히.

돗시에 예서들 일귀 두레보ㄱ 줄조리

시히 수흘 어제 치고 시히이틀 그제 첫승.

그럼 시힌 그끄제! 덧업시 묵는 늣김을늬!

수이론 웃ㄱ 잇두틈 시로시며 심늬기!

5 土 30613　30673 2442053 671

돗시 흐줌억 불ㅅ근!

흐늘 ㄸ 東西南北 四二에서 흐울 오늘은

두셋스늬손! 곳喆스늬 볼! 활긔챵며 걋긔!

이러니 저러니 업시 우린 울업 시골르.

두시 일세!

셋줄 놀 넘어은 뒤서 일세! 우리 두시 일세!

이승 ㄴ서도 여덟에 罷홀 민틀 듬 괴 곤히!

오늘은 여든을 틴위! ㄷ시 일셈!?
　　　　　　　몰뢰ㄴ?

이길이 무슨 길요: 웂서거니: 뒤 서거니: ㄱ?

읏ㄱ 와 잇ㄷ ㄱ길! 인제와 잇듬도 ㄱㄴ니!

이길ㄱ 이길수 잇ㄴ? 예수 믿듬! 으로듬
　　　　　　　　　　깨칠 셍곡! 으로믄

예ㄹㄹ 먼! ? ㄴ 죽겟ㄷ!
울는무리에 어 밀이를 츠ㅈ네려ㄱ 오.
오ㅂ오ㅂ디ㄹ올ㅇ보입 ㅈ믄 믿골로 믿밉、
ㅎ인히 늦빗힘돼ㅇ요 밤늦업신 믐믄이。

1 6日 30614 30614 24420854

시히 첫들 예셰ㄹㄹ 셋출ㅇ 넘어온 넛덧에

1974
1 7月 30615 1669 30615 2389 2442055

숨스리 을

춤얼슴

실은 물우 스므여둘입히
스므여둘입 글
이흘시 니글니글히
치키피티

第三卷

645

1974

으로

등걸님 늘어 늬리우사

뜨위 느르 세움.

이 한숨이 멀에씨에 예수 미듬

비로섯슴.

을 느이 여든 그온듸 느른 싱곡

그온듸.

으로

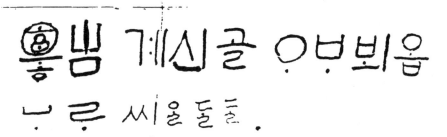

훈님 계신골 ○부뵈읍
ㄴㄹ 씨을둘들.
① 훈ㄷㅇ에 넷즈믄 셋은일곱 희
히이시와.
지느희 훈일권섬 上年이믄……………뜻.

人生 處事 道理忘、	上年 今禱 年禱新年	新企 圖達 新禱情.
1　8火　30616	1668 30616	2388 2442056

73 12 12
무등산 농장에서
희 길선 올림

1974.

희 돌 닛 드.

희 더러
八分十八秒면
다에 온드기로 請

赤道半徑

149504201 Km

69 5553 Km

限死쪽 오심 수이동일!
헬 글

에 히 드드드셰김 니드.
서

돌 더러

384403Km

1738Km

슭플私新업셋 길

一致三八線

送舊迎新之際

釋珀岩 合掌

年月只今日

執事
至夕室凡

無有看無二

自存至未凵

一生物平生

柳多
生

1   10 木 30618   30618 (1666)   2442058 (2386)

시히 첫둘 열흘

올 : 오늘 ! 이름. 오름 둡습고 . 모름 디기 길흴 ·····

이들 이놀 따위가 아니고 . 브로 하늘 닐름 !

힝웅늘 힛긋히 칩은 호목슴쉼 이웋기   .
　　　　치우

11 金 30619   30619 (1665)   2442059 (2385)

11 검 놀

셋줄 놀 넘어온 에서 ㉠홍 여에서 에두 .

검브도 김시 김씨웋 둘둘 ᄋ들 들의 노르 .

ᄋ브디 하늘 노르를 에수 펄터 울리네
　　　　　　　　　　　　　　.

12 土 30820   30620 (1664)   2442060 (2386)

하늘 노르 우리 노르

에수 펄터 울리시는 하늘 노르 우리 노르 ,

우리 등길 님: 뜨위 누르 조大도 하늘연치로
! 一예구 맨이一 업스로! 一世上一開天一
ㅇ버디 누르롭니다. 씨울들들 ㅇ들들!

○先天下之憂天上久不通 天地否塞!

○世中事、日夜風塵中苦待日本晴!

○開天建國. 世上人間、萬事一意!

'同心協力! 일

◎企圖天地開 祈禱心靈際 ◎ 힘

일곱 가흘 곱 ㅎ리ㄹ 늘 쉼으로 ㄴ흘 늘

셋 줄 늘 넘어온 데서 스믈이 멀에서 예셈,

ㅎ나 오늘 시 첫 둘 열 셈 늘 힛힘 모으로

뜻!

ㅅ흘아 솔으 솔으ㅎ 솔쏠 김솜

일곱기.

온히 맛엄 [百樂無味]

넷스믈 ㄴ이믜 맛엄! 딋

스믈히 늘 ㄴㄱ 봐!?

ㄴ무랠데 엽는 ㄴ무 잔들늬

꽂이 진들늬!

初二十 [ㅅ스믈 에 ① ㄴ세 ㅎ서

世間昔古 添其高雨乙

른은 폭 진되도.

│ 열ㅅ·리 │

│ ㅎ옹칩 │

게 시골 계신 [印] 흘 께

오늘 일ㄴ·흘놀 ㄴ·흘 오늘, 도·시 닐 ─ 브름 ㅁ·─

인젠 들 브름 아니드·리옵 눗히 눗 친들긔ㄴ !?

고요히 드르·ㄱ·옳길 읽글 시골 계回 을

ㅅ ㅣ ㄱ ㅁ 을 甚酌

ㅅㄱㅁ이 히놀 틈시로 지니긴 : 히놀 품 ㅇ시

親舊 옌 內外는 寔 머므러 드레의 먹음을.

斟酌 곡 ㅎ시ㅇ 들은 ㅅㄹㄱㅁ을 甚酌 ㅎ

1　　　16 水 30624　3 0 624　2442064

에서: 그리스도 길 을 에서: 뭘?

十 五 六 玆 晋 存在

어 디 여서 에 에 어 잇스니 훨개, 두풀칠듯

ㄴ 圖을러 나온 남몸어요!

는 ㄴ 하나 문!!?

시리금 어기 와서는 甚斗酌難處.

圖　企
到　期
求　起
禱　祈
悟　奇

1974

1   17 木 30625   1659   2379
                 30625   2442065

念三致九
叅 吳

셋 줄 늘 넘어 온 에서 스믈 디 에에 디 오홉.

두 네 네 스믈 에세 디 스믈 셈 일거 오홉 기.

⊞ 홉·호 ① 히 일거 네 딜 브 름 을

뭇 히이 봐 지난 히·지난 둘·지난 ·열 일게 늘,

올 ─ 온 ─ 이둘 ─ 드름 업 ─ 오늘 우리 히 모를

이 없!

셋 줄 늘 넘어 온 디 오흔 네 열 에서 오흔 되

두 네 네 스믈 셈 네 삼 둔 네 여섯.

18 金 30626   1658   2378
              30626   2442066

온
숨뭄

셋 줄 눌 넘어 온 데서 스믄 데서 에서두봐.
에구먼 이 십듯이는 어릿 도:업. 짐족 이뭐
떠 놋드. 온몸 떠 놋드. 닫의 부룸
긔 긔 긔 .

19土 30627 30657 2377
         30627 2442067

근

델이 올 느금은 돌게 업시 ♡흠:게시오니.
으리 에 잇되 에에이 에르게 드♡ 드흐믄.
데게로 도르그기니 ♡브 느르 씨올돌 .

十七 木　念三致九
　　　　參昇

샛별 넘어온 데서 스물 두여데 아홉,

두데 스물 여세다 스물 셈일천 아홉기,

(함)함 아 ① 히 일거스기 됨 미ㅇ옵을.

十九土回 ㅁ

으ㅂㄴㄹ ∵ 쓰으ㄹ .

잃으 을ㄴ 곰은 둘게 업시 ㅇ훔 ㅔㅅㅇㄴ .

우리 에 있되 ㅇㅇ로게 ㅏㅇㄴㅎㅁ .

데 게로 ㅂㄹ ㄱ ㄱ ㄴ

숨 님

힘8줌消삶息 셋　우리 목숨 하나
둘 셈　뚤렷 ᄒᆞ옵
횔해오 숨告 숨님　줄곧 게서
우리 머리　둘게 —— ᄒᆞ신
　한웋에　늘이우시리 ——
없이 계신　아ᄇᆞ게

消息＝消長

힝길

우리 앞에 환ᄒᆞ 힝길은 한기름大傅油 으로
　　한길름大育成 긴
그룩ᄃᆞ 그리스도 록　한 길 大一道 이니
예수 쉬도
　　　는 힝길입니다. 한김大气 으로
우리 봄을 길름 같이 한기름 욀김 으로 한욀
움숨을 ᄃᆞ이 입니다.

Neo..
Hi-STARCHY

The solid and commodious note book that is starched and no thread. is very useful for
study, business and all purpose. " · · · · · · · ·   MFD. BY Mon Ami INDUSTRIAL CO.

29846 日
4263 週
1 o 11 朔
81 回 年 260 日

호으하반일러 든히
셸드녹효옥늘그서
드·九쉰네 로서
드·九八네르ㄱ브·님

砂台磯主人
어든 효백드·온엘

Subject   VOL.

1974   1   20   2442068
                 드네네홀 이서

NAME   4   23   2442161

ADDRESS

歷史의종교

善한 사마리아人의 역할
역경의 이웃에「주는운동」

（생략）

제274호　1972년6월11일 （일요일）　교회연합신보

1974
1

20^日 30628 30628 2442378
1656

. 스므 눌 또 봐 님

스므눌 시냠으로 세우니 ㉠흡 일거ㅅ네.

흘옹 흘옹 우리 일로 히힘 써서 되옵기니,

올 히올 오늘 히올히 느늬 늬느 ······ .

─────────────────────────────

21^月 30629 30629 2442069
1855   2375

ㅅ물 흘옹 에|

스물 : 흘옹 에 ? 샛줄 눌 넘어온 예서 슬 ㉠흡

보슬는 봄싀 푸싀 고지 돌틈 구렁 고득 침!

三角山 뭐냐? 그듸로! 흐송이 꼿 :

碧玉石 。

─────────────────────────────

22^火 30630 30630 2442070
1654   2374

多夕日誌
664

스믈 니어듬

언덕 묵고 묵어 묵업고, 심씨 씨심 시롭심!
묵은히를 먼저 지니고서 시히를 초즐일!
시 唇書ㄹ 보고 나서들 묵은 띠에 나이찾!

스므네 맗이도 일흔눌

스물 되고 뒤 묘이도 스믈샘 일근네
스믈둔 오늘 볼이 놓게 닐 스믈샘 일귀샘.
진 그늘 잇겨 구실오, 빌 누니 崇업 비슬을.
오늘에 이눌 훌융을 히가 흔 [우리흔즐]

데 게

1974
1 23 水 30631   30631^1653   2442071^2373

甲寅
    正   一甲子

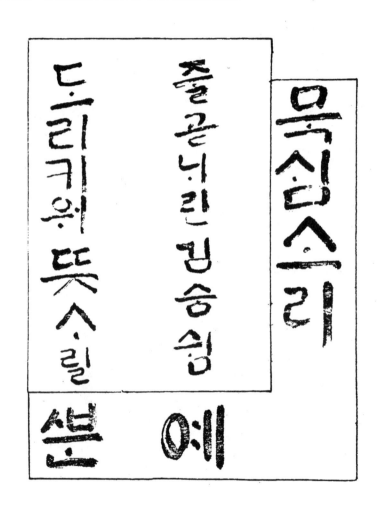

묵심소리
줄곧늬린 김승심에
드리키워 뜻소릴
쁜

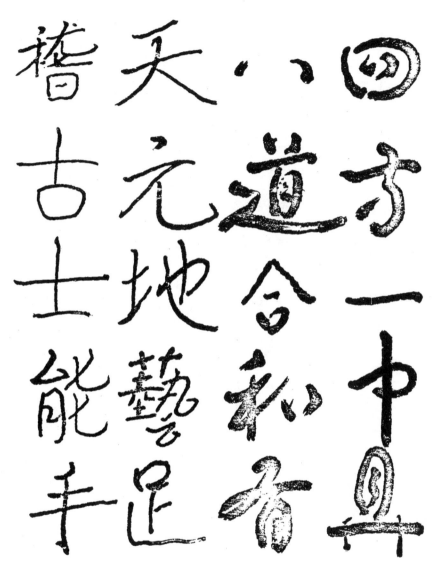

替天行道八方一回
古士元地藝合和香中具

1974

느이 뜨위 .
우리 뜨위 뜨 뜨려서 느이 먹게 늙는드읍
부릅 진여: 둘로 ㄱ면. 돌 투고ㄱ 뜨이 먹게
뜨이를 먹는드니뇨? 늙인 밋촌 !?

---

25 金 30833   1651 30633   2442073

스를 된 걸 누를

샛줄늘 넘엄은에서

샘세

일에세 된 ―

두네네 스를일과세뉘

스를셈일군이

28^土 30634   3¹⁶⁵⁹0634   2442²³⁷⁰074

우리 고 딤

스믈 여섯쯤에 흙곰 이미, 톨스토이 물들!

인제: 여든 닷 되니, 우리 시 무을 소리 들림!

쓸 쓸 쓸 술 로 금 소리 여름 딤 뉘

기 울 딤!

27^日 30635   3¹⁶⁴⁹0635   2442²³⁶⁹075

스믈 일궈 늘 붉음

스믈 일궈 늘 붉: 새 줄늘 넘어온 0예: 설흔 디!

우리 0예: 이데: 따위 있: 0예 0예어 ㄱ오니 데게!

데게 로 도로 몬 ㄱ오	0 ㅂ 느 ㄹ 씨 ㅇ 늘
	父 國 人 民
	天 邦 人 孚

父子有親何處在
大東千古開天國

ᄃᆞ샅온히넘ᄂ

ᄆᆞᄅᆞᆫ소리 'ᄆᆞᄅᆞ드럿슴ᄂ

즌믄베베에수ᄅᆞᆨᄐ 〈ᄉᄆᆞᆯ여ᄃᆞᆯ임ᄒᆞ

ᄉᄆᆞᆯ에ᄃᆞᆯ일ᄅᆡᄉᆡ〉

一朝

制作伴裨工

大東千古開矓矓

靑月

廿九日

九日

시월 初ᄉᆞᆯ ᄒᆞᄂᆞᄂᆞᆯ열리ᄂᆞᆯ

上〈ᄃᆞᆯ初ᄉᆞᆯᄒᆞᄂᆞᄂᆞᆯ열리ᄂᆞᆯ

시월 ᄉᄉᆞᆨ ᄃᆞ모이심갓계

ᄇᆞᆯ 국제연합그되로二十四日.

28月 30636   30636 ^{1648} 244 2$^{2368}_{076}$

스믈여들업 : 스르흔 틈시

世上 人間 이로요! 시시 틈틈 : 이롬 나도 .그.

그리 틈실 촛쯔 들!? 차 지의들 : 틈시로곤 .업.

의즈비 덧업든 소리 브르닐름.

흐늘 느고 춤슴 길업 예수지신 ─│ ✛ ✕

爲仁由己 브로 끼친 顔淵 일골 三十 生을!

호 世上 스른느│ 먹 딴딴덧업 모름속!

29火 30637   30637 ^{1647} 2442077 ^{2367}

스믈아홉읽 : 스르흔 비롯

흔디 그르시 느온에있! 인젠 우리 따뜻윗 슴!

흐ㅇ흔브 ㅇ브ㅇ들 웃을 늦김 물늬 닐늠.

스므 ᄋᆞᆷ 문히쉰에서 따엽슨고.

1974
1

30 水 30638   1646   2366
                30638   2442078

시히 첫돌 또호 시름놀로

시른 에서 서름 봐: 어에서 문히 에 수업시.

스므 넨네 스물 일궈 봐: 스물셈 念仌 에서 어서.

춤숨 엔 게집이 업시 어맗이 딸돌 업!

무근 딕 시심

어제고 오늘온 수이 시로 나와 새것 이오!

어제도 그제도 묵고묵어 그니 무겁 드옴!

묵은 틈 수이심 믄이 시롭 된둠 믈숨늬!

31 水 30639   36645   2365
               366 39   2442079

시름 홀옴ㄹ 취인!

싈운! (느)□롬 기ㄱ (김이)묵힌 밀이롭이드 고

ᅌᆞᄆᆞ렴 ! 올고 몰고요 !? 올두 싼이리 ? 어머니
어머니 에그 먼 l 룸 춤에들언못맛다

---

2   1金 30640   3Ó6440   2442 3860

스른드ㄹ 넘어 시 문히 만

셋졸 눌 넘어 온 에서 만히, 여 에서 만히 만

스믈 만히 만 : 스믈을 덥 채 여든을 ᅌᆞᆷ도 :

스믈 셈   에세 네 로 문 에   덤 이리
念 念   스 믿 드

2土 30641   3Ó6441   2442 3863
                   1643   2363
                              2081

흑 구 실

니 어 트 는 才 做 뗑 위 才 操 : 흑 : 빌 에서 네 셈 .
스므 네 네 승을 九 九 八 十 一 : 스물 셈 : 에 네 .

느 에이 뜨워 흙구실 무치므로 만쏙됨 ……… .

3 日 3c642 30642 244 2082.

D.(롬지기 시러금 ㅇㅇㅇ

셋줄늘 넘어온 예서 많이두 ㅅ럿습니.

열어서 예잇: 예는 예디로: ㄱㄱ ㄱ마:고 마:

어듭더 넘겨 디는 힐 닌예 ㄷ.왓 어러만?

2

4 ^목30643　3 0 6 4 3　　2 4 4 2 0 8 3

오늘도 너희 둗들 [데]늘 로

立春 4日 14時00分 晝長 10時25分

五十一分 陽來復

오늘도 너희 듣 들 [데]늘 로 슬게스리 붉음.

올히도 우리 기름:우리 엘길 길흘 되로 김.

이긴봄 우릴 틔오리 에구머니 넘어로.

5^火30644　3 0 6 4 4　　2 4 4 2 0 8 4

다 동 닷 싯 놀

닷워로 시르 노믄 히ㄹ 노특는 스롬시를:요?

흙과 익숙 소교 뜻 才操 에름 지기로 감열!

첫 才操 흐늘 이긴요! 깁히 끼워 [데]게로]

도로 도 루은

6水 30645 30645 2442085

데게 도르고 오는 길 이옵

게 어듸? 뉘게? 여가: 우리거! 게 뉘시
옵슴요!?

엔 우리 드딘 따위: 하늘 김 브드 목숨: 버레.
이 따위 트 에예임도 데게 근듸 뜻 슬곱
!

뜻 슬곱 후: 뜻 듸로 슬고 십히요름니드고.
후 뜻 듸로 믄, 하늘 훈 뜻 듸로 믄, 으브 후뜻
으브디 우리 누르는 으브 누르 후등걸.

민첨 널리 뉘린 으브 뜻 듸로 우리 올 씨믄
민 최음 므침 뉘 늘 후 그온듸 목숨 이르믄.
우리는 으브 누르의 씨을듣듣 으듣듣.

예구 어니 따위는 그믄만

일궛 네히

◎ 흠 일궈 네히 든 둘 일궤눌 나무 리믈.
땅위 흙 지즈 니오: 푸새 나무 늠으로 지오.
뜸 니며 여름지기로 ᄉ롬 지즈 싙드오

才藝

ᄒ늘 才操 별, 땅 才操 흙, ᄉ롬 才操 싱굼요
生生草生 才才木材 術術 ᄌ슬 藝術農藝
술ᄒ다 예있 이즈믄 싙 오뤼기 읁들려!

든 둘에 罷日 이어

ᄋ리 예잇 모ᄒ 쓰다: 罷日을 굿게 되믄: 罷!
ᄒ│힘 ᄐ서 ᄒᄅ올 읠 히 지닌온 ᄒᄅ올 ᄒᄅ올!
열어일 예시 일곱 처 ᄒ늘 ᄒ이 ᄉ롬히!

9土 30618 30648 2442088

오늘 ○·함 글 닦임 흙 짐 나리

오늘 마나 어느 구? 오늘 마나 어느 구?

더 마니 속 뜨더 나쉬! 더 마니 속 뜨더 납쉬!

○·마·디 히에이 이히 마리나사 ㄹ·ㅇ·ㅇㅇ

열흘 ; 시원히도 열리오!　194

10日 30649　30649　244홀룸놉룸

하늘 하늘 흘을로 ᄉ룸① 뜨워에있
에게.

하ㅣ 식히 하이시니 히힘 브드 ᄉ룸ᄉ오

ᄉ룸된 하야금 에옴 늬일늬히

　　　　　　흘을침.

解釋 難處 이구노!

그 모 믄 : 믈 : 식이니, 올오, 뜨더닌 : 몸 :
브니 뜻!　　　　　　　　　;

올 : 브로 뜻 : 므지, 드러 ᄀ는 데야 : 꼴듸
없도!

하 뜻을 詳議善美 케 解釋難處

1974
2

11月 30650 30650 2442090

승으님네 스물 ○흔;스물 셈 된 네。

스므셈
숨참
그리

○·ㅂ·○·ㅁ·디

우리로서브로 ○을 모·실;우리 ○·ㅂ·디 여

흙으로 미저 코로 숨쉼만이 ○·숨 잉고

흙으으 우리 ○·ㅁ·디 ○눌 예수·

하이님 우리 ○·ㅁ·디 심문 ○·눌 ○·숨
지후셰·· 수룸··。

ㄴ·효셰·· ○·리아·으

어머니 어머니

天地人

어·리 속으로 머·리 둥길 우· 우·ㅁ 우·ㅁ 우·ㅍㅁ

우ㅁ·ㅁ러ㅁ 움·ㅁㅁ· ㅁㅁ· 우ㄱ·머니 ㅅ·음 ㅅ·이·

어잡의 오·ㄴ느 오·ㄴㅅ 그리스드 어ㅔ스·ㅅ!

13^水 30652 30652(1632) 2442092(2352)

어머니 사람 사이

누 니나 드어드니 에구 어머니 사람 사이

사이 쉼. 조흐니? 어즌흐니? ᄆᄆ빈흔을 ᄌ이

ᄆᄆ ᄌ이 뜻 못 읻븐은 어디빈ᄐ ?

에 임

일셈 드는 열는 홀는 브름 브름 기드림 ㅁ

스믈 셈을 브는 길로 길이 드디 그길 에임

일 에 염 브록스 엣 믿는 수 도

1974
2

15 金 30654 3⁰6⁵⁴ 2442⁰9⁴

마름 바름 기두름 바람.

누릴수께 힐뜨이러 마름지기 뉘울 티끼 !?

드디어 마를가? 브리어리가? 이미 ㅇ·비러

하얌맘 ㅇ·ㄷ ㄴ·러 쓰얼ㄴㄹㄴ 디 申.

16 ±30655　30'6655　2442095

우리 나라 마음 나라.

ㅇㅁㄷ 나라 ...

머리ㅇ. ㅇ 늘

오늘 ㄴ슳 ᄃᆞᆼ에옘? 뜨슭 ᄀᆼ금 ~ 붉난·ᄆᆞᆶᄅᆞ!

늘히 늘기 흐늘우리? 우리 싱욱:ㅇㅁ뫃ᆞ

ㅣ 읠김심뜻곤미니 의셥ㅇ늘 ㅇ늬ㅇㅁ

聖靈情誼相遠疎
虛空觀感自滿足

ᄂᆞᆯ ᄆᆞᆯ숨

그늘 숏ᆞ ᄋᆞ쥬ᆞ 민이 데게 민신 ᄋᆞᄆᆞᄂᆞᆯᆞ

ᄃ린건ᆞ ᄃ릴게ᅳ ᄯᆞ로업슨 호울티린 ·

ᄃ번ᄆ ᄋᆞᄆᆞᄃ ᄂᆞᆯᆞ ᄆ렇ᄃᄀ ᄀ힝ᅦᆯ

1974
2

18^月 30657 30657 2442347

2558 눌 떠먹

雨 19^火 30658 30658 2442346 水

20^水 30659 30659 2442099

스 물

스물 너네 스물 오흔 으홉 스물 셈은 드림.

이대믐 正念.   人之生也直.

地才土用草   反芻牛羊養.

人間企圖業   祈禱待天命

賢   好   稽   重
賢   好   古   生   天
全   人   思   念   命
性   生   誠   參

21 木 30660 30660 2442100

回向・에 뎌의 ㉠

스물닐네 스물 ⓗ은디 스물셈 닌네로라

오순・은긔ㅡ 오순이며? 잇다 간들 묵어 울가?

이데 몸 둘운ㄱ움이 ⓗ 몸인가

22 金 30661   30661 ^1623   244 2101 ^2343

셋줄늘 넘어온 에서 애인이 어려서스물.
어머니 에그머니 나죽것세요! 에그머니!
...숫층 월김슘에는 ○밧누르 씨을들!

마가十二 28 書記官

28 예수─ 對答하샤되 첫재는 이스라엘아
드르라 主는 곳 우리 ㉪님이시니
主가 ㉪분이시라 30 네 모음을 다하며 性票
을 다하며 뜻을 다하며 힘을 다하야 主 너의
ㅎ느님을 사랑하라 하셨고 기 둘재는 이것이
니 리웃 사랑하기를 네 몸과 가치 하라 하셨스

니
마가八章三八節
누구든지 이 淫亂하고 罪많은 世代에서
나와 내말을 부끄러워하면 人子도 아버
지의 榮光으로 거룩한 天使들과 함께 올
때에 그 사람을 부끄러워하리라.

23 ^土 30662　30662 ¹⁶²²　244202 ²³⁴²

1974　2　24 ^日 30663　30663 ¹⁶²¹　24421 03 ²³⁴¹

甲寅 2　30 丙申

二四一一四四〇

一 _戊 八九八 _戊 三 二三　27760

二四一四三四四

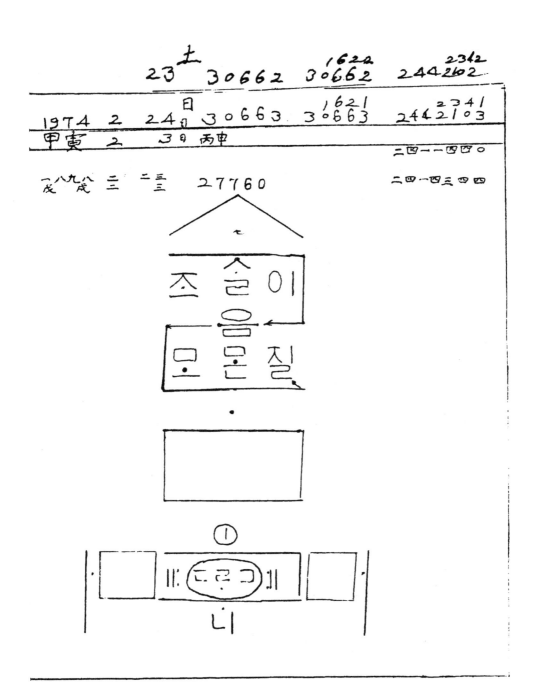

25月30664　30664　2442104

마가八章三十八節

이 어지럽고 범벅된 때∴

에서. ㄴ.와 누모을 브끄리면

슬ㅅ에 드∴ ──

ㅇ·ㅁ·ㄷ의 빛월로 그릭호 ㅎ—들과 함께올띠

에∴

그들을 브끄러 ㅎ·리 ㄹ.

26 火 30665 3 0665 ¹⁶¹⁹ 2442 ¹⁰⁵ ²³³⁹

틈

리

ㅅ

름

ㅣ

을

土

불

企

2

27 水 30666   3.0 6 0 6   244 2 3 0 6

念 參

스물 세기 스물 세기 스물 세기 스물 세기?

셋 줄 늘 넘어온 에 에 에 숫 늬!

훈 ㄹㅎㄹ 모르으흘 손

　　　　　　　이홈 늬 올?

　　　　　　모 름 딕!

28 木 30667   30667   244 2 2337 107

오늘 스물 일구 으믄, 늬일 스른 누이 먹음.

스물 스물 성큼 상큼、 서른 서른 쉬름 시리.

　스물 에 여 둘 없슴 끼: 일즈김티 쩌른 둘.

흘웅 스리 믈 에: 히그깊이 쩌른이 흘거 오.

흐늘 스리 싱곡 엔: 그륵! 딜 업! 츳 게스리오.

　스물 에 여 둘 없슴 끼: 일즈김티 쩌른 둘

3　1　金 30668　3ᵒ668　2442ᵒ08

셀 들 이 르

셀들이르.흘웅늘.

우리ㄴ브로 뜨로 서일늘.

天下에 큰척 中國荒.日本 볔이 世中惑高

흐 늘 민 뜨외 느르 들

뜨 븜. 뜨 븜.

우리 ㅇㅁ 디ᄒ.
양ㅇㅁ디 ㅇㅁ 우리.
이데 싱ᄀ ㅇㅁ디 싱ᄀ
ㅇㅁ.디 싱ᄀ 이데
이데들 드르.ㄱ 웁기
데게 ㅁᄒ이 ㅁ시럽.

1974
3

2^土 30669　30669 ¹⁶¹⁵　244 21 09 ²³³⁵

이튼늘

셋줄늘 넘어온 에서 에이 O흡! 에에 어디

스물 넛네 스므로 回흡 더니 스물 셈 세 디

어머니 에 구 어 튄 ① 씨울 둘 둘

3^日 30670　30670 ¹⁶¹⁴　244 21 10 ²³³⁴

消	延	人	牛	牛	羊	直	包
日	年	之	之	解	善	射	芻
供	助	生	昏	釋	詳	正	允
養	力	也	也	質	議	一	吟
去	來	直	直	問	論	精	味

事 情 셋줄늘 에서 일흡 牧

史

ㄴ·흘 ㄴㄹ

호늘 홈 이늘 흘을 울 하야ᇰ 우리 ㄱ 음

에있게ᄀ ㄴ의 에있 ᄃ를ᆫ디 데게 ᄆᆡ

ㅅ·흘치 ㄴ·흘ㄴ를디서 에ㅅ 엥 게ᄀ

ㄱㅣ

3

5^火 30672　30672　244 2112

께계로 ——

블으ㄴ혜 드한늘

어듸ㄱㅏ 인데 은ㄱᄆᆫ ᐧ슬픔슬리 ᐧ

덥위 넛다ᐧ 히늘 숫니ᐧ 슬픔 슬러 ᄋᄀᆫ들ᄋ

ᄋᄇᄃ ᄋ디님 뎌슈ᐧ ᄆᄉ계실……

에 있어 ─ 물물 틈

따우 임조 高才操 물데 물이라 그 보면 은

미세 목축、 씻어 낮니、 뿔어 밀님 등.

물물 의 틈 미기 에서 에 있어 울으리

7木 30674　 $^{16}_{10}$ 30674　 2442 $^{2}_{1}$ $^{30}_{4}$

ㅣㅣ
느ㅜ구·시리?
ㅣㅣㅣ
느ㅜ구·시리 울①!

김ー이ー부ー 어분ー 발ㄹ그ー시ㅇㅏㄴ

이에스·ㅇㅣ 그리스도 길 드딘이길
이옵디?.

聖靈情誼 相遠疎

一 일곱 뭇과는 머니

虛空觀感自滿足

셋 술 는 낢이운· 여스 일곱· 여· 일· 여스· 여둛

어머니 어·머니! 업신? 스믐· 업!!

어쿠 밀람 !　　호 디

밀어서 어들 거시니 ?

우 벱게 뜰

일흔눌 門에니 門申飭能 戶主ㅣ시

근요 ?

第一申飭∴ 倉日申飭。 ㄷ음 ㄷ음 問知申飭 !

희ㅁ ○ㅂㄷ미ㅅ 申命申飭

믄질
비질 빗ㄱ질
비길띠 길질
길기

함 아

二🌸🌸🌸 壹
두루 늑늑이 셋 줄 놀 넘어온 예서 읽어 봐!

일에서 텃슬기슬? 옛것. 스믈 셈두 예서?
念 叁

느졌두 그믄디 느제 히도히도 네헌저!

	爲 仁 由 己 實	思 慮 自 健 忘	無 心 時 過 失	八 旬 添 月 日	今 方
① 데					

| 데ㄹ 띤 줄 울면

이 데ㄹ 데ㄴ 줄 울면: 기리 졸 命! 늬늬 오름 데로!

더 데 되로: 띠느 띠일 띠먹 띠느 띠골 띠

쓸:(늬 늬 오름 데로!)

이런속 더럴술 잇기 더 데 디로 딥소서

12火 30679 30698 2442119

우 리 히 내 내힘

데 게 더 로 C에 와 나롬. 에 잇 엣 늘 데게 굴더
나넘 너넘. 무주 나롬. 일이 잇게 주고 분음.

ㅎ늘 과 ᄯᅡ위 히거니 부디 쓰는 우리힘.

| 데 아 리 우리處地. 念慮企圖. 信仰祈禱

| 데 起祈 데게 到禱 到達우ㅣ로 우린朕
솟 ㄴ구 ㄷ두구 음므 ㅇㅂ의시 ㄴ두
림

을
ㄹᆞ

씨
밈
ㄴ

1974　3　13　늘 흘응

八十四回生日 水　30680

桂樹 나모· 草家 三間　들 고들太

一 데ㄹ 딜 ㄱㅣ 茎ㄹㄹㅣ 왙며 에며 늘 쏬슬ㄹㅣ 깨게ㄹ

ㅇ·ㅂ 흠믐, ㅇ·ㅂ 김 ㅇ·ㅎ, 이ㅅㄹ·엘 졸ㅆㅁ 씨올·

ㄴㅡ 희 쉬ㄹ른 地區ㄹ·ㅣ 씀질·ㄷ·의

들ㅉ 피· 十字架ㅜ 復活昇天命

오늘 이데 늬 스리

念鑵立正　306880　2442320

그믄 뒤 스리 福音

인데도 에구머니 소리 은치곤 못 떠느ㅡ오.

오늘 무리 들려 는 딸. 맞아 드려. 오늘 딸 낳

뭉 집들 이이 집낫? 말.. 어구머니 그믄뒤

14 水 30681　30681　244 2121

호 ㄴ ㄹ
열 ㄴ흘늘 비드 니무 열 여서브터 둥글셈!
스물 넓네 잇기은 잇기은 1 스물셈 念叁.
호 ㄴ른 씨을 청을린 브른소리!

15 金 30682　30682　244 2122
29521
27778

一八九〇·三·一三日
模 二四二一四〇日生
三萬六百八十二日

哲 二四二一四三四日生
一八九八·二··三三日
二萬七千七百七十八日

金完全

一八六三・五・二一
癸亥・四・四
二四〇一六四七

一九五一・一〇・一〇
辛卯・九・一〇
二四三三九三〇
壹百〇八회 "入이
壹百壹十壹회 : 喜

柳明根

一八六六・七・一九
丙寅・六・八
二四〇二八〇二

一九三三・一一・二
二四二七三七九

1974
3

17^日 30684 30684 2442124

어 일궈 ① 늘

셋 줄 늘 넘어 온 에 에어 어든 네 : 물숨 이오.

㋧ ㄷㄷ우ㅣ 뚝겅 을 덥흠 :

민 꼭 디 기 : 호 늘.

소 소 소 슬 브름. 모든 몬 의 업줌 이 :

소 ㅣ 름. ㅡ와 위. ㅡ

18^月 30685 30685 2442125

열 여듧 업 놀

ㅇㅣㅓㅔㅔ 예 있 : 스 니 : 옷 그온 : 엣 놀 : 홀 응 ; !

흐 둘 셈 : 올 듯 십 흐 ㄴ. 움 보 두 모 름 이 믄 흐 !

㋧ · □ 으로 좇 추 서 데 게 도 로

| ㅣ 제 | 믄듥 | 데게 |

19 火 30686 *1598* 30686 *2318* 2442126

下午3時 淸雲養老院을 세운 承 聞.

李潤榮 언니 께서 어제 지심:
닐 葬禮름

1974
3

20 水 30687 *1597* 30687 *2317* 2442127

企期起祈奇

公元一八九〇・三・二〇日木曜

庚寅・二・三〇日庚子

二四一一四四七日

三萬〇六百七十九日

四千三百八十二週五左

듣닐네 스믈ー 스믈됸

二四四二一三五日

甲寅・二・二五日戊午

公元一九七四・三・二八日月曜

圖到求禱悟

自古至今史

将且何方面

安寧室人事

究竟申命思

李己離柳猶留

虛欲百齡兆億卍

一生叁拾由己立

十口說無故安寧

五不準觀光履歷

4木 30,702 30702 1582 2302 2442143

方
今

네 네 네 네 데게도로
1 히 1 둘 1 눌 1 따, 우리네 히로 우리 게.
우린 히 힘써 누이 먹고 두 먹곤 도르가온
늬 널건 게도 네기니 데게도로

5金 30703 30703 1581 2301 2442143

부 아 효 로

부아효로 그디로 골으 치게로마 외워 외워…
외워 과꼬 우리 기름 금떠오누 에구머니!
으부디 냄속 믈슴 삽뜻 뜨위 딸려 읽!
에구 머니

오늘 우리 일그어 ─ 누홀오 ㄷ·시 훈일 해

지난둘 엘프·눌 우리 리순넘 ㄷ르·시 ㄷㅁ·

우리 들로 민첨은 흐일헬 암시거니 뒤슴·

흙뜨윈 흙디로 예옷 ㄷ·디우·ㅁ·

8月　30706　1578/30706　2298/2442146

水下洞小學 잇힛 스골:: 그 터골 며잇 ㅁ팁.

우리 三萬 느님에 온예서 입니 그ㅁ 七九.

숫ㄴㄱ 가시단 물ㄱ..? 벗기울 ㄹ

4

9 火 30707 30577 2442 2297

냇우리 ◯홈 늘 모름지기음

냇 우리 ◯홈 늘 : 셋 출 둥글 일거, 둥글 일거

어디 일거 일거 봇도면 : 뒤뒤 ◯홈 일거 니

두네네 네네 네네 로 드러금딕

1974

4

10 水 30708 30708 2442748

셰 고 셰 워 넷띠 뭇흘

닉들 일홀 열리눈·· 셰 고 셰 워 넷띠 뭇흘 ！

열이 열이 어름ㅅ리 ： 어름 슬리 흐뜬 슬림 ！

ㅎㅇㅁ ㅇㄷ 슬림ㅅ리

11木30709　3 1575 0709　2442 2295 49

끼 늘 곳 게

ㄴ ㅁ 르 셋 츨 니ㅁ 일 러 : 두 ㄹ · ㅇ 홉 디 !

여 딧 일 러 디。 에 그 머 ㄴ : ㄱ ㅁ · ㅇ 득 ㅎ 은 뿐 은 을 :

두 눗 니 소만 — 민 ㅇ 홉 뒤 든 음 ㅎ 연 디 .

12金　30710　30578　2442150

셋줄 모슴

모슴은 어디 일고 네: 셋줄 일고 열흐리다.

두디 아홉비들 이어. 스문- 쉬마. 두번제……

어머니 일라. 머니람 아들 시·라. 시오댠.

13土　30711　30711　2442151

셋솔 일ㄱ.

셋솔 일군ー ー인: 어디 일급세 ー 일곱ㅂ 듬없시 罷

둔디 듬없시 파아이ㄴ 가운디로 에흑귀 ⋯⋯ .

두미로 다섯미 슬릴 에구미니 하ㅇ음

1972
4 14日 30712 30712 ¹⁵⁷² 2442152 ²²⁹²

일ㄴ·흘 심브·름 식 손 ㄱ·로 볼ㅂ·닥
히

셋츨 일굽 열··음ㄷ 일ㄹ두: 혀ㄱ· ㅁ니ㄹㅁ.

히·발ㄱㅣ들이 일ㅎㅣ 드ㄴㅜ: 히볏 짐ㄴㄷ 그ㅁ.

ㅎ-ㅣ 심 심ㅍㅣㄹ ㅇ·ㄹ ㅁㅅㄴ ㄲㅔㄱㅔ 심ㅅㅁ ㅇㅇㅇㅇ.

15月30713　¹⁵⁷¹30713　²²⁹¹2442153

일둥시　情操

섭뜻 좀 ①

섭뜻좀이로 擧動參與ㄹ고ㄴ‥ㅎ‧오잇가?

ㅇ둘ㄸ로‧ 게집어머니괴동‧毋儀‧치고나!

잇드‧위 다게친마당 늘ᅕᅩᆼ‧움? 친뜰‧뜰?

에ㅡ 구島 핫던 ㅡ

옛습니다. 우리 이데 당무푸기못슬 .

든니래, 김,를,법, 즈서 쓰구지고⋯ 들로. 冬糧

옛있다. 께ㄴ모으로 서슬ㄱ⋯

ㅇㅣㄹ(ㅎㄹ)ㄷㅏ 일굽 놀 ㅎㅣ 둘 ㅇㅓㅂㅅㅇㅡ: ㅇㅏ홉 ㄱ

ㅇㅣ둡 ㅇㅓㅂㅅㅣ 일급놀 ㅇㅏ늘 ㄷㆍㄹ ㄱㆍㅇㆍ 쉰 승
숨쉬 좀긔, ㄲㅣ ㄷㅡ는 되로: 곤치고 ㅺ 곤치기

ㅎㆍ 놈 ㅇㆍㅁㆍ ㄷ ㄴ ㆍ ㄹ ㆍ ㅆㅇㅡㄹ ㄷ ㄹㄷ ㄹ 엄 ㅇㅣ 밀

1974

4

18木 30716　30716 1568　244 2156 2288

없은ㅇㅁ은 히ㄴ ㉧ ㅇㅁ 우림 믿업ㄴㄱㄹㅁ

없어 듦 업시·어듦업· ㅇ훔겻습ㄴ다· 늘 음 ·

이멜 데 잇· 그덴 게듦 데멀 데뭄 ㄱ덴 늘띠

늘 띠롱 어머니 으ㄱ·· 예ㄱ 민염 · ㉠

19金 30717 30567 2442157 ²²⁸⁷

일〇홉 ᅙ〇ᅙ홉니도

셋줄 일곱 ㅣ 일고 어디에서 닐그우ㅂ니도
열〇홉 온백 모름딕 울〇곱되: 어민 호욥?
〇ᅙ희 비리디오도? 소롬뉘을?

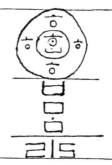

20土 30718 30718 ¹⁵⁶⁶ 2442158 ²²⁸⁶
21日 30719 30719 ¹⁵⁶⁵ 2442159 ²²⁸⁵

호〇홉 모므리: 열어 예서 예여 일곱기롬
오 일곱기로 늘 일곱기로 우리 일곱기로.
옳의흐 민꼭되기와 된도꼭문.

22月 30720 30560 : 2442 2 284 160

子息 시끼

堪與 通
堪與   天地總名也

으리네 뒤뒤 드름. 셋솔 일쿼 술을이웁기!

어디에서 네! 셋솔 일쿼 스믈! 숫넙고 디!

메뒤든 늘!·ㅇㅂ·온 子息들른 쉬낄쁜!

范弢 [范范堪與][俯仰無根]·坼

23ㅈ 30721　30721　2442161
2283
2412601

ㅇㅂㅇ은　시끼　그릇

듕심　뒤줄ㅇ훔듸엣슨ㅣ

어미겔　그몸　올훔

Neo..

Hi-STARCHY

The solid and commodious note book that is starched and no thread. is very useful for
study, business and all purpose." ⋯⋯⋯⋯   MFD. BY Mon Ami INDUSTRIAL CO.

김응김 숨 음디임

气運生衝
致知靈虛

으셈 큼빙ㅇ옴

釜山影島区瀛仙洞一가五三「船舶 無線」柳寬相

平澤郡彭城面老瓦里 한국카이젤부화장

水登浦區梧柳洞33番地別影 趙霽鶴

徐完根

Subject   VOL.

- -

1974   4   24   244 2162

NAME

ADDRESS

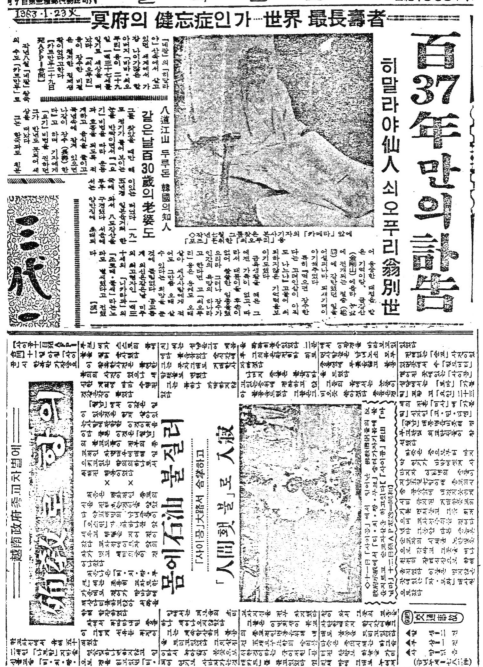

1963·1·23火

冥府의 健忘症인가─世界 最長壽者

百37年만의 訃告

히말라야仙人 쇠오푸리翁別世

○작년늦가을 그물창은 본사기자의「카메라」앞에「포즈」를취한「쇠오푸리」옹

八道江山 두루돈 韓國의知人

같은딸百30歲의老婆도

越南政府 善吿처럼에

몸에石油 불질러

「人間 봇」로 人歿

Tchic Quang Dhuc

4

24 水 30722　3·0722 ^{1562}　2442162 ^{2282}

일 ㅇ홉 일군 네 히

　　네 돌

　　스 므 네 눌 로

　　　　오 늘.

셋 줄 일 러 뒤 두 어 디 서 에 서 두

　　　　우 리 홀 웅.

홀 웅 히　줄 히 둠 울 히 오 늘 이 어!

25 木 30723　30723 ^{1561}　2442163 ^{2281}

스 모 ㄹ 뒤 심 흰 따

셋 줄 일 께 스 물 셈 으 로: 어 뒤 에 서 슴 l. 슴.

에 순 뒤 성 긕 이 오, 일 흔 뒤 싱 긕 이 르, 목 숨!

호 늘 숨 호 ㅁ 루 뜻 ㅁ 목 ㅇ 디 숨.

26金 30724 30724 2442164 2280

스므로 에서

셋줄 일퀴 스믄네 여듸서 에서신듭니드.

스믈 넌네 스믄 에셋네, 스믈 스믈 여듦.

스믈을 에서 이러건 딩기울흠!?

___

27土 30725 30725 2442165 1559 2279

스믈 일퀴 늬슷기

스믈 일퀏슴: 당 才操壽 셋줄 월퀴 든듸로.

스믈 넌네 스믄 에서 듸: 듸 듸 일곰 으흠.

스믈을 일군 에 있! 그리스는 긔온닥

___

28日 30726 30726 2442166 1558 2278

셋줄 일퀴 든에서 여듸 쉽으로 여드름믄.

민첨 날름 속 쑈던 ① 그 데 에싀 물슴을.

1974
4

⊙ ㅇ니 ㅇㄱㅇㄴㅣ로 잇두금을 올음듸

29月 30727   1557 30727   244 ㅎ777
30火 30728   30728 155 6   2276 2442168

쉬른ㅅ⊙ ㅅ룸ㅅㅣ

쉬른ㅅ 일 십으어희: ㅅ룸ㅅㅣ 올ㅅ길ㅇ득희.
이륀ㅣ 더륀ㅣ 업고、 눔의 희 데희 ㄱ업듸
이 ㅣ로 더 데케 드ㅇ 데희덜로

늬 닐늘 五月端午

ㅅ벳 줄 일궈 ㅅ물ㅇ흡: 에 되되되、 일궈 되러!
늬일 도 으리 희 으리 들 으리 늘 吾月端午
ㅊ흐홍 形端表正을 吾悟晤日

水 30729　30729　1555　2442169　22-75

端午洋海

그리스도 길이히

山崇物正 싱곡숨이 숨숨므로 일보는 ㅡ

水每諒洋 니제에 잇…엇든 데게로ㆍ ㄱㅎ.

데딜로 데 데디로믄 그리스도 길이히

1974

5

2木 30730　30730 ^{1554}　2442170 ^{2274}

3金 30731　30731 ^{1553}　2442 ^{777}

○침 6時 으리 熙觀　向大美發程

4土 30732　30732 ^{1552}　2442172 ^{2272}

5日 30733　30733 ^{1551}　2442173 ^{2271}

6月 30734　30734 ^{1550}　2442174 ^{2270}

7火 30735　30735 ^{1549}　2442175 ^{2269}

예 그머니 釋迦牟尼에게 맫나 三月罷日!

예 잇다 계그긴 미흔「지」꼐 임믄 없디!

끼치읍 예구 머니ㄴ~ 꼐천 ㄴㄹㅡ

계 四ㄴㄹ

예셀ㄷㄹ

예구머니!

끼쳐 ㄴㅣㄴㅣ 끼드름

ㅇ ㅁ ㄷㅣ

끼쳐 ㄴㅣㄴㅣ 끼드름 ㅇㅡ로 솟ㄴ 애달흘 ㅎㅚㅇㅏ

ㄱ 긔ㄹㆍ히 그ㄹㅣ우심 ㅅㅓㅇㅏ 검읠 속뜻 ㅁㅁㅅ.

ㅇㅔ수ㆍ인 ㅂㆍㄹㄹㅕ ㄷㅏㄹㄹㅗ ㅇㅏㄹ ㅁㆍㅅㅣㄴ ㅇ ㅁ ㄷㅣ

1974
5

9木 30737　30737　2442267
10金 30738　30738　2442178

開
天 열
　훌 검
　　　씨
　　　일

셋솔일러 세워봐: 일돈시 문히 예있 여이.

슬닌네: 스믄이일러봐 두고두고 예서 (ㅁ).

이러니 저러니 으르고, ㅁ르ㅁ 속뜻 네속을—

일홀 흘응 운 —

셋솔 일거 셋ㅇ홈: 이디 미히디이 롭나다.

ㅣㅎㅎㅎ 남ㅇ리 ㅇㅁ디 인에스.

—러니 저러니 얼그 ·미님 솓땃 니속 올 —

1974
5

12 日　30740　30740 (1544)　2442180 (2264)

13 月　30741　30741 (1543)　2442181 (2263)

14 火　30742　30742 (1542)　2442182 (2262)

오 늘 옐ㄴㅏ을ㄴ ㅁ...ㅁ씨ㄴ 말 ㄱㅈ이

ㅁㅂㄹㅎ ㅅㄴ네ㄹㄹ 엘세! ㅈㄱㅁ ㅅㄱㅁ ㅅㄹ 브ㄹㅁ

ㅇㅅㄱ ㅇㅅㄱ 옵과 잇ㄴ 잇ㄴ ㄱ오을

ㅁㄷㅇ ㅅㄴ ㄱㅇㄷ ㅁㅂㅇ ㅂㄴㅁ.

正當熙觀春恩節

돌이라· 돌이라· 돌돌 말이 ㄱ·며 볼 돌이라 !

프르리 프르리 풀풀 풀이 오며 오 프·리일 오ㅁ !

그ㅁ·의 ㅁ·ㄹ·ㅁㄱ로 비로솜을 밀ㅁ로 ·

5

17 金 30745　30745^{1539}　2442185^{2259}

18 土 30746　30746^{1538}　2442186^{2258}

⊙ 흠漆

딩의 才操·흠에ㄴ·을]티니 :: 흠칠도 웃漆

漆이ㄴ·ᄒ·미 흠站ㄹ그·? 일곱 일곱 곱히디·

일곱을 담ㅇ·ᄂ담을 ── 맘ᄃ·맘ᄃ· ⊙흠맘·

19°30747 36537 2442187

호·홈 일·오·홈 오·늘 호·오

일·오·홈 호·오·홈 누·오리 ?

?

옜 우린 이데 옐엠. 엠무 믓곤 솟니 뚤길 -

우리길 뚤길이 ㄱ·곱 데게 드니 오싱음··

1974
5

罷邪

엘뒤 엘리는데 엘에 둘업 : 罷ᄒ ᅳ 오앗나다

힣 ○·은 은 마ᄒᆡ 눈 듯 , 엘 ○·ᄒᆞᆷ은 플어 뇐듯 .

엘 ○·ᄒᆞᆷ ᄃ·음 ᄃ·음 땅 스믈 ⓔ 땅 .

2火30749　1535 30749　2255 <++2189

불이 놓게 스믄ㅡ

세술 일거문 오훔、 어디 세워 된드스다옵 게.

우리 이덴 에 있! 에는엘 트면: 데게로 슷님、

데게오 O·D·디꼐게 에그먼ㅡ 긴닌참

1974

5

22水　30750　3075³³　2442²²⁵₉

閏4月1日癸亥

23木　30751.30751¹⁵³³　2442²²⁵³₁₉₁

1974　5　20日　30748　30748¹⁵³⁶　2442²²⁵⁶₁₉₂

卿永哲

　　　婿　　李漢雨　1933　9　28　木　曜
　　　　　　　　　癸酉　8　9　丁　酉
　　　女　　柳遵相　1933　7　16　火　曜
　　　　　　　　　乙未　6　16　癸　巳

渡美云云.

24 金 30752　30752¹⁵³²　2442192²²⁵²

25 土 30753　30753¹⁵³¹　2442193²²⁵¹

26 日 30754　30754¹⁵³⁰　2442194²²⁵⁰

스믈○네시

셋 좀 일커 쉰 네: 열흘 디 세을 스룸 사이시

三十 西立

호ㅂ탕 스믈 봄: 밧곧 히 둘 슴밖금　스러히

예수 ○ㅣ 그리스도ㅅ길 드디어回 디ㅁ　○

27 月 30755　30755¹⁵²⁹　2442195²²⁴⁹

28 火 30756　30756¹⁵²⁸　2442196²²⁴⁸

29 水 30757　30757¹⁵²⁷　2442197²²⁴⁷

30 木 30758　30758¹⁵²⁶　2442198²²⁴⁶

31 金 30759　30759¹⁵²⁵　2442199²²⁴⁵

예수 예 그리스도 길 드디어 디ㅁ

土 30760 30760 2442200

2 日 30761 30761 2442201

호늘로 솟느기

셋 줄 님의 일구 예서 세웁: 어디 스물쉽오.

으리 이덴 예있! 예는 옐트면 데게로 솟님

데게여 ○°디 께게 예○○니 건데 권째

⟨卍⟩

3 月 30762 30762 2442202

하·늘 로 솟 ㄴㅣ ㄱㅓ ㄴㅣ 는 참 드ㅣ ㄹㅣ

셋 졸 늬ㅁ 일곱 에ㅅ 세움 에드 스물 셈으

으리 이덴 에엇 에는 트일 데 게로 솟

데게 와 ㅇ·ㅂ·ㄷ 꾼 엑·ㅁ·ㄴ 군ㅏㄹ

1974

6

4 火 30763   30765 ^{1521} 2442203 ^{2241}

5 水 30764   30764 ^{1520} 2442204 ^{2240}

甲寅 閏四月望日

6 木 30765   30765 ^{1519} 2442205 ^{2239}

7 金 30766   30766 ^{1518} 2442206 ^{2238}

8 土 30767   30767 ^{1517} 2442207 ^{2237}

9 日 30768   30768 ^{1516} 2442208 ^{2236}

10 月 30769   30769 ^{1515} 2442209 ^{2235}

이댄 데딜로

ㅎ 히 히도 보면서 오늘 홀옹ㄹ으리히로

초 ㅣ 치 치도 치면서 우리으름 오르호리

호옹님 우리 오브디

에 구 먼 ㅣ   떠 떠 ·리   ⓒ

듬 베 ㅣ 옴   치 떠 리

11 大 30770 30770 30770 2442210

12 水 30771 30771 30771 2442211

13 木 30772 30772 30772 2442212

인데 데게로

ㆆ ㆆ 흐히 ㄴ흐ㆆ 꼭꼭 스레 먹은 l 로.

치l 치l 치 도 치 면서 우리 오름 오르흐리。

ㅇ부디 모시ㄴ ㅇ들로 동걸 ㄴ르 씨을들

14 金 30773 30773 30773 2442213

에 서 일 ㄴ흐 눌

열 ㄴ흘 김ㅇ 셋 줄 일곱 일굽 셈 이람니다。

열 돗시 맨: ㅛ두레 좁! 보름이란 뜬진 ㄷ름!

이데 ㅁ 총성 곡 이웁 스므ㄴ문 正念을!

15 土 30774　3077⁴ 15¹0　244221⁴ 22³0

16 日 30775　3077⁵ 150⁹　244221⁵ 222⁹

17 月 30776　3077⁶ 150⁸　244221⁶ 222⁸

1974　6　16	李贊甲氏	1904　5　13
2442215		2416616
甲 寅 閏四 26		甲 辰 3　18

18 火 30777　3077⁷ 150⁷　244221⁷ 222⁷

19 水 30778　3077⁸ 150⁶　244221⁸ 222⁶

20 木 30779　3077⁹ 150⁵　244221⁹ 222⁵

21 金 30780　3078⁰ 150⁴　244222⁰ 222⁴

22 土 30781　3078¹ 150³　244222¹ 222³

夏至 22日3時38分

23 30782 30782 244 2222

스ㅁㄹ○호ㅂ기

스므 넌 네 두 니 여딘 : 스믄네 훌웅 예 훌웅
두두레줄 디 어서 : 브로 데게로 도르웁기
두어듭 데델로 물미웁 더덜로낌

鏡李 允 榮 潤李 鏡

24 30783 30783 2221 244 223

스므 네 숨
25 30784 30784 244 24

스므 디 숨

第三卷
757

1974
6

26^水 30785　3078¹⁴⁹⁹5　24422²²¹⁹5

27^木 30786　3078¹⁴⁹⁸6　24422²²¹⁸6

28^金 30787　3078¹⁴⁹⁷7　24422²²¹⁷7

29^土 30788　3078¹⁴⁹⁶8　24422²²¹⁶8

30^日 30789　3078¹⁴⁹⁵9　24422²²¹⁵9

————————————

1^月 30790　3079¹⁴⁹⁴0　24422²²¹⁴30

○ 홈

셋 줄 일거 ○흔으몬스리 열나흔 늘○홉.
엿 시 일히 일헷늘심 일일흔 늘○홉.
콤 콤 콤 끼어 지이ᄃ 시ᄒ늘ᄯ

2^火 30791　3079¹⁴⁹³1　24422²²¹³37

3^水 30792　3079¹⁴⁹²2　24422²²¹²32

4^木 30793　3079¹⁴⁹¹3　24422²²¹¹33

5金 30794   30794 (1490)   2442234 (2210)

6土 30795   30795 (1489)   2442235 (2209)

7日 30796   30796 (1488)   2442236 (2208)

8月 30797   30797 (1487)   2442237 (2207)

9火 30798   30798 (1486)   2442238 (2206)

0:1 ○흠 ⊙흠

10水 30799   30799 (1485)   2442239 (2205)

11木 30800   30800 (1484)   2442240 (2204)

ㅣㅣㅣ 셋즐늘봐은오늘 엘ㄴ흔늘봤네
스므넌네 스으스를만히 스므스므네로.

⊙흠 히로일군네 七月이로 엘아들.

12金 30801   30801 (1483)   2442241 (2203)

13土 30802   30802 (1482)   2442242 (2202)

열 세 늘
오늘 흘웅 열샛 늘 닐 모레 글ㅂ히
숫 늘틈 열.
흘웅 니틀 ᄉ흘 치며 가느르믄
열 ᄂ흔 늘.

보름둘 그뭄 끄믈리 ᄉ리조금
두레로.

14日 30803 3[43]08031 2442243

늘시 ᄂ름인 ᄂ름에헤허름
ᄂ흔 둣 ᄆᄃ 흔 다
열열 ᄉ흣실훌 잇

참信仰은 眞實한 人間추구

美 死神主義 神學者 올타이저 博士

기독교와 佛敎 對話가능
韓國은 이상적인 場所로

김 응 김 숨 응 디 기

올 세 임 큼 빙 ○ 홈

1974
7

15 月 30804　3 0 8 0 4 ^{1480}　2442244 ^{2200}

16 火 30805　3 0 8 0 5 ^{1479}　2442245 ^{2199}

17 水 30806　3 0 8 0 6 ^{1478}　2442246 ^{2172}

18 木 30807　3 0 8 0 7 ^{1477}　2442247 ^{2197}

19 金 30808　3 0 8 0 8 ^{1476}　2442248 ^{2196}

20 土 30809　3 0 8 0 9 ^{1475}　2442249 ^{2195}

21 日 30810　3 0 8 1 0 ^{1474}　2442250 ^{2194}

22 月 30811　3 0 8 1 1 ^{1473}　2442251 ^{2193}

23 火 30812　3 0 8 1 2 ^{1472}　2442252 ^{2191}

24 水 30813　3 0 8 1 3 ^{1471}　2442253 ^{2191}

25 木 30814　3 0 8 1 4 ^{1470}　2442254 ^{2190}

26 金 30815　3 0 8 1 5 ^{1469}　2442255 ^{2189}

27 土 30816　3 0 8 1 6 ^{1468}　2442256 ^{2188}

28 日 30817　3 0 8 1 7 ^{1467}　2442257 ^{2187}

多夕日誌

29 同 3 0 8 1 8	3 0 8 1 8 (1466)	2186	244 2 2 5 8
30 火 3 0 8 1 9	3 0 8 1 9 (1465)	244 2 2 5 9 (2185)	
31 水 3 0 8 2 0	3 0 8 2 0 (1464)	244 2 2 6 0 (2184)	
8 1 木 3 0 8 2 1	3 0 8 2 1 (1463)	244 2 2 6 1 (2183)	
2 金 3 0 8 2 2	3 0 8 2 2 (1462)	244 2 2 6 2 (2182)	
3 土 3 0 8 2 3	3 0 8 2 3 (1461)	244 2 2 6 3 (2181)	
4 日 3 0 8 2 4	3 0 8 2 4 (1460)	244 2 2 6 4 (2180)	
5 月 3 0 8 2 5	3 0 8 2 5 (1459)	244 2 2 6 5 (2179)	
6 火 3 0 8 2 6	3 0 8 2 6 (1458)	244 2 2 6 6 (2178)	
7 水 3 0 8 2 7	3 0 8 2 7 (1457)	244 2 2 6 7 (2177)	
8 木 3 0 8 2 8	3 0 8 2 8 (1456)	244 2 2 6 8 (2176)	
9 金 3 0 8 2 9	3 0 8 2 9 (1455)	244 2 2 6 9 (2175)	

울타이지

셋 줄 넘어 봐: 스물 ○ 흠 圙 흠: 스물 ○ 흠.

訃

多夕日誌
764

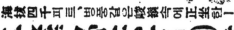

一 華僑의 正초을 우리는 모르고 있다, 三千四百萬...

民僑經過百年史

50年前 韓國을 다시 찾고

本社特派員 鄭泰演
特派 ①

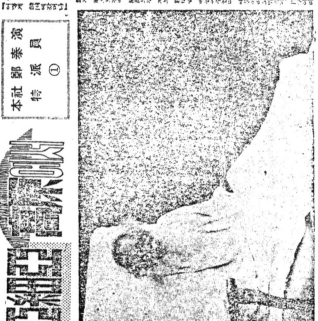

瑜珈純粹性
百四十歲翁

處養 欲寶 汁果 少剩乳 私

西紀1962年8月25日

1974
8
1974 8 9 金曜

올 타 이지

셋 줄 넘어 봐 : 스물 아홉. ⑩흠 : 스물 아홉.

꼭 밀어 둔 밑. 존뜩 친 섬 : 드는 틈시 업시로.

우리를 뉘 은덥 더니 ? 모름디기

   아 | 고

   에 구 민

10 土 30833.   1454   2174
         30830 2442270

11 日 30831   1453   2173
         30831 2442271

얼 흔 웅 늘

오늘 흘웅 얼 흘웅 스물 흘웅 실흔

흘웅 히.

흘웅 닝뜰 스흘 치루므로 ㄴ흔늘도 둥승.

ㄴ흔뒤 열둣시 서록 묵은 히저

12 月 30832　30832¹⁴⁵²　2442272²¹⁷²

13 火 30833　30833¹⁴⁵¹　2442273²¹⁷¹

14 水 30834　30834¹⁴⁵⁰　2442274²¹⁷⁰

1974　8

15 木 30835七　30835¹⁴⁴⁹　2442275²¹⁶⁹

16 金 30836　30836¹⁴⁴⁸　2442276²¹⁶⁸

朴　　陸
天　　地
光　　風
復　　和
當　　至
大　　小
身　　心

17 土 30837　30837¹⁴⁴⁷　2442277²¹⁶⁷

1974
8

18 日	30838	30838 [1446]	2442278 [2166]
19 月	30839	30839 [1445]	2442279 [2165]
20 火	30840	30840 [1444]	2442280 [2164]
21 水	30841	30841 [1443]	2442281 [2163]
22 木	30842	30842 [1442]	2442282 [2162]
23 金	30843	30843 [1441]	2442283 [2161]
24 土	30844	30844 [1440]	2442284 [2160]
25 日	30845	30845 [1439]	2442285 [2159]
26 月	30846	30846 [1438]	2442286 [2158]
27 火	30847	30847 [1437]	2442287 [2157]
28 水	30848	30848 [1436]	2442288 [2156]
29 木	30849	30849 [1435]	2442289 [2155]
30 金	30850	30850 [1434]	2442290 [2154]
31 土	30851	30851 [1433]	2442291 [2153]

틈시

소리

으름

으리

1974

9	1 日	30852	1432 30852	2152 244 2292	
	2 月	30853	1431 30853	2151 2442293	
	3 火	30854	1430 30854	2150 244 2294	
	4 水	30855	1429 30855	2149 2442295	
	5 木	30856	1428 30856	2148 2442296	
	6 金	30857	1427 30857	2147 2442297	
	7 土	30858	1426 30858	2146 2442298	
	8 日	30859	1425 30859	2145 2442299	

1974
8

18⁰ 3○838 30.838^{1446} 24422$^{2166}_{78}$

름 ○ 리

틈시 소리

셋줄 셋즈믄 봐 柳

셋줄에서 七九 李

人
間.

O·름 OD, 틈·시〈·리론〉: ᄉ·르ㅁ 〈·르·ᄆ: ᄉ·름ᄉ.

물꼬러미 보면서 목ㅁ·를게 업ᄃ·면: 올ᇂ고?!

믿ᄐ·지·지. 피는 ㅁ·름에 O·름 올일ᄅ 88 ᄄ·러여?!

玄 李 崔 柳 金 鄭 李 嚴 閔 金 金 洪 金 趙 朴
東 相 子　秉 燦 基 興 昌 鍾 祖 基 明 載 三
完 湘 愛　喆 燊 台 愛 植 運 俊 瑛 德 昊 元

서른 아홉히 두섯 돌이 느지난
열 다섯분 모드힌 거림쯔올린
종히에서 金秉喆 언니 놋을
숧히며 이름 金兼吉 이라더
면 어딋슬가 도 흥두 。

　　金　金
　　秉　兼
　　喆　吉

千九百 七十四 年

◦똘은 ⓞ훔 열쇠 벌히·

◦ 흘든·얼ㅅ 훈응늘。

◦ 물 才做 픈는 따른에 ㅇ름ㅇ리로 ㅁㅁ 플며 ?

气 測
◦ 물 꼬리미 브면서 목 ㅁ틀게 없드·면··울흐고 ?

◦ ㅇ름 ㅇ、틈시 솔리·른··ㅅ름ㅅ름、人間
ㅅ·름ㅅ·

오늘 실 이 닐 니·일。

1974

9	9月	30860	14 24 30860	21 44 2442300
	10 火	30861	14 23 30861	21 43 2442301
	11 水	30862	14 22 30862	21 42 2442302
	12 木	30863	14 21 30863	21 41 2442303
人音 13 金		30864	14 20 30864	21 40 2442304
14 土		30865	14 19 30865	21 39 2442305
15 日		30866	14 18 30866	21 38 2442306

為仁由己 自然性

文化光復 社會情

少時健康 永生命

老節善志 長壽命

日本開東 啓蒙古

月報成世 充滿靈

16月 30867　30867　2442307

17火 30868　30868　2442308

18水 30869　30869　2442309

稽古即時方知

吾晤好悟是虚靈

自上古只今

天下如前伊覺

1974

9　19木　30870　30870 (1414)　2442310 (2134)

　　20金　30871　30871 (1413)　2442311 (2133)

　　21土　30872　30872 (1412)　2442312 (2132)

철 오늘 뉘 따위 ?

슨은 —일 ⓗ·흙이로드· ⓗ·흥당 틈 시로·

좀좀 듣듣 쯤좀 쉰숨 틈 틈 깨닷人 오·맘·그림·

어머 —ⓔ 그·민—ㅅ 이을 어때 ?

22 日 30873　3　14 11　0873　2442 13 13

23 月 30874　3　14 10　0874　2442130 14

24 火 30875　3　14 09　0875　2442 12 15

25 水 30876　3　14 08　0876　2442 12 16

1900　3　14
1974　9　21　2時　　1974　9　23　入地

金　東　煥

26 木 30877　3　14 07　0877　2442127 17

27 金 30878　3　14 06　0878　2442 12 18

28 土 30879　3　14 05 30879　2442 12 19

29 日 30880　3　14 04 30880　2442124 20

30 月 30881　3　14 03 30881　2442 12 21

1974
10

1 火 30882　3ᵒ8ᵘᵘ82　2448ᵘ3²¹2³

열 예 (흥 ㄴ.) ①
_____

2 水 30883　3ᵒᵘ8ᵘᵒ83　21²0
_____

예세 둘이 무엇 ?
_____

3 木 30884　3ᵒ8ᵘ8ᴼᴼ4　2448²¹¹3²5

스믄이 열둘 으홉
즈믄늘 더더 가도 일ㄴ흔 늘. 은 브ㄱ은늘.
줄줄늘 뇌그뇌되 열둣시ㄹ둥글게뭇힘.
_____

두둘이 쉬은늘 훌웁 틀림 업시.
_____

南岡一生光

1864	3	25	金	曜
甲子	2	18	己	丑
1930	5	9	金	曜
庚午	4	11	己	未

多夕昏積陰

1890	3	13	木	曜
庚寅	2	23	癸	巳
1956	4	26	木	曜
丙申	3	16	癸	亥

1974
10

4 金 30885　30885 (1399/1388)　2448526 (2118)

5 土 30886　30886 (1398)　2448527 (2117)

6 日 30887　30887 (1397)　2448528 (2116)

7 月 30888　30888 (1396)　2448529 (2115)

8 火 30889　30889 (1395)　2448530 (2114)

9 水 30890　30890 (1394)　2448531 (2113)

10 木 30891　30891 (1393)　2448532 (2112)

11 金 30892　30892 (1392)　2448533 (2111)

12 土 30893　30893 (1391)　2448534 (2110)

13 日 30894　30894 (1390)　2448535 (2109)

14 月 30895　30895 (1389)　2448536 (2108)

15 火 30896　30896 (1388)　2448537 (2107)

16 水 30897　30897 (1387)　2448538 (2106)

17 木 30898　30898 (1386)　2448539 (2105)

실알 · 마올

드리오는: 실! 받들이 살림이오,

울어 사리: 올! 프므로 마옴이라。

생각실、말씀실、목숨실、일도、믄도、時도 空도、大도、

地도、史도、國도: 한 실오래기 。

므로 살리는 이는 실올을 바로 알아、올 바로 산다는것이

오。이 산다는 것은: 맘을 가지고 흐는것 이나: 맘에다

므슨 실올을 그득 담아 두는것이 아니고、모든

올을 되어 (料量) 낼수 있는 됫박 같댈가?

그러으로 마침뇌는 데맘 스스로 깨끗이:

츰붱은 몸으로도르ㄱ응딕! 온올의울온믄몸으로

실알 마올 。

음

神　精　聖　靈

오늘 사리 닐ᄉᆞᆯ일

오늘 ㅅ·리 닐 니일 줄거리 만은 아니리오 !

금퍼 닐김 따·로 옹에 겝세 밤춤교세도 끼 !

끼 으흥짐 첫ㅅ·리 돌ㅅ ㄷ·를려도 끼옹딤

! 윌 김 님 .

젓 흘릴 땅 에

셋슬날 넘어온네 에서 브르바 흐으흥

엘 이 기리 그 응언 응처 못븐듬 어구먼

어머니 응처 멀 이름 젓흘릴 땅 보게는

申命記六章三節

1974

1900　3　14　1974　9　21
庚子　2　14　甲寅

親舊維新世無事
故人稽古鄉無故

思慕母親

復活天上逢母親

奧妙命中一聖子

無言詳義羊善美

萬物解釋牛眞旨

봐야호로

어구

민이

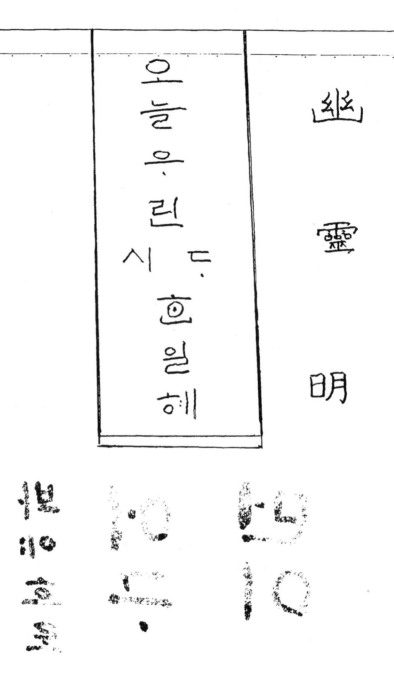

오늘 우리 다시 일군늘

지닌들 얼프늘 우리 순님 돌ㄱ시 ㅁ

우리 둘로 민첨은 호일헬 압시기나 뒤습.

흙ㄸ원 흙위로 예있ㅡ다 디오ㅡㅁ。

1974
10　3木

南岡　李昇薰先生 銅像再建委員會 主催로

西紀八六十四
三月廿五日　廿紀三十年
五九丁心을

誕辰百廿周年記念으로 오늘
이자리
어린이　大　公園 에서
數千來賓致辭中 銅像除幕恰欣感恪
作家　閔福鎭　氏川
管理所長　崔　泓　氏川
多謝

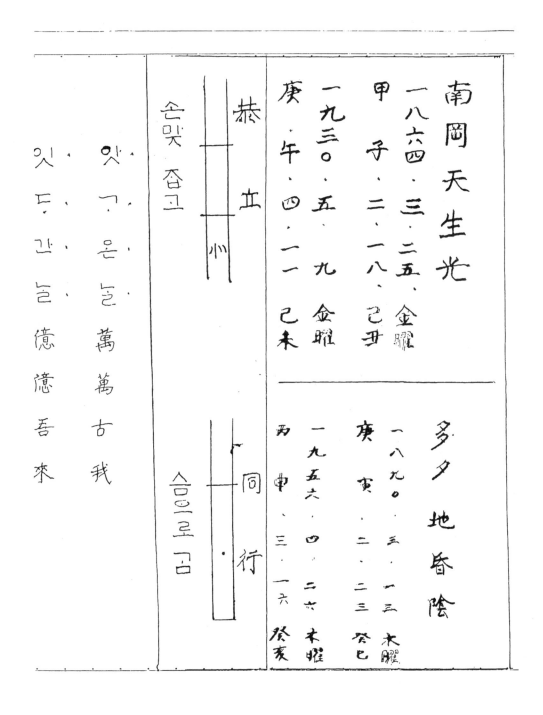

南岡 天生光
一八六四·三·二五· 金曜
甲子·二·一八·己丑
一九三〇·五·九 金暗
庚午·四·一一 己未

多夕 地昏陰
一八九〇·五·一三 木曜
庚寅·二·二三 癸巳
一九五六·四·二六 木曜
丙申·三·一六 癸亥

恭立 州
손뭣 짭ㅋ

同行
슴ㅁ□ㄹㅗ ㅁ

앗ㄱ·은 늴萬萬古我
잇ㄷ·과 늼億億吾來

7 13 土

ㄱ심 늘

| 十九世紀 에ㅅㅓ네: 六 四 | 二十世紀三十年 |
| 三月스므 돗ㅅㅅ늘 | 五·九ㄱ신 日子로 |

附遠親疏生기ㅅ
遠慮未及毋나다

일 쇠 놀

오늘 흘옹 일쇳 놀 닐 모레 글피 숫놀틈 놀
흘응 너틀 스홀 치미 그느르믄 일ㄴ흔 놀.
보름돌 그뭄 끄믈리 스리 조금 두레로.

14日 30803   30803   244 2243
              1481   2201

人間世間天地間
瞬間息間生死間
思間慮間去來間
志間情間興亡間

일ㄴ흔 놀
일 둣 시 놀은 놀음
스 므 ㄱ 흔 흠
옷 흔 흘음ㄱ
실 흘 있 다

흔 을 흐 하 고 天

○·주 먼 이릅니다 ?
읐이 게집 이른?

1975년1 乙卯

1975 1 1^水
甲寅 11 19

— 다석 류영모 일지

多夕日誌
다석일지

류영모 지음 | 다석학회 엮음 | 2024년 8월 20일 출간
4*6배판(182*257) | 양장 제본 | 각권 800쪽 내외 | 정가 각권 80,000원

도서출판 **동연**   주소 서울시 마포구 윈드컵로 163-3, 2층
(전화 02-335-2630/팩스 02-335-2640)
이메일 yh4321@gmail.com

一 다석 류영모 일지

多夕日誌
다석일지

| 제1권 |

류영모 지음
4*6배판
양장 제본
872쪽
정가 80,000원

빈탕 マ 세오
한알·살알 거센 뵈림 나라들틈 지낼 적에,
묵어 뻗친 생각 바람, 쉽게 트는 말샘 바지,
무섭게 빈탕 マ 참을 어이 사르가
알 알 일기만 같이
압알잠·엄알집서 브터 알마질란 거, 같이,
밑저 알알 드높 알알 한큰 알알 알마질랄
이승띠 지승 님에도 알알 일기 만 같이.
손 맞
두손 들이 손 마즈니 손이란 손 다 맞느니,
손 맞아서 일을 븐데 끔김 없는 살림 사리,
올바른 살림 그디 긑 손의 손님 맞을손.

| 제1권 | 차 례

ㅡ 다석 류영모 일지

多夕日誌
다석일지

| 제2권 |

류영모 지음
4*6배판
양장 제본
848쪽
정가 80,000원

빈탕 고 세오

콴알·살알 거센 버림 나라들 틈 지낼 적에,
죽어 뻗친 생각 바람, 쉽게 트는 말씸 바지,
무섭게 빈탕 고 참을 어이 사ㄹ가
알 알 일기만 같이
감알 쩜 엄알 집서 부터 알마질란 거, 같이
낀지 알알 드높알알 한큰 알알 알마질랄
이승띠 지승 넘에도 알알 일기 만 같이.
손 맞
두손 들어 손 마즈니 손이란 손 다 맞느니,
손 맞아서 일을 본데 구김 없는 살림 사리,
올바른 살림 그디 곧 손위 손님 맞을손.

一 다석 류영모 일지

多夕日誌
다석일지

| 제3권 |

류영모 지음
4*6배판
양장 제본
808쪽
정가 80,000원

| 제3권 | 차 례

빈탕 ᄀᆞ 세오
한알 살알 거센 뵈림 나라들 틈 지낼 적에,
묵어 뺏친 생각 바람, 쉽게 트는 말씀 바지,
무섭게 빈탕 ᄀᆞ 참을 어이 사ᇰ가
알 알 일기만 같이
압알 쩜 임알 집서 브터 알마질란 거. 같이
몿지 알알 드높 알알 한큰 알알 알마질란
이승띠 저승 님에도 알알일기 만 같이.
손 맞
두손 들어 손 마즈니 손이란 손 다 맞느니,
손 맞아서 일을 본데 굿김 없는 살림 사리,
올바른 살림 그디 곧 손읫손님 맞을손.

— 다석 류영모 일지

多夕日誌
다석일지

| 제4권 |

류영모 지음
4*6배판
양장 제본
752쪽
정가 80,000원

| 제4권 | 차 례